Kohlhammer

Entwicklung und Bildung in der Frühen Kindheit

Herausgegeben von Manfred Holodynski, Dorothee Gutknecht und Hermann Schöler

Rainer Dollase

Gruppen im Elementarbereich

Verlag W. Kohlhammer

1. Auflage 2015

Gesamtherstellung: W. Kohlhammer GmbH, Stuttgart

Print:
ISBN 978-3-17-021391-3

E-Book-Formate:
pdf: ISBN 978-3-17-029423-3
epub: ISBN 978-3-17-029424-0
mobi: ISBN 978-3-17-029425-7

Vorwort der Herausgeberin und der Herausgeber

Die Lehrbuchreihe „*Entwicklung und Bildung in der Frühen Kindheit*" will Studierenden und Fachkräften das notwendige Grundlagenwissen vermitteln, wie die Bildungsarbeit im Krippen- und Elementarbereich gestaltet werden kann. Die Lehrbücher schlagen eine Brücke zwischen dem aktuellen Stand der einschlägigen wissenschaftlichen Forschungen zu diesem Bereich und ihrer Anwendung in der pädagogischen Arbeit mit Kindern.

Die einzelnen Bände legen zum einen ihren Fokus auf einen ausgewählten Bildungsbereich, wie Kinder ihre sozio-emotionalen, sprachlichen, kognitiven, mathematischen oder motorischen Kompetenzen entwickeln. Hierbei ist der Leitgedanke darzustellen, wie die einzelnen Entwicklungsniveaus der Kinder und Bildungsimpulse der pädagogischen Einrichtungen ineinandergreifen und welche Bedeutung dabei den pädagogischen Fachkräften zukommt. Die Reihe enthält zum anderen Bände, die zentrale bereichsübergreifende Probleme der Bildungsarbeit behandeln, deren angemessene Bewältigung maßgeblich zum Gelingen beiträgt. Dazu zählen Fragen, wie pädagogische Fachkräfte ihre professionelle Responsivität den Kindern gegenüber entwickeln, wie sie Gruppen von Kindern stressfrei managen oder mit Multikulturalität, Integration und Inklusion umgehen können. Die einzelnen Bände bündeln fachübergreifend aktuelle Erkenntnisse aus den Bildungswissenschaften wie der Entwicklungspsychologie, Diagnostik sowie Früh- und Sonderpädagogik und bereiten für den Einsatz in der Aus- und Weiterbildung, aber ebenso für die pädagogische Arbeit vor Ort vor. Die Lehrbuchreihe richtet sich sowohl an Studierende, die sich in ihrem Studium mit der Entwicklung und institutionellen Erziehung von Kindern befassen, als auch an die pädagogischen Fachkräfte des Elementar- und Krippenbereichs.

Kinder in Kindertageseinrichtungen werden in Gruppen betreut, erzogen und gebildet. Diese Praxis wird als so selbstverständlich genommen, dass die Herausforderungen und Grenzen einer solchen Bildungspraxis in Gruppen nur selten reflektiert und für die Bildungsplanung vorausschauend beachtet werden. Im vorliegenden Band „Gruppen im Elementarbereich" trägt der namhafte Experte für Elementare Bildung und Gruppenpsychologie Rainer Dollase den Stand der Forschung zusammen, inwiefern Gruppenstrukturen und -prozesse nicht nur positive, sondern durchaus auch negative Auswirkungen auf die Entwicklung von Kindern ausüben. Er erläutert anschaulich, welche entwicklungspsychologischen Voraussetzungen in Bezug auf die Gruppenfähigkeit kleiner Kinder unbedingt zu berücksichtigen sind und wie viel Gruppe ein Kind eigentlich braucht. Die lehrreiche Analyse öffnet die Augen, dass viele Erziehungsprobleme in KiTas einem mangelnden Gruppenmanagement geschuldet sind – aber auch den zu großen Gruppen. Denn deren Größe wird nicht nach pädagogischen, sondern nach fiskalischen Kriterien festgelegt, was unsere Gesellschaft bereit ist zu finanzieren. Der Autor bleibt aber nicht bei der Analyse stehen. Vielmehr beschreibt er auch hilfreiche Strategien des Gruppenmanagements, wie sich Gruppen „psychologisch" verkleinern lassen und wie Fachkräfte die Heterogenität und auch die Multikulturalität von Gruppen effektiv handhaben können.

Ein erkenntnisreiches und provozierendes Buch, das vermeintliche Selbstverständlichkeiten über die Erziehung in Gruppen kritisch reflektiert, den Einfluss von Gruppen auf die kindliche Entwicklung eingängig offenlegt und wirksame Strategien des Gruppenmanagements multiperspektivisch zusammenträgt.

Münster, Heidelberg und Freiburg im Januar 2015
Manfred Holodynski, Hermann Schöler und Dorothee Gutknecht

Inhalt

Vorwort

Alle modernen Gesellschaften benötigen für die Vereinbarung von Familie und Beruf eine mehr oder weniger ausgebaute Ganztagsbetreuung für Kinder von der Geburt an. Zwar ist der Ausbaustand je nach Land unterschiedlich, doch ist der Druck auf Einrichtung von Institutionen für kleine Kinder überall immens.

Eltern verbinden mit dem Besuch einer öffentlichen Einrichtung für kleine Kinder nicht nur den Wunsch nach Betreuung, Bildung und Erziehung ihrer Kinder während der eigenen Arbeitszeit, sondern erwarten insbesondere heute sowohl eine effektive Bildungsförderung als auch die Entwicklung des Sozialverhaltens, also auch des Verhaltens in Gruppen. Ihr Ziel ist die optimale Entwicklung kleiner Kinder.

Eine öffentliche Kleinkinderziehung ist nur möglich, wenn es eine finanziell und ökonomisch annehmbare Erzieherin-Kind-Relation gibt, den sog. Personalschlüssel. Daraus folgt weltweit, dass öffentliche Kleinkinderziehung immer in Gruppen stattfinden muss – eine öffentliche 1 : 1-Betreuung ist nirgends finanzierbar und ökonomisch unsinnig. Auch dort, wo man im Rahmen moderner offener Ansätze die Gruppen auflöst, findet Kleinkinderziehung, Betreuung und Bildung – diese Trias wird immer gemeinsam gedacht – in Gruppen statt. Auch hier kann nicht neben jedes Kind eine erwachsene Erziehungsperson gestellt werden.

Wir sind es leider gewohnt, „die Gruppe“ zu idealisieren und sie nur als positiven erzieherischen Faktor zu begreifen. Eltern schicken ihre Kinder vor allem in den Kindergarten, damit sie dort „soziale Lernerfahrungen“ machen, und nehmen dabei an, dass diese ausschließlich von positiver Wirkung sind. Vergessen wird dabei, dass Gruppen eine Fülle von negativen Effekten entfalten können und dass deshalb besonderes Gewicht auf die „Gruppenführung“ bzw. das „Gruppenmanagement“ gelegt werden muss, damit die Lernchancen der Gruppe deren Nachteile überwiegen, und dass die Eltern selbst zu dem Gelingen des Gruppenlebens Wesentliches beitragen können und müssen.

Was so gut klingt wie „Gruppe“, muss also nicht immer gut sein. Was in Einzelfällen positive Wirkung hat, muss nicht *immer* positive Wirkungen haben. Heutzutage weiß man, dass Gruppen auch schwerwiegende Nachteile haben können. Zwei Nachteile springen sofort ins Auge: Erstens sind Gruppen oft aus rein ökonomischen Gründen viel zu groß für Kinder und Erzieher/-innen, und zweitens sind in den letzten drei Jahrzehnten vermehrt Entwicklungsrisiken für Kinder in Gruppen entdeckt worden. Deshalb macht man sich heute mehr Gedanken darüber, wie man effektiv mit Gruppen umgehen kann.

Es geht bei der Beschreibung von möglichen Nachteilen der Gruppe im Elementarbereich, sowohl für den Bildungsprozess als auch für die Entwicklung von prosozialen Verhaltensweisen, nicht darum, Argumente für ein anderes Gesellschaftsmodell zu präsentieren, in dem Kleinkinder ausschließlich familial erzogen und gebildet werden. Wissenschaft ist allerdings dazu verpflichtet, Probleme, die durch die Problemlösung „Gruppe“ neu entstehen, zu beschreiben und zu überlegen, wie man diese Probleme lösen kann. Gleichzeitig kann Wissenschaft das traditionelle familiale Betreuungsmodell keineswegs nur in trüben Farben malen.

Eine wissenschaftliche Befassung mit den Problemen und Chancen der Gruppe ist also notwendig und dient der weiteren Verbesserung der öffentlichen, institutionellen Kleinkinderziehung.

Aufgrund meines Lebensweges war es mir vergönnt, bereits im Jahre 1971 in einer Forschungsgruppe zur Kleinkinderziehung mitzuarbeiten (der „Projektgruppe Kleinkindforschung“ an der PH Rheinland in Köln). In dieser Eigenschaft konnte ich biografisch sehr früh an den verschiedenen Bildungs- und Reformwellen des Elementarbereichs teilnehmen. Empirische Arbeiten zur emotionalen und sozialen Entwicklung kleiner Kinder konnten dort ebenso erarbeitet werden (Sozial-emotionale Erziehung in Kindergarten und Vorklasse, 1979) wie ein zweibändiges „Handbuch zur Früh- und Vorschulpädagogik“ (1978).

Ich danke deshalb, nach einigen Jahrzehnten genauso wie damals, meinem ehemaligen Chef, Herrn Professor Dr. Emil Schmalohr, sowie meinen Kollegen und Kolleginnen der damaligen Zeit (1971–1976) sehr für die biografisch einmalige Chance einer intensiven und nachhaltigen Fachdiskussion, und zwar: Wolfgang Winkelmann, Antje Holländer (†), Helga Merker, Hans Schmerkotte, Jürgen Hildebrandt, Hans Stollenwerk, Ernst A. F. Schmidt, Reiner Strätz. Gleichfalls danke ich vielen Erzieherinnen und Erziehern des Elementarbereichs, die ich in zahlreichen Fortbildungsveranstaltungen kennengelernt habe und die mir freimütig über ihre Alltagsprobleme erzählt haben. Diese konnte ich in einigen Hospitationen, verteilt über die Jahrzehnte, immer wieder bestätigen.

Steinhagen, Januar 2015
Rainer Dollase

1 Einleitung – Bedienungsanleitung für wissenschaftliche Aussagen

„Gruppen im Elementarbereich" – zunächst muss definiert werden, was man unter einer „Gruppe" und was man unter dem „Elementarbereich" versteht.

Der Elementarbereich des Bildungswesens umfasst die Lebensjahre 0 bis 6 und alle Einrichtungen, die sich vor der Schule um die Bildung, Erziehung und Betreuung der kleinen Kinder kümmern. Der Besuch dieser Einrichtungen ist in Deutschland (noch) freiwillig. Es schließt sich der Primarbereich an (der Grundschulbereich, Schulpflicht), dann folgen der Sekundarbereich (unterteilt in Sekundarstufe 1 und 2) und der Tertiärbereich (die Hochschulausbildung) und schließlich der Quartärbereich (die Fort- und Weiterbildung).[1] Der Elementarbereich ist also die Grundlage und die erste Stufe des Bildungssystems.

„Gruppe" zu definieren ist ungleich schwieriger, weil nicht jede Ansammlung von Menschen schon gleich als „Gruppe" im sozialpsychologischen Sinne bezeichnet werden kann. Kinder, die sich zufällig auf der Straße treffen und für eine gewisse Zeit zusammen Fußball spielen, sind vorübergehend sicherlich eine Gruppe, allerdings eine von kurzer Dauer. „Richtige" Gruppen haben eigene Normen (Regeln), verteilen Rollen (Aufgaben) an die Mitglieder, haben eine Führung, ein Ziel, das die Mitglieder gemeinsam (d. h. miteinander, nicht parallel wie in einer Schulklasse) erreichen wollen, existieren längere Zeit, etc. Eine Fußballmannschaft im Verein ist so eine „richtige" Gruppe. Schulklassen und Gruppen in der KiTa sind in diesem engeren Sinne keine „richtigen" Gruppen – sie wollen das gemeinsame Ziel (Bildung und Erziehung oder den Abschluss) parallel, gewissermaßen nebeneinander, jeder für sich erreichen.

Wir wollen hier unter „Gruppe im Elementarbereich" eine Anzahl von Kindern zusammen mit ihrer Erzieherin oder ihrem Erzieher verstehen, die sich nicht freiwillig und nach persönlicher Bekanntschaft zusammengeschlossen haben, um ein gemeinsames Ziel (ein „Miteinander-Ziel") zu erreichen, sondern die durch eine Krippe, durch ein Familienzentrum oder durch einen Kindergarten zusammengebracht worden sind und die längere Zeit „face to face" (wörtlich: Gesicht zu Gesicht) Kontakt haben, um Bildung, Erziehung und Betreuung der Kinder zu organisieren (ein „Parallel-Ziel").

Der Begriff „Gruppe" kann aber auch so viel wie eine „soziale Kategorie" bedeuten: In einem übergeordneten Sinne gibt es in einer solchen Einrichtung die „Gruppe der Eltern", die „Gruppe der Erzieher/-innen", die „Gruppe der Kinder" etc. In dem Fall stellt der Begriff der Gruppe mehr oder weniger eine Art Sammelbegriff (oder eine „Schublade") – und nicht eine tatsächliche dauerhafte „face to face"-Gruppe – dar.

---

1 Nach den lateinischen Begriffen primus, secundus, tertius, quartus = erstens, zweitens, drittens, viertens.

Gruppen im Elementarbereich

- *Erste Bedeutung:* Anzahl an Kindern mit ihren Erziehern und Erzieherinnen in einer Institution des Elementarbereichs
- *Zweite Bedeutung:* Soziale Kategorien wie: Eltern, Kinder, Erzieherin, Menschen mit Migrationshintergrund etc.

Wichtig ist, dass die Kinder sich im Normalfall nicht freiwillig zu einer Gruppe zusammengetan haben, sondern aus organisatorischen Gründen in Gruppen aus einer oder zwei Erziehern oder Erzieherinnen zugeordnet werden. Häufig machen sich die Fachkräfte und Einrichtungen sehr viele Gedanken darüber, welche Kinder in welche Gruppe kommen, weil z. B. die Kinder mit Migrationshintergrund gleichmäßig verteilt werden sollen bzw. eine ausgewogene Verteilung von Jungen und Mädchen und auch von unterschiedlichen Altersgruppen (jüngere und ältere Kinder) miteinander in einer Gruppe sein sollen. Auch wird daran gedacht, dass Kinder, die beieinander wohnen, in einer Gruppe sind, damit sie auch über die Zeit in der Tagesstätte hinaus noch miteinander spielen bzw. in Kontakt kommen können.

Außer dem Begriff der „Gruppe" wird der Begriff der „Clique" auch in dieser Publikation verwendet. Eine „Clique" ist eine flüchtige, vorübergehende Gesellung, die Menschen zusammenführt, die freiwillig und aus Sympathie miteinander spielen oder arbeiten oder lernen wollen („... cliques are relatively smaller friendship-based groups", Brown in Rubin, 1990). Falls es Probleme zwischen den Kindern gibt, kann sich die Zusammensetzung der Cliquen schnell wieder ändern – man verlässt sie und schließt sich anderen an. „Cliquen" können im Kindergarten oder in der Krippe beobachtet werden, wenn Freispiel ist oder die Kinder die Möglichkeit haben, sich tatsächlich freiwillig zusammenzuschließen. Damit ist der Begriff der Clique aufgrund der Freiwilligkeit bzw. wegen des äußeren Anlasses dem Begriff der Gruppe entgegengesetzt. Dennoch können in Cliquen ähnliche sozialpsychologische Prozesse ablaufen.

Clique

Einige Kinder einer Gruppe, die miteinander interagieren (z. B. spielen), sich mögen und sich freiwillig zusammengeschlossen haben. Cliquen können auch von kurzer Dauer sein.

Andere Begriffe wie menschliche „Plurale" (i. e. Mehrzahlen; Hofstätter, 1957), Spielgruppe, Arbeitsgruppe, Lerngruppe, Bande, Gang werden hier nicht weiter berücksichtigt. Im frühen Kindesalter von 0 bis 6 Jahren dürften Gruppe und Clique die vorherrschenden Erscheinungsformen menschlicher Plurale sein.

Selbstverständlich macht das Kind auch in der Familie mit den Geschwistern, mit seinen Verwandten oder mit Kindern aus demselben Haus oder auf der Straße in gewisser Weise Gruppen- und Cliquenerfahrungen; insofern kommen

Gruppen- und Cliquenkontakte auch im Privatleben, außerhalb der Institutionen vor.

Abb. 1: Mädchenclique in einer KiTa. Während des Freispiels haben sich diese vier zusammengefunden und erzählen sich etwas über ihr Lieblingsessen. Diese Clique ist nur eine vorübergehende Sozialform – nach wenigen Minuten löst sie sich auf (Foto: Gert Detering)

1.1 Wo kommt das Wissen über „Gruppen im Elementarbereich" her?

Die erste Frage von Wichtigkeit ist: Wie erfährt man etwas wissenschaftlich oder praktisch Relevantes über „Gruppen im Elementarbereich"? Konkret: Woher hat der Verfasser seine Informationen?

Frühere und aktuelle wissenschaftliche Literatur

Zunächst einmal sucht man nach Büchern über das Thema. Zu den Büchern, die sich schon vor vielen Jahren mit der Kindergruppe im Kindergarten beschäftigt haben, gehört Gisela Hundertmarcks *Soziale Erziehung im Kindergarten* aus dem Jahre 1969. Von Helgard Ulshoefer (1986) wird die Autorin wie folgt gewürdigt:

> *„Für ihre Dissertation hatte sie das Thema ‚Soziale Erziehung im Kindergarten' und als Methode ihrer pädagogischen Forschung die teilnehmende Beobachtung gewählt: Als Ergebnis beschreibt sie, wie Kinder im Kindergarten soziales Verhalten erlernen, dass bereits kleine Kinder Gefühle von Sympathie und Antipathie füreinander haben, wie notwendig eine pädagogisch versierte Gruppenerzieherin ist. Sie beschreibt aber auch die institutionellen Bedingungen, wie räumliche Ausstattung in ihrem Einfluss auf soziales Verhalten." (Ulshoefer, 1986, S. 115)*

Von Rainer Strätz (1992) stammt das Buch *Die Kindergartengruppe*. In diesem Werk werden zahlreiche, auch ältere Untersuchungen zum Sozialverhalten 3- bis 5-jähriger Kinder zusammengefasst, z. B. die Häufigkeit sozialer Kontakte, das Verhältnis des Kindes zur Gruppe, das Alleinspiel, Wettbewerb und Rivalität, Dominanz. Des Weiteren werden auf der Grundlage wissenschaftlicher Untersuchungen auch Prozesse der Kooperation und der Freundschaft näher untersucht.

Ein weiteres Werk von Ulrich Schmidt-Denter, *Soziale Entwicklung* (1988), beschäftigt sich mit der sozialen Entwicklung im gesamten Lebensverlauf. Auch dieses Werk enthält zahlreiche Ausführungen über die sozialen Beziehungen im Kindesalter, die noch heute Gültigkeit haben. Allerdings ist wegen der Lebensspannenperspektive das frühe Kindesalter nur ein Teil des Werkes. Dennoch werden die Gleichaltrigenbeziehungen ebenso wie Aggression, Kooperation und prosoziales Verhalten, aber auch sozial-kognitive Prozesse für Kinder im Vorschulalter beschrieben.

Alle drei genannten Werke sind immer noch mit Gewinn lesbar, und sie werden durch das vorliegende Werk nicht ersetzt.

Zwei neue angloamerikanische Werke sind für diese Publikation zugrunde gelegt worden: zunächst einmal *The Wiley-Blackwell Handbook of Childhood Social Development* von Smith und Hart (2011) – eine eher wissenschaftlich-methodisch orientierte Zusammenstellung der neueren Forschungsergebnisse zur sozialen Entwicklung des Kindes, die sich zu großen Teilen mit dem Gruppenverhalten kleiner Kinder befasst. Das zweite Buch – didaktisch hervorragend aufbereitet – ist das Lehrbuch *Social Development* von Parke und Clarke-Stewart (2011), das ebenfalls einen Schwerpunkt auf Kindheit und Jugend legt und umfassend über alle Aspekte der sozialen Entwicklung und des Gruppenverhaltens berichtet. Eine Berücksichtigung des internationalen Forschungsstandes ist in Zeiten des Zusammenwachsens der Kulturen und Nationen unerlässlich.

Fachdatenbanken

Wenn man etwas über „Gruppe" erfahren möchte und die Bedeutung der Gruppe für Kinder, so wird man sehr schnell auf die Sozialpsychologie bzw. die soziale Entwicklung von Kindern gestoßen. D. h. das, was für das Verhalten von Kindern in der Gruppe relevant ist, ist ein Teil des „Sozialverhaltens". Der Begriff „sozial" wird in der Psychologie im Unterschied zur Pädagogik nicht wertend gebraucht, sondern rein beschreibend. „Sozial" stammt vom lateinischen „socius" – als Adjektiv heißt es „gemeinsam". Sozialverhalten ist also z. B. etwas „Negatives" wie Aggression, aber auch etwas „Positives" wie Hilfeleistung.

Es ist heutzutage recht einfach, etwas über ein beliebiges Thema zu erfahren. Seit es das Internet gibt, gibt es keinen Mangel an Information, sondern eher einen Überfluss. Neben den eben genannten Büchern sind es vor allen Dingen die Fachdatenbanken (nicht zu verwechseln mit Internet-Suchdiensten wie Google oder Yahoo), aus denen man etwas über das Thema „Gruppen im Elementarbereich" und „Soziale Entwicklung von Kleinkindern" erfahren kann. Das Hauptproblem der Fülle von Informationen zu einem Thema liegt also nicht in deren Verfügbarkeit, sondern in der Bewertung des Wissens. Welche der vielen Informationen ist gründlich recherchiert? Auf welches Wissen kann man sich verlassen? Was ist nur bloße Meinung und nicht wirklich bewiesen, sondern reine Spekulation? Diese Fragen beantworten die Fachdatenbanken (an den Hochschulen verfügbar).

Fachdatenbanken in der Psychologie haben z. B. folgende Namen: *PsycINFO*, *PSYNDEX* und *PSYNDEXplus*, *PsycARTICLES* – sie sind über die Universität oder Hochschulbibliothek elektronisch einzusehen, stehen aber nicht jedermann von jedem Computer aus zur Verfügung. Dafür erhält man Informationen zum Thema, die zumindest an einer Stelle überprüft worden sind. In den Datenbanken werden alle empirischen und sonstigen Arbeiten aus der Psychologie, die in „peer reviewed" Fachzeitungen der ganzen Welt erschienen sind, aufgenommen. Der Begriff „peer reviewed" meint, dass der Beitrag von mindestens zwei Kolleginnen/Kollegen vorher auf seine wissenschaftliche Qualität geprüft worden ist. Man hat also eine gewisse Sicherheit, dass die Informationen dort auch valide (gültig) sind. Es gibt auch pädagogische Datenbanken, z. B. *ERIC*, *FIS Bildung*, *Education Research Complete*. Auch die psychologischen Fachdatenbanken enthalten pädagogische Informationen, da die Pädagogik national und international lange Zeit gezögert hatte, ein einheitliches Dokumentationssystem zu entwickeln.

Um etwas über Gruppen- und Sozialverhalten im Elementarbereich zu erfahren, müsste man rund 34.000 Arbeiten sichten (Stand 2013). Ca. 21.000 sind zum Stichwort „preschool education" erschienen, ca. 5000 zur „Entwicklungspsychologie kleiner Kinder" (0 bis 6 Jahre) in Englisch und ca. 2400 auf Deutsch. 5600 überwiegend empirische Arbeiten existieren zum Thema Kindergarten und Krippe etc. Um es gleich hier deutlich zu sagen: Diese Fülle an Literatur kann ein einzelner Mensch allein nicht überblicken. Es reicht deshalb auch nicht, ein Buch wie dieses gründlich durchzuarbeiten, um zu wissen, was international zum Thema „Gruppen" und „Sozialverhalten von Kleinkindern" diskutiert wird. Bescheidenheit ist die beste Einstellung, die man zu dieser Fülle des Wissens haben kann.

Allerdings kann man sich zwecks eines Überblicks behelfen. Dass man Bücher wie die oben genannten zu Grunde legt, dass man die Zusammenfassung der Fachliteratur von Kolleginnen/Kollegen früher und heute zur Kenntnis nimmt, reduziert die Zahl der Bücher, die man lesen musste. Auch Metaanalysen – Zusammenfassungen der Fachliteratur zu einem eng umgrenzten Thema wie z. B. zu altersgemischten Gruppen (ca. 500 gibt es aktuell) – helfen, einen Überblick zu gewinnen.

Dennoch: Nicht nur der enge Bereich „Gruppen" ist von Interesse, sondern auch die allgemeine Problematik der Erziehung, Bildung und Betreuung bei Vorschulkindern. Der Begriff „Vorschulkinder" wird als eine Sammelbezeichnung für Kinder vor dem Schuleintritt verwendet. „Vorschulerziehung" ist dann auch keine schulische Erziehung „vor" der Schule, sondern die institutionelle Erziehung von Kindern, die noch nicht zur Schule gehen. In den oben genannten Datenbanken gibt es ab etwa 1960 über eine Million Forschungsarbeiten zur Erziehung (Bildung und Betreuung) – für einen einzelnen Menschen auch nach einem langen Leben nicht mehr überschaubar.

Internet-Suchdienste

Erstaunlich ist, wie gut man über die allgemeinen Internet-Suchdienste (zum Beispiel Google, Yahoo) an relevante Informationen kommen kann. Wenn man z.B. den Namen einer Wissenschaftlerin kennt, so kann man über deren Universitäten bzw. Webseiten deren Literaturverzeichnis weltweit einsehen. Man kann auch direkt nach Schlagworten suchen, denn ein Großteil der wissenschaftlichen Information zum Thema „Gruppen im Elementarbereich“ ist auch im Netz allgemein verfügbar.

Eigene Forschungen

Eigene Forschungen führen die meisten Wissenschaftler durch. Auch in diesem Buch gilt, dass hin und wieder über eigene Untersuchungen des Verfassers berichtet wird. Die Durchführung eigener Forschungen schärft den Blick für die Bedeutsamkeit der Aussagen in der Fachliteratur und zeigt, dass man manchmal mit seinen eigenen Vermutungen die Realität nicht richtig getroffen hat (z.B. Dollase, 1979).

Eigene praktische Erfahrungen

Unerlässlich sind für die Ansammlung von Wissen über „Gruppen im Elementarbereich“ natürlich eigene Erfahrungen. Erzieherinnen/Erzieher und Lehrerinnen/Lehrer haben solche Erfahrungen – auch viele junge Leute, die in der Kinderarbeit freiwillig tätig sind bzw. waren. Auch diplomierte Psychologinnen/Psychologen und Pädagoginnen/Pädagogen haben in aller Regel zumindest Hospitations- und Praktikumserfahrungen. Nicht zu vergessen ist auch die Erfahrung mit dem eigenen oder verwandten Nachwuchs. Die praktische Erfahrung mit Kindern ist von großer Wichtigkeit – wer sie nicht hat, sollte sie schnell nachholen. Die Lektüre wissenschaftlicher Texte allein reicht nicht, um professionelle Tätigkeiten ausführen zu können.

Woher das Wissen dieses Buches stammt, sollte damit deutlich gemacht worden sein. Es ist klar, dass ein großer Teil des Wissens von anderen Autorinnen/Autoren stammt. Man muss sich, egal worüber man schreibt, immer auch auf die Vorarbeiten anderer Kolleginnen/Kollegen stützen. Bei einem Lehrbuch wie diesem kommt es nicht darauf an, die Eigenleistungen des Autors deutlich zu machen, sondern es kommt darauf an, welche Informationen ausgewählt und wie sie präsentiert werden.

Die Beschäftigung mit viel Information führt dazu, dass man die Sachverhalte des Themas „Gruppen im Elementarbereich“ komplexer und differenzierter sieht. Und zu dem Bewusstsein, das wir trotz der Menge an Information noch lange nicht alles wissen. Ein lateinisches Sprichwort fasst diese Paradoxie in ein schönes Sprichwort: „Scio, nescio“ („Ich weiß, ich weiß nichts“). Das ist allerdings Grund genug, dass wir uns in Forschung und Praxis weiter anstrengen müssen.

1.2 Wissenschaftliche Methoden zur Erkenntnisgewinnung über kindliches Sozialverhalten

Was eigentlich ist der Unterschied zwischen wissenschaftlichen Aussagen und Alltagsaussagen? Man möchte „die Wahrheit“ wissen und nicht ein ideologisch oder persönlich gefärbtes Urteil. Man kann gegenüber Alltagsaussagen, Erinnerungen und Berichten aus der Praxis immer ein gewisses Misstrauen hegen – sind sie objektiv, überprüfbar, war es vielleicht ganz anders?

Was kann einen zum Beispiel bei Alltagsaussagen von Vätern und Müttern über das Gruppenverhalten ihrer Kinder skeptisch machen? Wenn eine Mutter oder ein Vater erzählt, dass ihr Kind Sven von den anderen Kindern nicht gemocht wird, so kann das stimmen. Es kann allerdings auch eine Übertreibung sein, weil das Kind nur einmal davon gesprochen hat, dass ein anderes Kind zu ihm ein Schimpfwort gesagt hat. Eine Erzieherin meint, Sven fügt sich gut in die Gruppe ein und ist gelitten – sie hat die Schimpfworte nicht gehört, weil sie auf viele Kinder gleichzeitig achten muss. Eine andere Erzieherin gibt Sven die Schuld an der Beschimpfung, weil Sven – sie hat es schon mal beobachtet – andere Kinder provoziert hat. Eltern sagen, dass das Klima in der Gruppe aggressiv sei, die Erzieherinnen finden das gar nicht, und ein neutraler Beobachter sieht das, was er überall sieht: Kinder, die spielen und sich hin und wieder auch mal schubsen oder mit Schimpfworten traktieren.

Menschen haben also unterschiedliche Maßstäbe, nehmen die Ereignisse des Lebens unterschiedlich wahr, nehmen das wahr, was in ihre eigenen Vorurteile und zu ihren eigenen Interessen passt. Sie erinnern sich an manche Ereignisse gar nicht bzw. sie erinnern sich falsch. Dieses Misstrauen gegenüber anekdotischen Erzählungen, Alltagsbeobachtungen, Meinungen und Einschätzungen von Eltern, Erzieherinnen und anderen Personen (auch gegenüber Beobachtungen, die man selbst, als Wissenschaftler/-in oder Fachmann/Fachfrau gemacht hat) hat dazu geführt, dass in der Wissenschaft immer wieder überlegt worden ist, wie man Daten zuverlässig wiederholbar (reliabel) und inhaltlich gültig (valide) gewinnen kann. Wie können wir uns besser auf ein Erfahrungswissen stützen, das durch wissenschaftlich fundierte empirische Studien ermittelt worden ist?

Die Erforschung der sozialen Entwicklung und des Gruppenverhaltens von kleinen Kindern hat, ähnlich wie auch in anderen Bereichen, eine Fülle von Methoden hervorgebracht, mit denen das wissenschaftliche Wissen ermittelt wird.

1.2.1 Das Design von Untersuchungen

Wenn man von der „Anlage“ bzw. dem „Design“ einer Untersuchung spricht, dann meint man: Ist diese Untersuchung ein „Experiment mit Versuchs- und Kontrollgruppe“? Ist es eine „Umfrage“? Ist es eine „repräsentative“ Umfrage? Ist es eine „Fallstudie“? Hinter jedem dieser Begriffe verbirgt sich eine andere Methodik der Untersuchung.

In einem *Experiment* versucht man herauszufinden, ob eine bestimmte, einzelne Maßnahme tatsächlich zu dem behaupteten Erfolg führt. Zum Beispiel die „Auflösung der Gruppen“: Wenn jemand die Behauptung aufstellen würde, dass in Kindertageseinrichtungen, die die Gruppen aufgelöst haben, die Aggressivität geringer ist als in den Kindertageseinrichtungen, die Gruppen beibehalten, so müsste man eine Versuchsgruppe mit aufgelösten Gruppen haben, die mit einer Kontrollgruppe von traditionellen Kindertageseinrichtungen (KiTas) vergleichbar wäre (zum Beispiel: einen ähnlichen sozialen Einzugsbereich). Man würde die Einrichtungen nun eine gewisse Zeit lang mit aufgelösten Gruppen bzw. mit traditionellen Gruppen arbeiten lassen und würde während dieser Zeit stichprobenartig (z. B. jede Stunde zehn Minuten lang) die Zahl der Aggressionen im Kindergartenalltag registrieren. Vermutlich würde man dann finden, dass bei KiTas mit aufgelösten Gruppen die Zahl der Konflikte etwas geringer ist als in KiTas mit traditionellen Kindergartengruppen. Es könnte freilich auch das Gegenteil herauskommen ... Ein solches Experiment fehlt bis jetzt leider.

Wenn man nur eine *Umfrage* bei pädagogischen Fachkräften zum Problem der Aggressivität im Kindergarten in Abhängigkeit von der Auflösung bzw. Beibehaltung von Gruppen macht, dann würde man z. B. 100 Fachkräfte mit aufgelösten Gruppen und 100 mit traditionellen Gruppen auswählen und ihnen einen Fragebogen zum Auftreten von aggressiven Konflikten vorlegen. Dann würde man z. B. die Häufigkeit der Angaben zum Auftreten von Konflikten summieren und hätte eine gewisse Schätzung über die Häufigkeit von Konflikten in traditionellen und aufgelösten Kindergartengruppen.

Bei einer *repräsentativen Umfrage* wird eine Anzahl von Fachkräften ausgewählt, die typisch bzw. stellvertretend für alle gelten kann (z. B. ist eine Zufallsstichprobe aus allen Erzieherinnen und Erziehern in einem Bundesland repräsentativ für das Bundesland). Meist ist dies aber so aufwändig, dass solche repräsentativen Studien nur selten durchgeführt werden.

In einer *Fallstudie* würde man z. B. eine einzelne Kindertageseinrichtung mit aufgelösten Gruppen untersuchen, z. B. mit der Methode der teilnehmenden Beobachtung, und würde registrieren, wie die Kinder in Konflikten reagieren bzw. ob sie sich bei Konflikten aus dem Weg gehen können und wie das möglicherweise mit der Auflösung der Gruppen zusammenhängt.

Ein weiteres wichtiges Ziel von Untersuchungen in der Entwicklungspsychologie ist die Analyse der Veränderungen von kindlichem Erleben und Verhalten über das Lebensalter. Untersucht man eine Stichprobe von Kindern im Alter von drei Jahren anschließend jedes Jahr wieder, bis die Kinder sechs Jahre alt sind, so wäre das eine *Längsschnittuntersuchung*: Man erkennt, wie sich die Kinder ändern, weil es immer dieselben sind. Untersucht man zu einem Zeitpunkt 100 Dreijährige, 100 Vierjährige und 100 Fünfjährige, so wäre dies eine *Querschnittuntersuchung*: Man kann Altersunterschiede feststellen – nicht aber individuelle Veränderungen. Beide Verfahren müssen nicht zum gleichen Ergebnis führen.

Wie schon angedeutet, kommt es immer auch darauf an, welche „Stichprobe“ von Kindern, pädagogischen Fachkräften, Eltern oder anderen Beteiligten des Elementarbereichs befragt wird. Leiterinnen antworten auf dieselben Fragen anders als Erzieherinnen. Wenn man Eltern in einem städtischen Randgebiet zur Arbeit in der Kindertageseinrichtung befragt, fallen die Ergebnisse anders aus als bei Eltern in einem Villenviertel.

1.2.2 Methoden der Datenerhebung

Liegt das Design der Untersuchung fest, stellt sich die Frage: Wie können wir im Elementarbereich zum Sozial- und Gruppenverhalten Daten sammeln? Natürlich kann man die Kinder, Eltern, pädagogischen Fachkräfte, Geschwister oder Freunde der Kinder selbst mit Mikro interviewen (sog. qualitative Verfahren – der Interviewtext wird abgeschrieben und genau analysiert) oder mit Fragebogen (sog. quantitative Verfahren, wenn die Antworten aus Ankreuzungen von Zahlen einer Skala bestehen). Beobachtungen sind heutzutage mithilfe von Ton- und Bildaufzeichnungsgeräten recht preiswert und gründlich durchzuführen (funktioniert schon mit einem modernen Handy). Man ist manchmal erstaunt, was alles passiert ist, wenn man das Video eines Kindergartenvormittags anschaut. Und was man davon selbst, obwohl man anwesend war, nicht bemerkt hat. Psychophysiologische Messungen sind ebenfalls möglich, z. B. wird der Cortisolspiegel von Krippenkindern (oder der Blutdruck und Herzschlag), die als gehemmt eingeschätzt werden, gemessen, wenn sie die Krippe betreten und wenn sie diese wieder verlassen. Man kann auch z. B. „verdeckt teilnehmend beobachten", indem unter dem Vorwand, Praktikant zu sein, ein jung aussehender Wissenschaftler in den Kindergarten eingeschleust wird, oder eher offen und distanziert. Wissenschaftliche Methoden müssen immer auch den datenschutzrechtlichen Bestimmungen genügen und sollten niemandem schaden.

1.3 Bedienungsanleitung für empirisch wissenschaftliche Aussagen

1.3.1 Im Durchschnitt – was heißt das?

In empirisch wissenschaftlichen Aussagen findet man Sätze wie den folgenden: Mädchen sind friedlicher als Jungen. Diese Aussage stimmt, weil viele Untersuchungen zeigen, dass Jungen öfter prügeln als Mädchen bzw. dass die aggressiven Emotionen der Mädchen im Durchschnitt schwächer sind als die von Jungen.

So wenig man solche Ergebnisse kritisieren oder anzweifeln kann, so sehr muss man darauf achten, dass man den Begriff „im Durchschnitt" auch richtig versteht. Wenn man z. B. feststellt, dass die Franzosen im Durchschnitt kleiner als die Deutschen sind, so ist diese Aussage bezogen auf den Durchschnitt richtig. Der französische Mann ist durchschnittlich 174 cm groß und der deutsche Mann im Durchschnitt 178 cm groß. Was heißt das? Das heißt: Ungefähr 50 % der Franzosen sind größer als 174 cm, rund 50 % der Deutschen sind kleiner als 178 cm. Unterhalb und oberhalb des Durchschnittswertes (arithmetisches Mittel) liegen in einer Stichprobe mit normal verteilten Daten (symmetrisch um den Mittelwert) jeweils ca. 50 % der Fälle.

Wenn also jemand sagt, dass die Jungen im Elementarbereich aggressiver sind als die Mädchen, so handelt es sich um einen Durchschnittswert. Wir müssen davon ausgehen, dass es sehr friedliche Jungen gibt und sehr aggressive Mädchen und dass sich Jungen und Mädchen daher nur im Durchschnitt etwas voneinander unterscheiden.

Man kann sich also merken, dass alle Durchschnittsaussagen eine gewisse Streuung um den Durchschnittswert haben. Es gibt zu jedem Unterschied in den Durchschnitten zwischen zwei Gruppen jede Menge Ausnahmen in beide Richtungen (▸ **Abb. 2**).

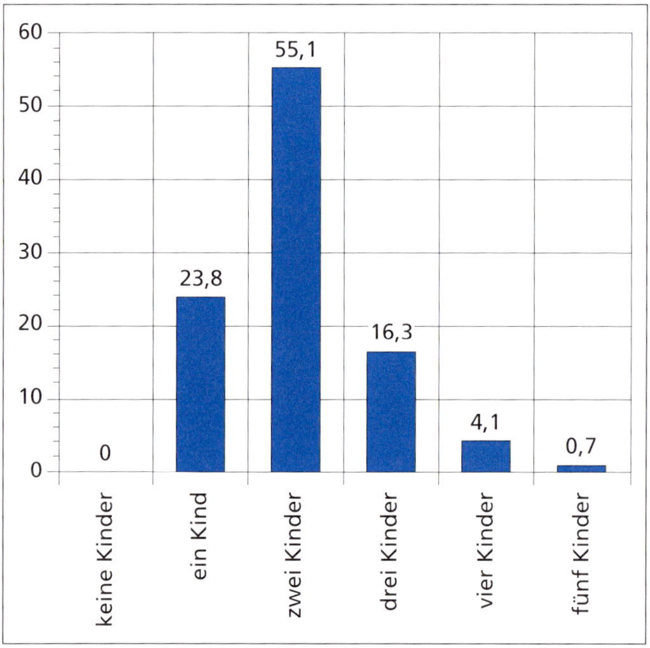

Abb. 2: Häufigkeitsverteilung der Anzahl von Kindern von $N = 741$ Eltern im Jahre 2010, die ein Kind im Kindergarten haben. Der arithmetische Durchschnittswert beträgt 2,03 Kinder. Weil so viele Eltern zwei Kinder haben (55,1 %), stimmt die Regel für normalverteilte Häufigkeitsverteilungen nicht, dass unterhalb und oberhalb des Mittelwertes ungefähr 50 % der Fälle liegen, aber es liegen gleich viele unterhalb und oberhalb des Mittelwertes. (Daten aus Dollase & Selders, 2010)

1.3.2 Korrelation bedeutet keine Kausalität

Ein zweiter häufig auftauchender Begriff ist die „Korrelation", wenn z. B. gesagt wird, dass zwischen elterlichem Erziehungsstil und der Häufigkeit aggressiven Verhaltens in der Schule eine positive Korrelation besteht. Korrelationen werden in Koeffizienten r ausgedrückt, die zwischen 0 und 1 variieren, und sie geben die Stärke von linearen Zusammenhängen zwischen zwei Variablen an, wie z. B. in der Aussage: Je autoritärer der Erziehungsstil der Eltern, desto häufiger zeigen ihre Kinder Aggressionen in der Schule. Eine Korrelation von $r = 0.30$ (z. B. zwischen dem Ausprägungsgrad des autoritären elterlichen Erziehungsstils und der kindlichen Aggressivität in der Schule) heißt, dass es immer noch eine Menge Ausnahmen von dieser Regel gibt. Ins Quadrat erhoben gibt der Korrelationskoeffizient

$(r)^2$ an, wie viel Prozent der Varianz erklärt wird. Also im Beispiel: 9 % (0.3 mal 0.3 mal 100). Die Varianz ist geometrisch ein Durchschnittsquadrat. Es wird gebildet aus den quadrierten Abweichungen aller Beobachtungen vom Mittelwert, dividiert durch die Zahl der Beobachtungen. Von dieser Größe werden gerade mal 9 % „erklärt", d. h. sie gehen auf den Prädiktor (Prädiktor = Vorhersagegröße; hier: Warmherzigkeit/Kaltherzigkeit des Erziehungsstils) zurück.

Zwar gilt im Großen und Ganzen der lineare Zusammenhang, dass die Kinder umso aggressiver sich gebärden, je autoritärer der Erziehungsstil der Eltern ist. Allerdings gibt es jede Menge Ausnahmen von dieser Regel, je niedriger der Korrelationskoeffizient ist. Erst bei einer praktisch nie erreichten Korrelation von $r = 1$ gäbe es keine Ausnahme von der Regel. Bei einer Nullkorrelation ($r = 0$) gibt es keinen linearen Zusammenhang. Auf das Beispiel bezogen hieße das, dass die Kinder von Eltern, die kaum autoritär erziehen, in vergleichbarer Weise aggressiv sind wie Kinder von Eltern, die sehr autoritär erziehen. Die Bauernregel „Kräht der Hahn auf dem Mist, ändert sich das Wetter, oder es bleibt, wie es ist" beschreibt eine typische Nullkorrelation. Es ist aber auch möglich, dass ein negativer linearer Zusammenhang zwischen zwei Merkmalen besteht, also je höher das eine Merkmal ausgeprägt ist, desto niedriger das andere Merkmal. Das ist z. B. beim Zusammenhang zwischen autoritativem Erziehungsstil (Warmherzigkeit kombiniert mit Grenzen setzen) und der kindlichen Aggressivität der Fall. Hier hat sich in empirischen Studien gezeigt: Je autoritativer der elterliche Erziehungsstil ist, desto weniger Aggressivität zeigen die Kinder.

Das Wichtigste zum Schluss: Auch hohe Korrelationskoeffizienten (z. B. $r = 0.65$) sind kein Beweis dafür, dass das eine Merkmal die Ursache des anderen Merkmals darstellt, also zwischen den Merkmalen eine Kausalität besteht, sondern sie zeigen nur einen linearen Zusammenhang zweier Merkmale an, die beide auch eine andere dritte Ursache haben können. Die Schuhgröße korreliert in einer repräsentativen Stichprobe der deutschen Bevölkerung mit dem Monatseinkommen mit $r = 0.53$, der Korrelationskoeffizient ist also recht hoch. Je größer die Füße, desto größer ist das Monatseinkommen. Warum wohl?

1.3.3 Prozentsätze richtig interpretieren

Jungen sind aggressiver als Mädchen – das liegt am männlichen Geschlecht. Wie unsinnig diese Schlussfolgerung ist, sei an der Zusammenstellung der Aggressionsdaten von Schütz, Todt und Busch (2002) erläutert. Für die Jahre von 1990 bis 2000 betrug das in Befragungen festgestellte Ausmaß körperlicher Gewalt bei Jungen rund 15 %, bei Mädchen deutlich niedriger, nämlich nur 5 %. Dieser Unterschied ist statistisch signifikant, also von Zufallsunterschieden verschieden. Aber: 85 % der Jungen und 95 % der Mädchen zeigen keine Neigung zur körperlichen Gewalt. Kann ein Geschlecht, das 85 % seiner Angehörigen nicht körperlich ge-

2 Die Abkürzung *r* stammt vom englischen Wort *relation*.

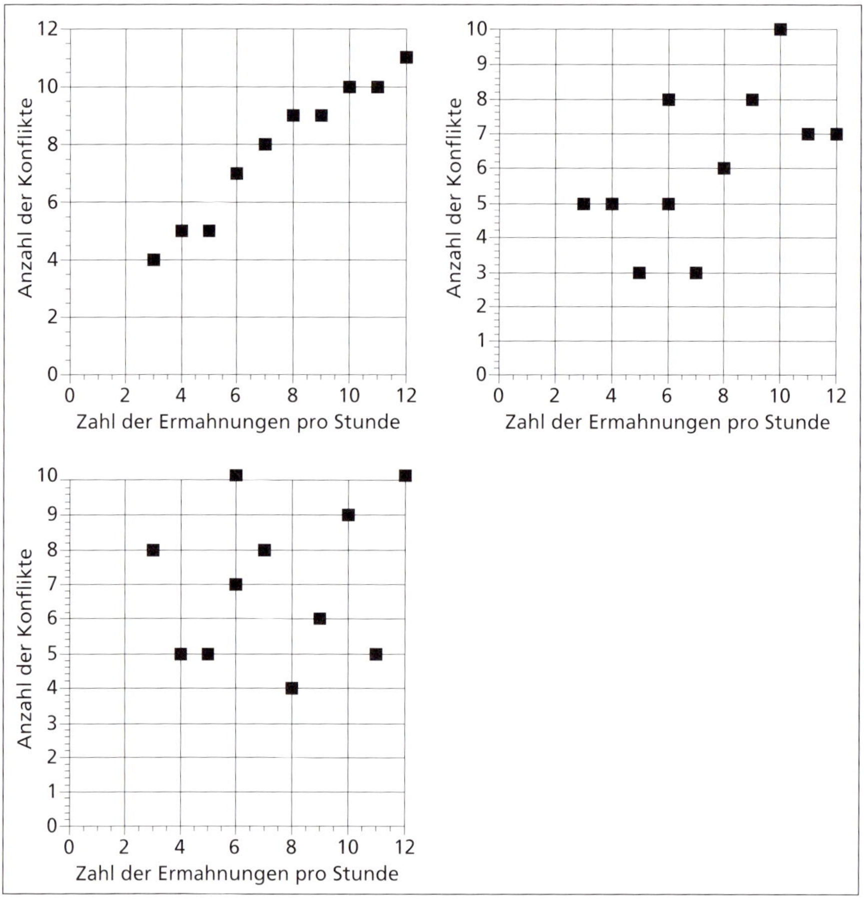

Abb. 3: Die Deutung von Korrelationskoeffizienten (hier $r = 0.98$; $r = 0.58$; $r = 0.17$): Drei Korrelationsdiagramme mit hypothetischen Daten, die unterschiedliche Zusammenhänge zwischen der Zahl der Ermahnungen durch die Erzieherin und der Anzahl beobachteter Konflikte je Stunde darstellen. Jeder Punkt repräsentiert eine Stunde mit je einem Wert auf der Merkmalsachse „Zahl der Ermahnungen pro Stunde" und der Merkmalsachse „Anzahl der Konflikte". Im ersten Diagramm beträgt der Korrelationskoeffizient $r = 0.98$. Er ist also fast perfekt linear. Was bedeutet er? Je öfter die Kinder ermahnt werden, desto häufiger gibt es Konflikte. Er kann aber auch bedeuten: Je öfter es in der Gruppe Konflikte gibt, desto öfter muss die Erzieherin die Kinder ermahnen. Was die Ursache ist, kann man auch aus einer hohen Korrelation nicht herausfinden. Der Korrelationskoeffizient des zweiten Diagramms beträgt $r = 0.58$ und jener des dritten Diagramms $r = 0.17$. Je näher der Koeffizient an null liegt, desto größer die Abweichung von einem linearen Zusammenhang. Bei einem Wert von null besteht kein Zusammenhang zwischen den beiden Merkmalen. Negative Korrelationskoeffizienten bedeuten einen umgekehrt linearen Zusammenhang: Je höher die Zahl der Ermahnungen, desto geringer ist die Anzahl an Konflikten

walttätig macht, die Ursache für körperliche Gewalt sein? Warum zeigen sich Aggressionen nur bei 15 % der Jungen, aber bei 85 % nicht?

Wenn man nun Paare von Jungen und Mädchen bildet, dann gibt es 90 % von Paaren, in denen beide keine Gewalt zeigen oder beide keine körperliche Gewalt zugeben. Das heißt, in 90 % der Fälle eines Vergleichs zwischen Jungen und Mädchen erkennen wir keinen geschlechtsspezifischen Unterschied (= synchrone Fälle). Die asynchronen Fälle machen nur 10 % der Fälle aus, d. h., zu einem Mädchen, das nicht gewalttätig ist, gibt es einen Jungen, der körperliche Gewalt anwendet. Dieses Beispiel macht deutlich, dass man nomothetische (allgemeingültige) Aussagen (Jungen sind körperlich gewalttätiger als Mädchen) nicht auf jeden Einzelfall übertragen darf. Sonst drohen wissenschaftlich-empirisch verbrämte Vorurteile.

In der Kritik derartiger Schlussfolgerungen aus Prozentsätzen seltener Ereignisse kann man noch weitergehen: Wenn die Bedingung „männlich" in 85 % der Fälle nicht zur Demonstration körperlicher Gewalt führt, dann kann dies nicht die Ursache sein, dass mehr körperliche Gewalt nur wegen der Männlichkeit gezeigt wird. Die Bedingung „männlich" ist nur in einer kleinen Minderheit von Fällen auch mit körperlicher Gewaltanwendung verbunden.

1.3.4 Die Realität ist wissenschaftlich unterbestimmt

Aufgrund der beeindruckenden Vielzahl von empirischen Untersuchungen zum Thema (s. o.) könnte man die Meinung vertreten, dass die Wissenschaft alles weiß und die Praxis gar nichts. Das ist leider nicht so. Die Realität ist wissenschaftlich unterbestimmt. Das bedeutet: Selbst wenn man alles Wissen der Wissenschaft zusammennehmen könnte, würde man die Realität nicht hundertprozentig aufklären können. Die Wissenschaft ist immer noch nicht am Ende ihrer Untersuchungen angelangt, sie kann menschliches Verhalten und kindliche Entwicklung nie genau prognostizieren, sondern sie ist in etwa so sicher oder unsicher wie die Wirtschaftswissenschaften mit ihren Konjunkturprognosen. Zwar haben die Aussagen der empirischen Forschung eine gewisse größere Wahrscheinlichkeit, aber keine Sicherheit. Ein vergleichbares Beispiel: Jeder weiß, dass bei einem Fußballspiel zwischen Bayern München und Borussia Mönchengladbach wahrscheinlich Bayern München gewinnen wird – und dennoch gewann das Spiel zu Beginn der Saison 2011/2012 ausgerechnet der Außenseiter, also Borussia Mönchengladbach.

Es ist ganz wesentlich, dass man weiß, dass alle Aussagen der Wissenschaft nur Wahrscheinlichkeitsaussagen sind und deshalb nicht auf den Einzelfall übertragen werden dürfen. Das lässt sich an der oben bereits eingeführten empirischen Aussage veranschaulichen, nach der Jungen durchschnittlich etwas aggressiver sind als Mädchen. Wenn man aber den Jungen Thomas vor sich hat, kann man nicht davon ausgehen, dass er zu den Jungen gehört, die tatsächlich aggressiver sind als Mädchen, sondern er könnte auch ein ganz friedlicher Junge sein. Und die gibt es trotz des Durchschnittsunterschiedes in großer Zahl. Auf den Einzelfall können die allgemeinen Gesetzmäßigkeiten (nomothetische Aussagen) nicht vorbehaltlos übertragen werden. Wir dürfen sie im Hinterkopf behalten, sie helfen uns, Verhältnisse und Fälle zu analysieren, aber wir müssen immer vorsichtig sein, denn es könnte im Einzelfall ganz anders sein, als es die allgemeine Regel nahelegt.

1.4 Zusammenfassung

Der Begriff „Gruppen" im Elementarbereich (der untersten Altersstufe des Bildungssystems) kann zwei Bedeutungen haben:

1. Anzahl Kinder mit ihren Erzieherinnen und Erziehern in einer Institution des Elementarbereichs.
2. Soziale Kategorien wie z. B. Eltern, Kinder, Erzieherinnen, Menschen mit Migrationshintergrund.

Unter „Clique" versteht man einige Kinder einer Gruppe, die miteinander interagieren (z. B. spielen), sich mögen und sich freiwillig zusammengeschlossen haben. Cliquen können auch von kurzer Dauer sein.

Das Wissen über Gruppen im Elementarbereich in diesem Buch stammt aus früherer und aktueller Fachliteratur zu Gruppen bzw. zum Sozialverhalten kleiner Kinder, aus Fachdatenbanken, aus Internet-Suchdiensten, aus eigenen praktischen Erfahrungen und empirischen Untersuchungen des Verfassers.

Die wissenschaftlichen Methoden der Erkenntnisgewinnung sind aus den Zweifeln an der Richtigkeit von Alltagsbeobachtungen und intuitiven Erkenntnissen entstanden. Man versucht mit wissenschaftlichen Methoden, die Objektivität, Zuverlässigkeit (Reliabilität) und Gültigkeit (Validität) der empirischen ermittelten Aussagen zu erhöhen. Unter den empirischen Verfahren unterscheidet man das Design einer Untersuchung von den Methoden der Datensammlung bzw. -erhebung. Designs sind z. B. Experimente, Umfragen, repräsentative Umfragen, Fallstudien. Erhebungsverfahren können qualitativ (z. B. Interviewtext) oder quantitativ (z. B. Ankreuzungen in einem Fragebogen) sein. Empirische Untersuchungen zu Gruppen im Elementarbereich kommen oft zu Erkenntnissen, die nicht in die Mainstream-Diskussion passen, weshalb eine Kenntnis der Methoden notwendig ist.

Häufig werden quantitative, empirische Resultate falsch interpretiert: Unterhalb und oberhalb eines Durchschnittswertes liegen bei normalverteilten Daten (symmetrische Verteilung um den Mittelwert) ungefähr 50 % einer Stichprobe – alle Durchschnittswerte haben eine mehr oder minder große Streuung. Auch eine Korrelation zwischen zwei Größen kann einen mehr oder minder starken linearen Zusammenhang ausdrücken, wobei $r = -1$ ein maximal negativer, $r = +1$ ein maximal positiver und $r = 0$ keinen Zusammenhang darstellt. Prozentsätze schließlich werden meist falsch interpretiert. Die Aussage „Jungen sind körperlich gewalttätiger als Mädchen, weil 15 % aller Jungen aber nur 5 % aller Mädchen körperlich gewalttätig sind" bedeutet genaugenommen: In 90 % von Junge-Mädchen-Paaren gibt es keinen Unterschied zwischen den Geschlechtern. Alles in allem: In der Realität der Gruppen im Elementarbereich kann alles anders sein, als es Alltagsaussagen und leichtfertige (!) Verallgemeinerungen von wissenschaftlichen Erkenntnissen erwarten lassen.

1.5 Literaturtipps

Parke, R. D. & Clarke-Stewart, A. (2011). *Social development*. Hoboken, NJ: Wiley.

Schmidt-Denter, U. (1988). *Soziale Entwicklung. Ein Lehrbuch über soziale Beziehungen im Laufe des menschlichen Lebens*. München: Psychologie Verlags Union.

Smith, P. K. & Hart, C. H. (Eds.). (2011). *The Wiley Blackwell handbook of childhood social development*. Chichester: Blackwell.

Strätz, R. (1992). *Die Kindergartengruppe* (2. Aufl.). Stuttgart: Kohlhammer.

Die aufgeführte Literatur ist in diesem Kapitel bereits besprochen worden. Ihre Lektüre empfiehlt sich zu allen Fragen, die in diesem Buch gestellt werden.

Pfeiffer, D. K. & Püttmann, C. (2011). *Methoden empirischer Forschung in der Erziehungswissenschaft. Ein einführendes Lehrbuch* (4. Aufl.). Hohengehren: Schneider.

Dies ist ein einführendes Lehrbuch in die empirische Forschung. Es lohnt sich sehr, sich mit dieser Forschung auseinanderzusetzen. Die Autoren haben durchgängig die pädagogische Forschung mit ihren qualitativen und quantitativen Methoden im Blick und setzen ein Minimum an mathematischen Vorkenntnissen voraus.

2 Gruppen im Elementarbereich – Geschichte und Effekte der Gruppe

Warum es Gruppen im Elementarbereich gibt, erschließt sich aus der Geschichte der Vorschulerziehung. Daher werden in diesem Kapitel die gesellschaftlichen und ideengeschichtlichen Gründe, die zur Entstehung und Etablierung der Vorschulerziehung beigetragen haben, skizziert und der Zusammenhang verdeutlicht, warum kleine Kinder in relativ großen Gruppen zusammengefasst worden sind und noch werden.

2.1 Geschichte des Elementarbereichs – Warum gibt es eine institutionelle Kleinkinderziehung?

Warum gibt es Kindertageseinrichtungen, also Krippen und Kindergärten? Wenn man diese Frage historisch beantworten will, dann kann man zwei Betrachtungsweisen wählen: eine eher *ideengeschichtliche* und eine *sozialgeschichtliche*. In der ideengeschichtlichen Betrachtungsweise geht es darum, wer zuerst die Idee hatte und evtl. ausprobierte bzw. welche Ideen überhaupt dazu führten, kleine Kinder in Einrichtungen, also auch Gruppen, zusammenzufassen und sie zu betreuen, zu erziehen und zu bilden. Aus einer sozialgeschichtlichen Betrachtungsweise sucht man geschichtliche, wirtschaftliche und andere Anlässe und Prozesse, die dazu geführt haben, dass Kindertageseinrichtungen (im Folgenden KiTas) ein gesellschaftliches Problem lösten und deshalb immer mehr Verbreitung fanden (Erning, 1987; Erning, Neumann & Reyer, 1987).

2.1.1 Ideengeschichte

Eine *ideengeschichtliche* Analyse zeigt, dass bereits in der Antike Menschen auf die Idee gekommen sind, kleine Kinder gemeinschaftlich zu erziehen. Über Sparta heißt es in einem Artikel von Helmut König (1974):

> *„Sobald ein Knabe laufen konnte, nahm ihn der Vater zum gemeinsamen Essen in die Zeltgemeinschaft der Männer mit. Hier wurde er zeitig an das Leben in der Männergemeinschaft gewöhnt, das in der Beschäftigung mit dem Krieg, in der Jagd und in der Beratung öffentlicher Angelegenheiten bestand. Darüber hinaus lernten sich die Knaben hier schon untereinander kennen und in die Gemeinschaft einordnen, da vom siebten Lebensjahr an alle Knaben in staatlichen Erziehungsanstalten zusammengefasst wurden." (König, 1974, S. 26)*

Wenn man so will: eine frühe Idee, gelegentlich, aber nicht überall, ausprobiert, wie man kleinen Kindern gemeinschaftlich etwas Lebenswichtiges für die damalige Sklavengesellschaft beibringt.

Außer in Sparta wurde die Fähigkeit der kleinen Kinder, sich in Gruppen einzufügen, aus unterschiedlichen pädagogischen und ideologischen Positionen begründet. Zuletzt konnte man im Bildungsplan der DDR für die Kindergärten lesen:

> *„Durch die Gestaltung des Lebens ist die Herausbildung kollektiver Beziehungen der Kinder, ihre Gewöhnung an das Leben in der Kindergemeinschaft zu sichern. Jedes Kind soll lernen, für das Kollektiv tätig zu sein, soll sich in der Gruppe wohl und geborgen fühlen, Zuneigung und Anerkennung erfahren.“ (DDR Ministerrat, 1986, S. 17)*

2.1.2 Sozialgeschichte

Interessanter ist die *sozialgeschichtliche* Perspektive (Barow-Bernstorff et al., 1974). Sie zeigt nach Auffassung fast aller Autoren deutlich, dass KiTas mit der zunehmenden außerhäuslichen Arbeit der Elternteile, wie in der Zeit der Industrialisierung, häufiger eingerichtet wurden. KiTas sind also ein Reflex auf eine gesellschaftliche Notsituation, die Betreuung der kleinen Kinder, die durch den Wandel der Produktion entstanden waren.

Der Name „Kindergarten“ (seine erste Einrichtung hieß „Pflege-, Spiel- und Beschäftigungsanstalt“) geht auf Friedrich Fröbel (1782–1852) zurück. Fröbel war allerdings nicht der erste, der öffentliche Einrichtungen für kleine Kinder gefordert und gegründet hatte, sondern hier gab es Vorläufer in anderen Ländern, wie in Großbritannien (z. B. Wilderspin), in Bayern (Teresa Gräfin von Brunsvik) oder im Elsass (Friedrich Oberlin).

Kasten 1: Arbeitssituation von Eltern und Kinderbetreuung

Wie eng die Notwendigkeit der Kinderbetreuung mit der Arbeitssituation der Eltern zusammenhängt, zeigt eine Passage in einem Kinderbuch von Löhr (1805), in dem Bilder des Alltags (z. B. Metzgerei, Arbeitsplätze, Tiere und Pflanzen) Kleinkindern durch Vorlesen und Fragen erklärt werden. In diesem Buch findet sich das Bild eines kleinen Kindes, das man in ein Fass gesteckt hat. An das Fass ist ein Schemel gestellt, mit einem Suppenteller und einem Löffel darin. Das Bild wird wie folgt kommentiert:

> *„Aber da unten ist ein Fass – was steckt denn in dem Fass? Auch ein Kind? – Aber wie ist es denn in das Fass hineingekommen? Es hat doch nicht können hinein steigen, es ist noch nicht groß genug dazu – es guckt ja nur soeben mit dem Köpfchen aus dem Fasse heraus. Sieh, die Eltern haben es in das Fass gesteckt. Die Eltern sind aufs Feld gegangen, da müssen sie arbeiten; für die Arbeit bekommen sie Geld, und für das Geld kaufen sie Brot und andere Esswaren. Die Eltern konnten das Kind nicht mit aufs Feld nehmen; es würde gefroren haben, oder es wäre nass geworden, oder es hätte die Eltern am Arbeiten gehindert. Eine Wärterin oder eine Magd konnten sie auch nicht bei dem Kinde lassen, sie haben*

nicht so viel Geld, eine Magd oder Wärterin zu mieten und zu bezahlen. Aber warum lassen sie das Kind nicht lieber herum laufen? – Es kann wohl noch nicht recht laufen? – Es kriecht mehr, als es läuft. Da hätte es nun können leicht Schaden nehmen, wenn es allein überall herumgekrochen wäre – sie haben es darum lieber ins Fass gesteckt. Das arme Kind! Die Zeit wird ihm recht lang werden! – Wie wird es sich freuen, wenn die Eltern wieder nachhause kommen!"

Abb. 4: Illustration zu Formen der Kinderbetreuung zu Beginn der Industrialisierung um 1800 aus einem Kinderbuch von Löhr (1805)

Mit dem Entstehen der öffentlichen Kleinkinderziehung im 19. Jahrhundert war zumeist die Minderung der blanken Not verbunden. Kinder und Jugendliche trieben sich in Dörfern und Städten herum, vandalierten, brandschatzten und litten. Bei Regenwetter wateten sie in knietief aufgeweichten Straßen, die damals noch nicht asphaltiert oder gepflastert waren. Kein Wunder, dass in solchen Situationen – die Eltern arbeiteten in Fabriken oder im Bergbau – verständige Männer und Frauen überlegten, wie man die Not dieser Kinder lindern könne. Eine dieser Ideen war die öffentliche Kleinkinderziehung. Ein besonders populärer Vertreter war Samuel Wilderspin aus Nordengland, der 200 bis 300 Kleinkinder in großen Scheunen versammelte und ihnen in der Zeit der Abwesenheit ihrer Eltern allerlei Sinnvolles beibrachte. In den Pausen gab es auch die Möglichkeit zu Spiel und körperlicher Ertüchtigung. Der Titel eines seiner Bücher lautete: „Über die frühzeitige Erziehung der Kinder und die englischen Klein-Kinder-Schulen oder Bemerkungen über die Wichtigkeit die kleinen Kinder der Armen im Alter von anderthalb bis sieben Jahren zu erziehen (...)" (Wien, 1820).

Abb. 5: Samuel Wilderspin beim Unterricht mit Kleinkindern (um ca. 1820; aus Krecker, 1974, S. 108)

Auch in der Zeit nach dem Zweiten Weltkrieg, die die Älteren der heute lebenden Menschen noch als Kleinkinder erlebt hatten, stellte sich die Frage nach der Größe der Gruppe nicht, Hauptsache das Kind war in einem Kindergarten untergebracht. Die Väter im Krieg oder in der Gefangenschaft, die Mütter auf Arbeit angewiesen – in einer solchen Situation hat die Betreuung der Kinder absolute Priorität.

2.1.3 Der Zusammenhang von Betreuung, Bildung und Erziehung

Es ist ziemlich offensichtlich, dass die große Verbreitung von Gruppen im Elementarbereich wirtschaftliche Ursachen hat, und daher die Betreuungsnotwendigkeit wegen der zunehmend außerhäuslichen Lohnarbeit der Eltern im Vordergrund stand. Dennoch darf man nicht übersehen, dass auch vor und während der Industrialisierung viele Menschen über die richtige Erziehung und Bildung der Kleinkinder nachgedacht haben. Betreuung (Bewahrung), Erziehung und Bildung waren stets ein zusammenhängender Dreiklang. Wer mit Kindern zusammen ist, kann kaum auf eines der Elemente verzichten. Alle Urväter und Urmütter der Kindergartenerziehung haben immer auch die Bildung der Kinder – und nicht nur die Betreuung betont.

So hatte etwa Wolke im Jahr 1805 ein „Denklehrzimmer" für Kleinkinder empfohlen, vollgepackt mit mathematischem und naturwissenschaftlichem Anschauungsmaterial. Oberlin hatte bereits 1770 den Kindern im Elsass Sprache und Stricken beigebracht, weil er glaubte, dass man mit Stricken später Geld verdienen könne. Wilderspin (1819) war jemand, der Mathematik, Geografie und andere Lerninhalte vermittelt hatte; und Fröbel (mit den „Sinnesgaben") ist für Sinnesschulung und die Förderung geometrischen Verständnisses bekannt. Es ist deshalb davon auszugehen, dass die Protagonisten der frühen Erziehung immer eine Einheit aus Aufbewahrung und Bildung im Auge hatten und dass sich daraus zwei Traditionslinien entwickelt haben: die eine, die eher auf Verschulung und Schaffung der Voraussetzungen für schulischen Unterricht konzentriert war, und die andere Traditionslinie, die eher das sozialpädagogische Konzept der „erweiterten Kinderstube“ (so eine entsprechende Formulierung auf der Reichsschulkonferenz im Jahr 1920) favorisierte. Diese Spannungen zwischen Aufbewahrung und Bildungsförderung spielten in der Vergangenheit des Elementarbereichs bis heute stets eine große Rolle (vgl. Barow-Bernstorff et al., 1974; Erning, 1987).

Die Relevanz dieser Auseinandersetzung für die Gruppengröße im Elementarbereich ist eindeutig: Aufbewahren kann man auch in größeren Gruppen – Bilden setzt eine stärkere Individualisierung voraus, also kleinere Gruppen.

Die Frage, wie viel Gruppe ein Kind braucht, wurde historisch nie gestellt. Für Pädagoginnen und Sozialpsychologen dürfte hingegen klar sein: Kein Kind braucht für seine soziale und intellektuelle Entwicklung eine Gruppe von 25 Kindern. Dass Kinder in solch großen Gruppen heute und früher untergebracht werden, hat rein fiskalische, ökonomische Gründe. Erziehung, Bildung und Unterrichtung in Großgruppen bzw. Schulklassen geschah aus ökonomischen Gründen (also sozialgeschichtlich begründet) und nicht aus pädagogischen oder psychologischen Gründen (also nicht ideengeschichtlich begründet).

2.1.4 Die heutige Situation

Heutzutage wird die Bereitstellung von Plätzen in KiTas für Kinder vorrangig im Zusammenhang mit der Vereinbarkeit von Beruf und Familie diskutiert. Durch diese Maßnahme konnten die Geburtenraten unserer Bevölkerung (auch in der damaligen DDR) bislang noch nicht wesentlich erhöht werden. Das hängt auch damit zusammen, dass trotz eines umfassenden staatlichen Angebotes an Kinderbetreuung noch ungefähr 50 weitere Stunden in der Woche für die Eltern bleiben, in denen sie mit den Kindern zusammen sind bzw. für weitere Betreuung der Kinder sorgen müssen. Für Menschen in modernen „rund um die Uhr“-Berufen – die Globalisierung zwingt dazu – immer noch ein Handicap. Das würde Eltern in anderen Nationen nicht so viel ausmachen wie den Deutschen, so sagt man. Hierzu gibt es interessante Ergebnisse aus Norwegen:

> *„(...) durch die Einrichtung von 17.500 Betreuungsplätzen seien nur 765 Mütter dazu gebracht worden, eine bezahlte Tätigkeit anzunehmen. Auch die Wahrscheinlichkeit, dass eine Mutter statt Teilzeit Vollzeit arbeite, habe sich nicht nennenswert erhöht. Unsere Ergebnisse lassen sich so interpretieren: Die neue staatlich subventionierte formelle Kinderbetreuung hat die informelle Betreuung zu 94 % verdrängt. (...) es besteht zwar eine Korrelation, nicht aber ein kausaler Zusammenhang zwischen einer umfassenden, staatlich organisierten Kinderbetreuung und der Erwerbstätigkeit von Müttern.“ (zitiert nach FAZ, 8. November 2009, S. 38; Havnes & Mogstad, 2009)*

Das heißt: Die durch staatliche Kinderbetreuung gewonnene Zeit führt nicht zu mehr Berufstätigkeit, sondern wird anderweitig genutzt.

Die Kinderbetreuung ist in verschiedenen Staaten unterschiedlich organisiert. Über die USA ist zu erfahren, dass die Betreuung der Kinder häufig zu Hause durch Personen, die in die Familie kommen, oder durch Tagesmütter geleistet wird und nur zum Teil in KiTas. In Deutschland ist die überwiegende Mehrzahl der kleinen Kinder in öffentlichen und privaten Institutionen untergebracht. Hierzu existiert eine repräsentative Elternbefragung von Bien et al. (2007).

Tab. 1: Auf die Frage „Wann haben Sie Betreuungsbedarf für Ihr Kind?" schraffierten Eltern (*N* = 748) die Stunden in einem leeren Stundenplan. Addiert ergibt sich der Gesamtstundenplan. Lesebeispiel: Montag 8.00 bis 9.00 Uhr haben 77.9 % der Eltern Betreuungsbedarf.

Uhrzeit	Montag	Dienstag	Mittwoch	Donnerstag	Freitag	Samstag	Sonntag
vor 7	6.4	5.6	5.7	5.6	6.3	1.1	0.7
7	48.5	48.1	48.5	48.5	48.4	2.4	1.3
8	77.9	76.5	78.7	78.1	77.7	3.7	2.1
9	84.4	83.2	84.8	84.2	84.0	4.0	2.4
10	84.8	83.0	84.5	84.2	84.0	4.0	2.4
11	84.5	83.3	84.6	84.4	84.2	4.1	2.3
12	69.4	68.9	69.8	70.7	67.7	3.3	2.0
13	50.8	50.0	49.7	50.4	45.9	2.5	1.7
14	49.8	50.3	49.5	50.8	41.3	2.5	1.6
15	42.4	44.0	41.8	44.8	35.0	2.1	1.5
16	25.0	26.5	24.6	27.0	19.8	1.7	1.5
17	9.5	9.2	8.2	10.7	7.2	1.3	1.3
18	2.5	2.4	1.7	2.3	1.6	0.8	0.9
19	2.1	2.0	1.6	2.3	1,9	0.8	0.9
20	0.7	0.5	0.5	0.9	0.5	0.7	0.8
21	0.8	0.7	0.7	0.8	0.7	0.8	0.7

Eine aktuelle eigene Befragung in einem nordrhein-westfälischen Landkreis bei 748 Eltern erbrachte das in Tabelle 1 zusammengetragene Ergebnis (Dollase, 2011). Dort ist ein Stundenplan abgedruckt, und in den Zellen des Stundenplans ist in Prozentsätzen angegeben, wie viele Eltern, die schon ein Kind in der Einrichtung haben, zu welcher Uhrzeit auf Betreuung angewiesen sind. Abends und am Wochenende sind die Betreuungserfordernisse dramatisch niedrig. Dieses Ergebnis kann von Kreis zu Kreis, von Stadt zu Stadt schwanken. Schwierig aber dürfte es sein, die Betreuungserfordernisse in den Randzeiten und am Wochenende zu organisieren. Auch wenn dort nur wenige Eltern Betreuung wünschen, so ist für sie dieses Bedürfnis existenziell wichtig, aber organisatorisch und finanziell nur schwer zu befriedigen, weil nur wenige Kinder zu betreuen, also nur sehr kleine Gruppen vorhanden wären. Und das wäre für Eltern und Träger teuer.

Damit ist ein entscheidender Punkt angesprochen: Eine öffentliche Betreuung lohnt sich für den Träger natürlich insbesondere dann, wenn die Gruppen relativ groß sind, d. h. wenn eine bezahlte pädagogische Fachkraft möglichst viele Kinder betreuen (und bilden) könnte. Einer Einrichtung möglichst großer Gruppen aus finanziellen Erwägungen sind durch viele andere Faktoren, über die in diesem Buch zu schreiben sein wird, Grenzen gesetzt. So stehen psychologische, pädagogische und humanitäre Gründe solchen rein fiskalischen Überlegungen entgegen.

Hier gibt es eindeutige zeitgeschichtliche Fortschritte: Heute kann und darf keine Erzieherin allein 40 Kinder in einer Kindergartengruppe betreuen, fördern und erziehen, wie das noch 1947 nötig und möglich war – die gewichtigen psychologischen und pädagogischen Gründe für kleinere Gruppen und mehr Personal haben sich langsam und zäh durchgesetzt und werden es auch in Zukunft noch weiter tun müssen. Außerdem: Kinder und Eltern sind schwieriger und anspruchsvoller im Umgang als früher geworden, und die gesellschaftlichen und wissenschaftlichen Anforderungen an die Qualität der Arbeit in Gruppen sind bedeutsam gestiegen.

Die gleiche Argumentation gilt selbstverständlich auch für den Schulbereich. Carlo Jenzer (1991) hat für die Schweiz die ständige Verringerung der Gruppengröße in Primarschulklassen nachgezeichnet. Im Jahre 1840 lag die Schulklassengröße bei über 60 Kindern und im Jahre 1990 nur noch im Durchschnitt bei 19.3 Kindern. Diese Reduzierung der Gruppengröße spiegelt die gewichtigen Gegenargumente, aber auch die Veränderungen bei Kindern, Eltern und ihren pädagogischen Ansprüchen.

Meine These wäre, dass die Eltern, also die – oft so genannten – „Kunden" der öffentlichen KiTas, ihre Ansprüche und Einstellungen erheblich geändert haben. Zwar ergibt sich aus der heute verbreiteten doppelten Erwerbstätigkeit beider Elternteile eine Notwendigkeit zur Aufbewahrung. Auf der anderen Seite ist aber auch das Verhältnis zum Kind anders geworden. Wer heute Kinder bekommt, möchte das Beste für das Kind erreichen. Das Verhältnis zum Kind soll partnerschaftlicher sein. Wer heute Kinder bekommt, entscheidet sich meist bewusst für ein Kind und weiß im Großen und Ganzen, was auf ihn zukommt. Kein Wunder, dass die Eltern heute eine hochqualifizierte Förderung, eine Individualisierung für ihr Kind haben möchten. Der Wunsch ist nicht nur der nach einer irgendwie gearteten Aufbewahrung, sondern der Wunsch richtet sich eindeutig auf eine qualitätsvolle Erziehung, Bildung und Betreuung. Das eigene Kind soll in der globalisierten Wettbewerbsgesellschaft konkurrenzfähig werden. In einer Fragebogenstudie (Dollase, 2011) bewerteten die 950 befragten Eltern von KiTa-Kindern daher die Vorbereitung auf die Schule und den Übergang von der KiTa zur Schule als das Wichtigste und wichtiger als die 153 pädagogischen Fachkräfte und 22 Leitungskräfte (▸ **Abb. 6**). Bei dieser Befragung sollte jeweils die Wichtigkeit von Angeboten in einer Tageseinrichtung in Notenstufen von 1 (sehr wichtig) bis 6 (völlig unwichtig) beurteilt werden.

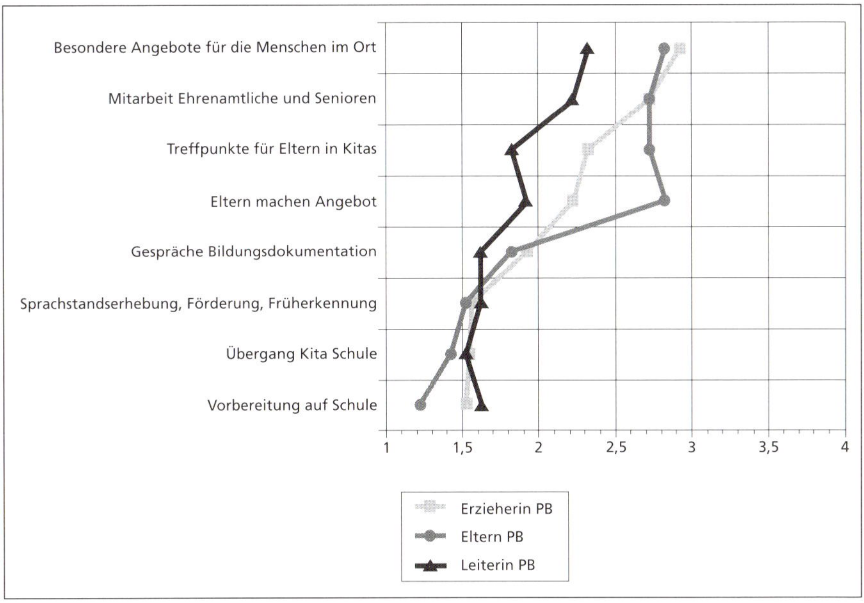

Abb. 6: Beurteilung der Wichtigkeit (1 = sehr wichtig) von Angeboten in einer KiTa durch Eltern, Erzieherinnen und Leitungskräfte

Auch die Verantwortlichen für das System der KiTas wurden durch die Ergebnisse der TIMSS- und PISA-Studien geschockt (sog. PISA-Schock). In diesen Studien belegten deutsche Schüler und Schülerinnen zusammen mit z. B. den USA nur einen mittleren Platz in der Qualitätsrangreihe schulischer Leistungen (Deutsches PISA-Konsortium, 2001). Die Ergebnisse dieser internationalen Vergleichsstudien und die Globalisierung machen, ähnlich wie in den 1960er Jahren, darauf aufmerksam, dass auch die KiTas ihren Beitrag dazu leisten sollen, die internationale Konkurrenzfähigkeit des Standortes Deutschland zu erhalten. In den 1960er Jahren war es der sog. Sputnik-Schock, der ähnlich wie der PISA-Schock Anlass für eine Bildungsdebatte im Bereich der Frühen und Elementarbildung gab.

Positive Ziele nach Qualität, Individualisierung, hochqualifizierter Bildung, Betreuung und Erziehung bestimmen heute die Erwartungssituation gegenüber den KiTas. Wie verträgt sich mit dieser allgemeinen Erfordernis nach Bildung, hochqualitativer Förderung, Individualisierung und Betreuung die Tatsache, dass wir unsere Kinder in Großgruppen von 25 oder mehr Kindern erziehen, bilden und betreuen?

2.2 Effekte der institutionellen Vorschulerziehung in Gruppen

Weltweit hat sich die institutionelle Vorschulerziehung in Gruppen durchgesetzt. Also, sollte man denken, können Gruppen den Kindern nicht schaden. Und da die Gruppen überall auf der Welt ähnlich groß sind, müssten doch die Bedenken entkräftet sein. Überall wird die Kinderbetreuung so organisiert – deshalb kann es nicht schlimm sein, Kinder in Gruppen zu betreuen. Dem ist nicht ganz zuzustimmen. Denn aus einer wissenschaftlichen Perspektive betrachtet, müsste man diese Vorteile beweisen (können). Es könnte nämlich auch möglich sein, dass es überall mit der institutionellen Kinderbetreuung nicht gut bestellt ist.

Ist der Besuch einer KiTa für ein Kind notwendig und gut? Diese Frage kann man wissenschaftlich nur dann beantworten, wenn man ein Experiment mit einer Versuchs- (mit KiTa-Besuch) und Kontrollgruppe (ohne KiTa-Besuch) durchgeführt hat. Und dann den geistigen, sozialen und emotionalen Entwicklungsstand der Kinder aus Kontroll- und Versuchsgruppe vergleicht. Wer wird wohl besser abschneiden?

Es reicht nicht, wenn man nur nachweist, dass Kinder sich während des Besuchs einer vorschulischen Einrichtung in ihrer Entwicklung verbessern. Das ist in den letzten Jahren in vielen Studien gezeigt worden: Kinder aus der bildungsnahen Mittelschicht hätten sich in der KiTa auch weiterentwickelt. Also, so die Schlussfolgerung, sei die KiTa auch für sie förderlich gewesen und nicht nur für Kinder aus bildungsfernen Schichten. Ohne einen Vergleich zu einer Kontrollgruppe ohne KiTa-Besuch liegt dieser Schlussfolgerung ein gedanklicher Fehlschluss zugrunde: Wir wissen nämlich mit einem solchen Versuchsdesign nicht, ob sich die Kinder ohne KiTa-Besuch nicht genauso entwickelt hätten.

Diese Weiterentwicklung könnte auch ein allgemeiner Entwicklungs- und kein Fördereffekt sein, denn alle Kinder entwickeln sich weiter, unabhängig davon, welche Förderung man anwendet. Zieht man zum Vergleich eine Kontrollgruppe heran, dann muss sie mit der Versuchsgruppe vergleichbar (am besten: identisch) sein, d. h. die Kinder und Eltern müssen ähnlich sein, müssen genauso interessiert oder uninteressiert sein an der Entwicklung ihrer Kinder, damit nicht ein Verzerrungseffekt entsteht.

In einer Reihe von Studien konnte gezeigt werden, dass Kinder aus der Unterschicht vom KiTa-Besuch profitieren (vgl. Spiess et al., 2003). Diese Studie wurde allerdings ohne Kontrollgruppe durchgeführt. Es könnte daher durchaus möglich sein, dass Unterschichteltern, die ihr Kind in eine KiTa schicken, an der Entwicklung ihres Kindes interessierter sind als Unterschichteltern, die ihre Kinder zu Hause lassen. Dann wäre der skizzierte Befund nicht besonders aussagekräftig. Wenn Kinder in ihrer Entwicklung zurückbleiben, dann müsste dies nicht am fehlenden KiTa-Besuch liegen, sondern könnte durch andere Faktoren, wie eine Erziehungsunfähigkeit und ein Erziehungsdesinteresse ihrer Eltern, begründet sein.

Gibt es nun eine aussagekräftige Untersuchung zu der oben gestellten Frage: Muss ein Kind in eine KiTa? Da heute fast alle Eltern ihre Kinder in die KiTa schicken, ist es schwierig, eine echte Kontrollgruppe zu finden. Das eigene Kind soll kein Außenseiter sein. Eltern schicken ihre Kinder aber auch in die KiTa, weil sie glauben, dass ihr Kind dort gefördert wird, weil sie selber keine Zeit haben etc. Und: Sie vermuten mit Recht, dass die Kinder sich dort an die Gruppe, die sie später in der Schule immer wieder treffen, besser gewöhnen können, durchsetzungsfähiger werden und eher Freunde gewinnen können, als wenn sie zu Hause blieben.

Früher, als vergleichbare Kontrollgruppen (also Kinder, die nie eine KiTa besucht hatten) noch möglich waren, konnte man folgende allgemeine Zusammenfassung über Sinn und Nutzen eines KiTa-Besuches lesen: „wird demnach nicht eindeutig gestützt". Oder bei Ausubel und Sullivan (1974) liest man „(...) es gibt keine Beweise, dass Kinder, die keine institutionsmäßige Gruppenpflege erhalten, in ihrer Entwicklung oder Anpassung geschädigt werden" (S. 344). Und etwas weiter „(...) Kinder ohne Vorschulerfahrungen wurden in der Grundschule von den Lehrern und durch soziometrische Verfahren ebenso gut eingestuft wie die Kinder, die eine Vorschule besucht hatten (...) diese beiden Gruppen zeigten auch keine unterschiedlichen Merkmale und Verhaltensweisen wie soziale Anpassungsfähigkeit, Überempfindlichkeit für Kritik, Furcht, Wutanfälle, Schreien und Daumen lutschen" (ebd.). Daraus lässt sich der Schluss ziehen, dass auch die Beliebtheit von Kindern bei ihren Gruppenmitgliedern (ihr soziometrischer Status) und ihr Sozialverhalten vergleichbar ausgebildet sind – ob die Kinder nun eine KiTa besucht hatten oder nicht.

Auch in der großen nordrhein-westfälischen Vergleichsuntersuchung zwischen Modellkindergärten und Vorklassen aus den Jahren 1970 bis 1977 konnten bei einem sozial-emotionalen Vergleich keine gravierenden Unterschiede zwischen Kontrollkindern und solchen, die entweder eine Vorklasse oder Kindergarten besucht hatten, festgestellt werden. Allerdings waren die Kinder, die zu Hause geblieben waren, anstatt in den Kindergarten oder die Vorklasse zu gehen, nach eigenen Aussagen und nach Aussagen der Lehrer etwas friedlicher als die anderen. Die Lehrer beurteilten die Leistungen der Kinder im Lesen, Schreiben, Rechnen und Malen genauso gut bzw. besser als die von Kindern, die vorher im Kindergarten oder in der Vorklasse waren (Dollase, 1979).

Auf der anderen Seite erbrachte in derselben Studie die kognitive Vergleichsuntersuchung von Winkelmann und anderen (1977) in objektiven Testverfahren doch einige Unterschiede zugunsten der Versuchskinder (mit Besuch einer Vorschuleinrichtung). Diese Unterschiede waren statistisch zwar signifikant, aber sie wurden von den Autoren in ihrem praktischen Gewicht als relativ gering beurteilt. Auch weil die Kinder in der Versuchsgruppe (mit KiTa-Besuch) meist schon seit dem dritten Lebensjahr in der Einrichtung waren. Die Autoren schreiben:

> *(...) bei vielen Testvariablen zeigte sich zu Beginn des 2. Schuljahres überhaupt keine signifikante Überlegenheit der Kinder mit institutionalisierter Vorschulbildung gegenüber Kindern aus Familienerziehung im Vorschulalter, insbesondere im Fall der Adjustierung der Testergebnisse nach dem familialen Sozialstatus und dem genauen Alter. Dies gilt vor allem für die als typisch schulisch angesehenen Leistungen wie Lesen, Schreiben, Zahlen rech-*

nen und Mengenlehre. Es ergab sich auch kein signifikanter Unterschied im Intelligenzquotienten (...) (Winkelmann, Holländer, Schmerkotte & Schmalohr, 1997, S. 52)

Nicht auszuschließen ist, dass es auch Wartegruppeneffekte gibt, das heißt: Die Kontrollgruppe kann sich auch verbessern, obwohl sie nicht an einem Programm teilgenommen hat, sondern nur wartet, bis Plätze im Programm frei werden. Der Begriff „Wartegruppe" heißt: Als Kontrollgruppe werden diejenigen Kinder herangezogen, deren Eltern das Kind schon beim Programm (z. B. ein Mathematikprogramm) angemeldet haben, aber noch keinen Platz bekommen haben. Dadurch will man sicherstellen, dass die Motivation der Kontrollgruppeneltern genauso gut ist wie die derjenigen Eltern, deren Kinder schon an einem Programm oder Modellversuch teilnehmen.

Kasten 2: Was ist eine Effektstärke?

Wenn man eine Versuchsgruppe (z. B. mit KiTa-Besuch) und eine Kontrollgruppe (z. B. ohne KiTa-Besuch) untersucht, kann man am Ende des Versuchs prüfen, welche Gruppe besser ist. Meist prüft man den Unterschied mit einem Signifikanztest. Wenn der Unterschied zwischen Versuchs- und Kontrollgruppe zu einem „signifikanten" Vorteil einer Gruppe geführt hat, dann bedeutet dies nichts weiter, als dass der Unterschied wohl kaum per Zufall zustande gekommen ist (die Wahrscheinlichkeit der Zufallsentstehung wird mit p angegeben). Das bedeutet aber nicht, dass dieser Unterschied auch praktisch relevant ist. Unterschiede können signifikant, also überzufällig sein, ohne dass die Unterschiede in irgendeiner Form auch von alltagspraktischer Bedeutung sind. Die Forschung verwendet deshalb sog. Effektstärken als Maß für die praktische Relevanz eines Gruppenunterschieds. Effektstärken stellen meist Anteile an der Varianz bzw. Standardabweichung dar (s. o.), um welche eine Versuchsgruppe besser ist als eine Kontrollgruppe (oder die Leistung am Ende besser ist als zu Beginn des Programms). Dabei dividiert man den Mittelwertunterschied zwischen Versuchs- und Kontrollgruppe durch die gemeinsame Standardabweichung beider Gruppen. Diese Effektmaße (bei Vergleichen zwischen zwei Gruppen mit d bezeichnet) nehmen den Wert „1" an, wenn der Unterschied so groß ist wie die Standardabweichung. Nach der Metaanalysestudie von Hattie (2009, S. 20) sollen Effektstärken erst ab einer Größe von 0.40 berücksichtigt werden. Denn Werte zwischen 0 und 0.15 können auch ohne Intervention hervorgerufen werden, einfach durch die Summe aller Entwicklungseinflüsse, denen ein Kind ausgesetzt ist. Effekte der „Lehrkräfte" liegen meist zwischen 0.15 und 0.40, d. h. diese Effekte können durch die Qualität der pädagogischen Fachkräfte (oder der Eltern und sonstiger Betreuungspersonen) und nicht durch das pädagogische Konzept, die Methode oder die Institution hervorgerufen werden. Dass pädagogische Erfolge von der Qualität der Fachkräfte abhängen, ist eine Binsenweisheit (s. o.). Nahezu alle Effektstärken für den Vorschulbesuch liegen in experimentellen Studien mit Randomisierung (die Versuchsteilnehmer werden zufällig auf die Versuchsgruppen aufgeteilt) unterhalb von 0.40; in Metaanalysen wird der Wert knapp übertroffen.

Moderne Studien zur Wirksamkeit des KiTa-Besuchs mit Kontrollgruppen liegen allerdings nur selten vor. Eine der wenigen wurde im berühmten Head-Start-Projekt in den USA durchgeführt. Die Evaluation der Vorschulerziehungsprojekte in Head Start und in anderen Untersuchungen war nämlich stets Gegenstand methodischer Kritik. Ein randomisiertes Versuchs-Kontrollgruppendesign ist selten (Lazar & Darlington, 1982), das „matching" (vergleichbar machen) der Versuchskinder mit den Kontrollkindern überwog bei den methodisch besseren Studien, aber auch die statistische Kontrolle der Ausgangsunterschiede bei einfachen Längsschnittstudien. In den USA startete 1998 die National Head Start Impact Study (Puma et al., 2010), bei der ein randomisiertes Versuchs-Kontrollgruppen-

Kasten 3: Megaanalysen und Metaanalysen (siehe auch Kasten 2)

Angesichts der Vielzahl von Studien zur Vorschulerziehung (preschool education), rund 30.000, wird der Bezug auf Metaanalysen üblich, die eine statistische oder inhaltliche Zusammenfassung vieler experimenteller und nichtexperimenteller Studien vornehmen. Denn in Metaanalysen können die unterschiedlichen Ergebnisse durch eine Gewichtung nach Größe der Stichprobe verglichen und relativiert werden (Fehlerausgleich). Für den Bereich von Schule und Unterricht ist zurzeit eine Meta-Metaanalyse (auch „Mega-Analysen" genannt; Terhart, 2011) von Hattie (2009; 2011) für die weltweite Diskussion um Unterrichtsqualität führend. In dieser Studie sind wiederum über 900 Metaanalysen zusammengefasst worden.

Solche Megastudien wie die von Hattie fehlen im Bereich frühkindlicher Erziehung. Hattie (ebd.) hat allerdings zum Stichwort „early intervention" (frühe Interventionen) 2009 und 2011 jeweils 16 Metaanalysen (mit insgesamt 2004 Studien) und zum Stichwort „preschool education" (Vorschulerziehung) 2009 jeweils 11 Metaanalysen und 2011 dann 13 Metaanalysen (mit insgesamt 358 bzw. 477 einbezogenen Studien) zur Wirkung frühkindlicher Bildung zusammengefasst. Die durchschnittlichen Effektstärken liegen zwischen d = 0.40 und d = 0.50 (0.47 für den Bereich „early intervention" und 0.45 für den Bereich „preschool education"). Einzelne Metaanalysen kommen nur auf eine Effektstärke von d = 0.14, die meisten Studien überspringen also nur knapp die Effektstärke, die bereits durch allgemeine Entwicklungseffekte und qualifiziertes Personal möglich ist (Hattie nennt das den „hinge point"), manche bleiben darunter. Einige der festgestellten Bildungseffekte der Vorschulerziehung verlieren sich im Laufe der Grundschulzeit (Fade-out-Effekt genannt). Kinder aus problematischen Milieus profitieren am meisten von frühen Interventionen und von Vorschulerziehung. Dabei ist ein vom Lebensalter her besonders früher Beginn institutionalisierter Erziehung nicht notwendig gewesen. In den USA kann die „preschool education" der „Kindergarten"-Erziehung, die als akademisierter gilt, vorauslaufen, danach erst kommt die „elementary school", die Grundschulzeit. Ein wichtiges Resultat der Metaanalyse von Hattie (2009) ist, dass strukturierte Programme, in kleinen Gruppen, intensiv und mindestens 13 Stunden pro Woche angewendet, augenscheinlich am effektivsten wirken. Was „strukturiert" genau meint, wird allerdings nicht näher erläutert.

design mit rund 5000 Kindern realisiert wurde. Erste Ergebnisse der längsschnittlichen Untersuchung zeigten kleine bis mittlere Effekte (signifikante Effektstärken zwischen $d = 0.10$ und $d = 0.35$) in Bezug auf Vorläuferfähigkeiten im Lesen und Schreiben sowie auf den Wortschatz und das Gesundheits- und Problemverhalten. Keine Effekte zeigten sich aber auf mathematische Vorläuferfähigkeiten und auf soziale Fähigkeiten (vgl. Internetauftritt der Studie; Puma et al., 2012). Bislang liegen demnach keine sonderlich eindrucksvollen Ergebnisse zur Effektivität einer KiTa-Bildung vor; enttäuschend ist vor allen Dingen der Nulleffekt auf das soziale Verhalten der Kinder.

Betrachtet man Metaanalysen, in denen eine Vielzahl an empirischen Interventionsstudien in Bezug auf die Güte ihres Versuchsdesigns und in Bezug auf die Effektstärken des Entwicklungsfortschritts der teilnehmenden Kinder zusammenfassend bewertet werden (▶Kasten 2 und 3), dann ergibt sich das folgende Bild: Eine Metaanalyse von Lewis und Vossburgh (1988) mit über 65 Studien zur Effektivität von Interventionsprogrammen in Kindergärten belegt Effekte, wenn sich die Programme an *behavioral* Konzepten (lernpsychologische Fundierung, Effektstärke $d = 0.52$) und *psychoeducational* Konzepten (Erwerb der Vorläuferfähigkeiten des schulischen Lernens, $d = 0.50$) oder an *stage referenced* Konzepten (das Kind als aktiver Lerner, $d = 0.36$) orientierten. Eine weitere Metaanalyse von Nelson, Westhues und MacLeod (2003) mit 34 Studien zeigt kognitive Fähigkeitszuwächse bis zum Ende der Vorschulzeit ($d = 0.52$), die bis zum Ende der Grundschulzeit geringer werden ($d = 0.30$). Die größten Fähigkeitsgewinne insbesondere bzgl. kognitiver Variablen haben Kinder aus afroamerikanischen Familien, vor allem bei längerer Interventionszeit. Eine neuere Metaanalyse stammt von Camilli, Vargas, Ryan und Barnett (2010), die 123 randomisierte und nicht randomisierte Studien zusammengefasst haben. Der kognitive Fähigkeitszuwachs liegt bei einer Effektstärke von $d = 0.23$ (ungewichtet, bei randomisierten Studien), der Schulerfolg bei $d = 0.13$, der soziale Erfolg bei $d = 0.15$. Tendenziell sind lehrerzentrierte Interventionen wirkungsvoller (allerdings sind dies individualisierte und in kleinen Gruppen durchgeführte Interventionen); diese Vorteile lassen sich aber in randomisierten Studien nicht nachweisen (S. 598). Die Dauer der Interventionen hatte für sich genommen in dieser Zusammenfassung keinen Effekt. Die Interventionseffekte verloren sich mit der Zeit. Insgesamt bedauern die Autoren die mangelnde Designqualität der analysierten Studien.

Was lernt man aus dieser Forschungslage? Man lernt, dass man heute wegen des Fehlens von Kontrollgruppen nicht bzw. sehr selten genau überprüfen kann, ob man eventuell auf die Betreuung und Bildung in der KiTa-Gruppe, die nämlich, wie diese Publikation zeigt, auch Nachteile haben kann, verzichten kann. Zu früheren Zeiten waren solche Vergleiche mit Kontrollgruppen möglich. Deren Ergebnisse sind aber nicht so interpretierbar, dass man von einem überragenden Bildungseffekt der KiTas ausgehen kann. Allerdings wurde „im Durchschnitt" auch kein Schaden festgestellt (▶**Kap. 1**). Kinder aus Elternhäusern, in denen auf Lernen und Bildung wenig Wert gelegt wird bzw. die nicht geeignet sind, ihre Kinder zu bilden, haben im Durchschnitt leichte Vorteile gegenüber Kindern aus derselben Schicht, die nicht in der KiTa waren.

Trotz der kollektiven Erziehung, Bildung und Betreuung kleiner Kinder in Gruppen ist der Besuch einer vorschulischen Gruppe der Regelfall geworden, und er wird es auch in vielen Industriestaaten der ganzen Welt sein und bleiben. Die Frage, ob es für ein einzelnes Kind besser ist, an einem solchen Programm teilzunehmen oder nicht, stellt sich deshalb heute nicht.

Eindrücklich sind allerdings die Erfahrungen aus dem sogenannten Perry Preschool Project bzw. auch aus volkswirtschaftlichen Untersuchungen zur Frage der Effektivität von Elementarbildung. In solchen Studien ist es für Kinder aus Unterschichten bzw. „low income families" ratsam, an einem Vorschulprogramm teilzunehmen, auch wenn man wissenschaftlich nicht genau analysieren kann, ob der Erfolg nicht auch an zusätzlichen Faktoren jener Elternhäuser liegt, die so viel Verantwortungsgefühl beweisen, dass sie ihr Kind in eine Institution schicken, von der sie mit Recht vermuten, dass ihre Kinder dort etwas lernen können. Allerdings: Der gesellschaftliche Nutzen ist günstig – ein Durchschnittswert. Im Perry Preschool Project (Schweinhart & Weikart, 1986; Schweinhart et al., 1993) liegt der Gewinn für die Volkswirtschaft bei einem Dollar pro investiertem Dollar: Man spart zwei Dollar an Transfer- und Wohlfahrtskosten (u. a. die geringere Kriminalitätsrate) für einen Dollar, den man in die Elementarbildung investiert. Für den Einzelfall ist der Gewinn nicht zwangsläufig. Denn man senkt z. B. nur das Risiko, dass das Kind ein Schulversager wird von 53,1 % (wenn man es auf keine vorschulische Einrichtung schickt) auf 31,6 % (wenn man es in eine vorschulische Einrichtung schickt) (vgl. Dollase, 1984, S. 124). Das Perry Preschool Project, zu dem Längsschnittergebnisse nicht nur im Alter von 19 Jahren, sondern auch im Alter von 40 Jahren der ehemaligen Kindergartenkinder bekannt geworden sind, ist ein frühes Head-Start-Projekt, in dem die Segnungen einer früh einsetzenden optimalen Vorschulerziehung (allerdings einer *child-initiated*-Konzeption, nicht einer verschulten fachdidaktischen Konzeption) auch in Dollar und Cent ausgerechnet wurden.

Wenn man darauf hinweist, dass der Besuch einer vorschulischen Gruppe für die Bildung von Kindern aus niedriger Sozialschicht und aus bildungsfernen Elternhäusern von Wert ist – hierzu gibt es ja belastbare Daten –, so erntet man hin und wieder Widerspruch. Der Widerspruch wird gerne mit Ergebnissen begründet, die zeigen, dass auch Kinder aus der Mittel- und Oberschicht vom Besuch einer Elementareinrichtung profitieren (getreu dem sog. Matthäus-Effekt: „Wer hat, dem wird gegeben"). Einen solchen Befund habe ich selbst in meiner Publikation von 1979 ermittelt: Den größten Entwicklungsfortschritt machten Kinder aus der oberen Mittelschicht und Oberschicht sowie Mädchen, und einen besonders geringen Entwicklungsfortschritt hatten Jungen und Kinder aus der Unterschicht (Dollase, 1979, S. 127). Das heißt aber nicht, dass der Besuch auch für die Kinder aus der Oberschicht unbedingt notwendig ist, sondern diese Kinder hätten sich möglicherweise auch ohne den Besuch einer Einrichtung weiterentwickeln können. In den USA hat man übrigens auch zeigen können, dass das „Home Schooling" (Kinder gehen nicht zur Schule, sondern werden von den Eltern unterrichtet) im Durchschnitt zu besseren Ergebnissen führt als die Teilnahme am öffentlichen Schulsystem. Vorausgesetzt, die Eltern können es ... Insofern wäre ein solcher Befund keine Sensation oder Besonderheit.

Ist es aufgrund der vorhandenen empirischen Befunde sinnvoll, eine Kindergartenpflicht zu fordern? Winkelmann et al. (1977, S.380) nehmen zur Frage der Schul- oder Vorschulpflicht wie folgt Stellung: In einigen Variablen zeige sich zwar eine gewisse durchschnittliche Überlegenheit der institutionalisierten gegenüber der ausschließlich familiären Erziehung in der kognitiven Entwicklung. Sie halten die Unterschiede aber nicht für so gravierend, dass sich allein daraus die Notwendigkeit einer so sehr in das Leben der Kinder und Eltern eingreifenden Maßnahme wie die Verpflichtung der Fünfjährigen zum Besuch einer vorschulischen Bildungsinstitution ableiten ließe. Dieser Befund ist auch heute noch relevant: Längst nicht alle Eltern mit Migrationshintergrund schicken ihre Kinder in eine KiTa – auch je nach Region bis zu 15 % der deutschstämmigen Eltern nicht. Der KiTa-Besuch hat aber für Kinder aus familiären Risikokonstellationen (fehlende Bildungsnähe, Migrationshintergrund) einen belegbaren, durchschnittlichen Vorteil für den späteren Schulbesuch (Spiess, Büchel & Wagner, 2003). Wegen der stets nur probabilistischen Bedeutung empirischer Befunde gilt dies allerdings nicht in allen Fällen.

Einen endgültigen wissenschaftlichen Beleg, dass man mit vorschulischer Förderung nichts oder nur wenig erreichen kann, den kann es nicht geben. Man weiß nur, was man bislang unter den bekannten Bedingungen erreicht hat. Die Leistungsfähigkeit geänderter Bedingungen oder verbesserter pädagogischer Modelle ist niemals vorher bekannt.

Radikal weitergedacht, gilt eine solche Argumentation natürlich auch für die familiäre Erziehung. Auch wenn die ausschließlich familiär erzogenen Kinder in der obigen Studie schlechter abgeschnitten haben, heißt das nicht, dass z.B. die Familie als Erziehungsinstanz generell und gar prinzipiell ungeeignet ist. Denn damit ist keine Aussage über ihr Verbesserungspotenzial gemacht worden. Ganz abgesehen davon, dass sich in allen Untersuchungen deutliche Schichtunterschiede ergeben haben, die immer auch ein Beleg für die Bedeutsamkeit der Familie sind. Das Erziehungs- und Bildungspotenzial der Familie könnte auch verbessert werden, z.B. durch die Einführung des Schulfachs „Erziehungslehre" in den allgemeinbildenden Schulen, durch Verbesserung des elterlichen Erziehungsverhaltens mit Hilfe von Elterntrainings, durch Förderung von Nachbarschaftskontakten zwecks Diskussion von Erziehungsproblemen, durch mehr Erziehungsfreizeit für arbeitende Eltern mit kleinen Kindern.

Generell erbringen alle Evaluationsuntersuchungen einen konditionalen Effekt, d.h. einen Effekt, der an bestimmte Bedingungen geknüpft ist. Und die Bedingungen lauten: Wenn die familiäre Erziehung gut ist und die Erziehung in der Einrichtung auch, dann gibt es positive Gesamteffekte. Und: Betreuung, Bildung und Erziehung in Gruppen werden bestimmt besser, wenn man die Probleme gut löst, die mit dem Kleinkinderkollektiv und den maximal zwei erwachsenen Bezugspersonen automatisch entstehen. Erziehung in Gruppen hat also gegenüber der Erziehung in Familien immer auch einen Erschwernisfaktor „Gruppe" zu mildern, der die Individualisierung der Erziehungs- und Bildungsprozesse erheblich beeinträchtigen kann. Erschwernisfaktoren, z.B. gerade auch durch die soziale Isolation von Ein-Kind-Familien und Alleinerziehenden, gibt es aber auch in der familiären Erziehung.

2.3 Zusammenfassung

Die in der Zeit der Industrialisierung (vorwiegend im 19. Jahrhundert) notwendig gewordene außerhäusliche Berufstätigkeit der Eltern machte die Betreuung von kleinen Kindern notwendig, weshalb Tageseinrichtungen für Kinder vermehrt gegründet wurden. Auch wenn die Betreuung der Kinder das vorherrschende Motiv war, ging es nicht nur um Betreuung allein, sondern immer und von Anfang an auch um Erziehung und Bildung. Die Betreuung, Bildung und Erziehung in größeren Gruppen war stets eine ökonomische, finanzielle Notwendigkeit und hatte keinen pädagogischen Grund.

Zur Zeit werden mit der Arbeit in den KiTas ebenfalls Betreuung, Bildung und Erziehung verbunden, wenngleich in Umfragen bei Eltern der Bildungsaspekt überwiegt. Zugleich spielt die KiTa aber auch eine wichtige Rolle für die Vereinbarkeit von Beruf und Familie. Trotz Ganztagsbetreuung bleiben pro Woche immer noch rund 50 Stunden der wöchentlichen Wachzeit des Kindes, in denen Betreuung, Bildung und Erziehung familiär organisiert werden muss.

Weltweit geschieht die institutionelle Betreuung, Bildung und Erziehung in *Gruppen* von Kleinkindern. Gruppen stellen besondere pädagogische Anforderungen, stellen auch ein Erschwernis für das individuelle Lernen dar. Ein Blick in die Forschung zu den Effekten vorschulischer Erziehung zeigt, dass sie im Durchschnitt nicht schadet und insbesondere für Kinder aus bildungsfernen Elternhäusern zu „kleinen bis mittleren" Vorteilen im späteren Leben führen. Diese Vorteile sind für das einzelne Kind möglicherweise recht gering (und manchmal gibt es auch Verschlechterungen), aber für eine gesamte Gesellschaft sind sie „im Durchschnitt" gesehen „segensreich". Daher ist eine institutionelle Vorschulerziehung insgesamt zu unterstützen.

Zu einem wesentlichen Erfolgsfaktor wird die institutionelle Betreuung, Bildung und Erziehung von Kindern in Gruppen, wenn es gelingt, die Gruppensituation zu meistern und durch geschickte Gruppenführung dem einzelnen Kind zu optimalem Fördererfolg zu verhelfen.

2.4 Literaturtipps

Zur Geschichte des Kindergartens empfehlen sich grundsätzlich auch Werke, die früher erschienen sind, aber nicht mehr käuflich, sondern nur noch ausleihbar sind. Man erfährt in ihnen oftmals mehr Details als in den neuen Werken. Drei Titel eignen sich zur vertiefenden Lektüre:

Reyer, J. (2006). *Einführung in die Geschichte des Kindergartens und der Grundschule*. Bad Heilbrunn: Klinkhardt.

Hier wird die Geschichte zweier Institutionen zusammen beschrieben. Nur in Deutschland sind Kindergarten und Grundschule historisch getrennt beschrieben und analysiert worden, obwohl beide aus denselben sozialgeschichtlichen Ursachen entstanden sind.

Aden-Grossmann, W. (2011). *Der Kindergarten: Geschichte – Entwicklung – Konzepte*. Weinheim: Beltz.

In dem Buch wird nicht nur die Geschichte des Kindergartens bis heute beschrieben und analysiert, sondern auch auf pädagogische Klassiker und die Ausbildung der pädagogischen Fachkräfte eingegangen.

Konrad, F.M. (2012). *Der Kindergarten: Seine Geschichte von den Anfängen bis in die Gegenwart* (2. Aufl.). Münster: Lambertus.

Parallele Darstellung sozialer Veränderungen und Entwicklungen im Elementarbereich der letzten 200 Jahre, institutionelle und konzeptuelle Veränderungen werden geschildert.

Zur Evaluation der institutionellen Erziehung im Elementarbereich gibt es keine zusammenfassenden Werke. Zum Ausleihen wird folgendes Werk in englischer Sprache empfohlen, das einen internationalen, globalen Überblick über die „early childhood education" gibt:

Wortham, S.C. (Ed.). (2012). *Common characteristics and unique qualities in preschool programs*. Berlin: Springer.

3 Die entwicklungspsychologischen Voraussetzungen der Gruppenfähigkeit kleiner Kinder

Das Erleben und Verhalten von kleinen Kindern in Gruppen ist auch davon abhängig, welche psychologischen Voraussetzungen sie mitbringen, um sich in einer Gruppe angemessen zu verhalten. Zum Beispiel müssten Kinder in der Lage sein, ihre eigenen Bedürfnisse zurückzustellen, weil es viele andere Kinder gibt, die auch Bedürfnisse haben und die eventuell eher befriedigt werden müssen. Dazu müssten sie aber wahrnehmen können, wann es für ein anderes Kind wichtiger ist als für sich selbst. Sie müssten z.B. in der Lage sein, Spielzeug zu teilen, da nicht für jedes Kind alles Spielzeug in einer Gruppe vorhanden sein kann. Kinder in Gruppen müssten also lernen, mit einer Reihe von Frustrationen und Enttäuschungen umzugehen, um in der Gruppe angemessen handeln zu können. Sie müssten darüber hinaus einige Kompetenzen besitzen: mit anderen Kindern zusammen spielen können, die Gefühle und Bedürfnisse anderer Kinder erkennen können, eigene und fremde Bedürfnisse aushandeln können. Dazu ist kommunikative und sprachliche Kompetenz nötig. Sie müssten sich u.a. auch von der Abhängigkeit zu erwachsenen Bezugspersonen lösen können.

Entwicklungspsychologie

Die Entwicklungspsychologie beschreibt und erklärt die Veränderungen des Erlebens und Verhaltens von Menschen während der Lebensspanne, also vom Lebensbeginn bis zum Lebensende (vgl. Dollase, 1985).

Die Gruppe stellt eine Reihe von Anforderungen an die kognitive, soziale, emotionale und sprachliche Kompetenz von Kindern. Diese Anforderungen müssen nicht bis ins Detail beschrieben werden, obwohl Ansätze dazu weiter unten geschildert werden. Eine wichtige Frage ist aber, ob die Kinder zum angemessenen Umgang mit Gruppen von ihren Entwicklungsvoraussetzungen her geeignet sind. Dazu sind Kenntnisse darüber erforderlich, wie ein Kind sich entwickelt, insbesondere das Sozialverhalten, welche Faktoren dabei eine besondere Rolle spielen und welche Voraussetzungen für effektives Gruppenverhalten Kinder tatsächlich beherrschen können. Manche Menschen sind der Auffassung, dass Kinder alles und zu jeder Zeit lernen könnten, was man will. Dabei wird nicht beachtet, dass auch Lernen und die Voraussetzungen dafür Entwicklungsprozesse durchlaufen. Ein Kind lernt nur das, wozu die Voraussetzungen vorhanden sind (sog. entwicklungsangemessenes Lernen; Dollase, 1985).

Innerhalb der *Entwicklungspsychologie* findet man Informationen über Gruppenverhalten auch unter dem Begriff des „Sozialverhaltens". Sozialverhalten ist eine neutrale Bezeichnung, darunter fällt Aggression genauso wie Hilfeleistung.

Kasten 4: Untersuchungsdesigns der Entwicklungspsychologie

Für die korrekte Interpretation von wissenschaftlichen Ergebnissen ist stets die Kenntnis der Designs und der Methoden wichtig, mit denen diese Ergebnisse gewonnen wurden (▶ **Kap. 1**). Die Entwicklungspsychologie kennt die in Tabelle 2 dargestellten Untersuchungsdesigns.

Tab. 2: Untersuchungsdesigns der Entwicklungspsychologie

Name der Methode	Beispieluntersuchung
Längsschnittuntersuchung	Hochbegabte Kinder im Alter von fünf Jahren werden bis zum 15. Lebensjahr jedes Jahr untersucht.
Querschnittuntersuchung	Mit Hilfe eines Intelligenztests werden Kinder der Altersgruppen 3, 4, 5, 6 und 7 Jahre im Jahre 2013 untersucht.
Zeitwandeluntersuchung	Die Lehrerbeurteilung der Aggressivität in Kindergartengruppen von drei-, vier- und fünfjährigen Kindern im Jahre 1972 wird im Jahre 1996 mit denselben Methoden und in denselben Kindergärten noch einmal untersucht.
Rückerinnerungsstudie	Heutige Erzieherinnen/Erzieher werden gefragt, ob sich die Aggressivität der Kinder heute (2013) gegenüber früher (2000) verändert habe.
Kombination von Längs- und Querschnittuntersuchung (Kohorten-Sequenzanalyse)	Im Jahre 2000 wurden Kinder der Altersgruppen drei, vier, fünf, sechs und sieben Jahre erstmalig mit einem Intelligenztest untersucht. Von 2000 bis 2013 wurde jede Altersgruppe jährlich mit dem Test untersucht.
Entwicklungspsychologisches Längsschnittexperiment	100 Fünfjährige werden per Zufall in zwei Gruppen aufgeteilt: 50 kommen in eine Vorklasse (nulltes Schuljahr, nur altersgleiche), die anderen 50 bleiben im Kindergarten (altersgemischt). Die Schulleistungen werden anschließend im 1., 2., 3., und 4. Schuljahr untersucht.
Zwillingsstudie	Die Entwicklung der Gehemmtheit wird bei eineiigen und zweieiigen Zwillingen über die Lebensjahre fünf bis zehn jährlich untersucht.
Kulturvergleichende Untersuchung	Fremdenfeindlichkeit wird bei Fünfjährigen in der Türkei und in Deutschland untersucht.
Entwicklungspsychologisches Querschnittexperiment	Mit rund 50 Dreijährigen und 50 Sechsjährigen wird ein Gedächtnistraining durchgeführt. Die Behaltensleistung wird nach vier Wochen wieder geprüft.

Wenn man nur das wünschenswerte, kooperative und unterstützende Sozialverhalten meint, spricht man auch von „prosozialem Verhalten“. Zur sozialen Entwicklung eines Kindes gehören nach Meinung führender Fachleute folgende Bereiche:

1. Prosoziales Verhalten und soziale Kompetenz
2. Internalisierende (das Kind hat mit dem Sozialverhalten Probleme, und deshalb hat es von außen nicht sichtbare, innere Schwierigkeiten) und externalisierende Verhaltensweisen (die Schwierigkeiten werden in das von außen sichtbare Verhalten umgeleitet) (Sanson et al., 2004)
3. Die Verinnerlichung sozialer Werte
4. Kenntnisse über die Entwicklung von Beziehungen
5. Das soziale Gewissen
6. Selbststeuerung und Selbstkontrolle
7. Verständnis für Gefühle und die Berücksichtigung der Bedürfnisse anderer Menschen gehören nach Laible und Thompson (2007) auch dazu.

Weitere individuelle Voraussetzungen wie Sprach- und Wahrnehmungsfähigkeiten sind ebenfalls nötig (nach Russell, 2011).

Ein Problem bei der Suche nach den Voraussetzungen für Gruppenverhalten ist, dass manche Erkenntnisse zum Sozialverhalten und seiner Entwicklung nicht spezifisch für Gruppen gewonnen wurden. Ein Beispiel: Man kann sehr viel über die Entwicklung von Kinderfreundschaften erfahren, aber man erkennt sehr schnell, dass es sich hierbei nur um eine Analyse von zwei Kindern eines Freundespaars handelt und dass der Kontext der Gruppe hierbei nicht ausreichend berücksichtigt wird (Alisch & Wagner, 2006; Salisch, 1991; 1993). Gesucht werden soll also nach der Entwicklung des Sozialverhaltens und seinen Determinanten insbesondere in Bezug auf den Gruppenkontext.

3.1 Das Aufwachsen des Kindes in den ersten Lebensjahren

Im vergangenen Jahrzehnt hat das alte ostafrikanische Sprichwort „Es braucht ein ganzes Dorf, um ein Kind groß zu ziehen“ breite Popularität erreicht. Dahinter steckt, wie in vielen Aphorismen, ein wesentlicher Grundgedanke, der sich auch heute wissenschaftlich bestätigen lässt: Der heranwachsende kleine Mensch ist vielen Einflüssen ausgesetzt, und viele Einflüsse sind auch notwendig, um ihm ein erfolgreiches Leben in jeglicher Gesellschaft zu ermöglichen. Selbstverständlich beeinflussen auch Gruppen das kleine Kind. Es sieht und erfährt dort, wie man miteinander umgeht, spricht, spielt, es lernt Regeln des Zusammenlebens. Es lernt nicht nur Positives, sondern selbstverständlich auch Negatives.

3.1.1 Geplante und ungeplante Einflüsse in Gruppen

Ob ein Kind mit zehn Jahren kompetent ist, gebildet oder „gut erzogen", hängt nicht nur von den Eltern ab. Dieses Ergebnis ist auch keineswegs allein von der Qualität der KiTa oder Grundschule abhängig. Und auch die Medien sind nicht der alleinige Einflussfaktor oder nur und ausschließlich die Gleichaltrigen, sondern alle Einflussfaktoren hinterlassen ihre jeweils unterschiedlich starke Wirkung im Bildungsniveau und den Kompetenzen eines Kindes und Jugendlichen. Alles beeinflusst das Kind – nichts ist ohne Wirkung. Das gilt auch für das Gruppenverhalten.

Diese unterschiedlichen Einflussfaktoren für die Entwicklung eines jungen Menschen zu sortieren und zu klassifizieren, wurde wissenschaftlich schon oft versucht. Ein Ordnungsversuch unterteilt die Einflussfaktoren in Anlagen, in Umwelt und in das Selbst (und den Zufall; Dollase, 1985). Das Schwierige und gleichzeitig auch Banale ist zu realisieren, dass viele Einflussfaktoren an der Erziehung und Bildung eines Kindes beteiligt sind. Wie ein Kind sich in der Gruppe verhält, hängt also ebenfalls von vielen Faktoren ab.

Bedeutsam ist die Tatsache, dass einige dieser Einflussfaktoren absichtlich im Interesse des Kindes geplant und eingeführt werden, um es in seiner Entwicklung positiv zu beeinflussen – das sind die pädagogischen Maßnahmen und ihre Wirkungen. Zu den absichtlichen Einflüssen, die von Eltern, Lehrern und Erzieherinnen eingeführt/bewirkt werden, gehören alle zielorientierten erzieherischen und bildenden Aktivitäten. Diese Aktivitäten stellen allerdings nur einen Teil aller Einflüsse dar, denn zahlreiche geplante oder ungeplante Einflüsse von Gleichaltrigen in der Kindergruppe, der Gesellschaft, den Medien beeinflussen ebenso das heranwachsende Kind in seiner Entwicklung (Dollase, 1984). Wer Erfahrung mit der Erziehung, Bildung und Betreuung von Kindern hat, weiß, dass das, was man gerne für das Kind möchte, sich oft im Verlaufe des Kinderlebens nicht realisiert. Jeder, der solche guten Absichten im Umgang mit Kindern hat, wird sich selbstverständlich bemühen, seinen Einfluss zu vergrößern.

Aber wo sind die Grenzen der Einflussnahme? Kann man in Gruppen alle Einflüsse der anderen Kinder kontrollieren? Die Antwort ist für jede Praktikerin wie jeden Wissenschaftler eindeutig: Das geht nicht, man kann sozusagen seine Augen und Ohren nicht überall haben. In Gruppen sind also (auch) viele pädagogisch unplanbare Einflüsse möglich.

3.1.2 Prinzipien kindlicher Entwicklung und Erziehung

Das Aufwachsen des Menschen ist durch folgende Prinzipien gekennzeichnet (Dollase, 2002):

Realismusprinzip

Das Ziel der Entwicklung eines Menschen ist es, ein realistisches Bild von der Welt und von sich selbst zu haben (Festinger, 1954). Das ist notwendig, damit er wirksam im eigenen Interesse handeln kann. Nur wer weiß, wie die Welt funktioniert, nur wer weiß, was er selbst in dieser Welt erreichen und verändern kann, kann sich wirksam mit der Umwelt auseinandersetzen. Also müssen sich kleine Kinder auch am Verhalten der anderen in der Kindergruppe orientieren.

Subjektivismusprinzip

Realistisch heißt, dass das Individuum diese Passung zwischen innerem Bild und Realität selbst feststellt. Das Kind entscheidet selbst, ob das, was es von der Umwelt weiß, richtig ist. Es gerät damit auch schon mal in Widerspruch zu den Erwachsenen. Erwachsene sagen: „Du sollst nicht allein die Treppe hinaufgehen, Du bist noch zu klein dafür" – das Kind hat das aber schon dreimal ausprobiert und ist davon überzeugt, dass es sich selbst diese Fähigkeiten zutrauen kann. Es kann sich nicht vorstellen, dass es dabei fällt oder danebentritt. Und wenn ein Kind in der Gruppe gemobbt wird, dann sagen Erwachsene gerne: „Dann sag ihm doch mal, dass Du das nicht magst!" – was das Kind nicht tun wird, weil es schon weiß, dass das nicht hilft.

Evolutionsprinzip

Kleine Menschen entwickeln sich nach einem evolutionären Programm. Drei „Tricks" der Evolution sind die Angewiesenheit auf Bezugspersonen in Unsicherheitssituationen und die angeborene Selbstständigkeit in der Informationsaufnahme sowie die Informationsaufnahme durch Kommunikation. Das bedeutet, dass Babys schon mit der Fähigkeit ausgestattet sind, sich diese Welt zu erobern. Da sie als Neugeborene und Kleinstkinder noch nicht für sich selbst ausreichend sorgen können, sind sie auf die Gegenwart und Hilfe von Bezugspersonen angewiesen, an denen sie sich bei der geistigen Eroberung der Welt, beim Erwerb von Fähigkeiten und bei der Gestaltung des Gruppenlebens orientieren. Deswegen ist Bindung und die Beziehung zu einer Bezugsperson ein wesentlicher Bestandteil des kindlichen Erziehungs-, Lern- und Bildungsprozesses – gerade auch in den unübersichtlichen Gruppenprozessen.

Glaubwürdigkeitsprinzip

Kinder nehmen alle Informationen auf, die sie für relevant und richtig halten. Deswegen ist die Glaubwürdigkeit des erziehenden Erwachsenen (oder die Glaubwürdigkeit der anderen Kinder in der Gruppe) aus Sicht des Kindes besonders entscheidend. Vielfältige Möglichkeiten bestehen, diese Glaubwürdigkeit zu zeigen: durch eigene Kompetenz, durch Autorität, durch Vormachen, durch Erleben, durch Erfahrung, durch gute Beziehung und Sorge für das Kind etc. Erwachsene, die das Gruppenverhalten der Kinder nicht glaubwürdig beherrschen, überlassen den anderen Kindern das Feld.

Dieses Bild vom Aufwachsen eines Menschen hat allerlei Folgen für die pädagogische Begegnung mit dem heranwachsenden Kleinkind. Alles, was das Kind tut, ob es spielt oder scheinbar nur vor sich hin schaut, kann ein Baustein in einem komplexen Entwicklungsprozess bedeuten. Das „Gehirn lernt immer" formuliert Spitzer (2002). Der (kleine) Mensch lernt immer, er lernt chaotisch, er lernt manchmal unsystematisch, er kann aber auch systematisch lernen, er lernt in sozialen Bezügen aber auch alleine, er lernt mit Bezugsperson oder auch ohne, er lernt mit Sinn, manchmal aber auch Unsinn.

Es geht beim Aufwachsen eines Kindes darum, dass in einem komplexen Prozess, an dem viele Quellen und Einflussfaktoren beteiligt sind, ein möglichst realistisches Bild der Welt ebenso wie ein Bild der eigenen Fähigkeiten entsteht, damit ein Kind effektiv handeln und seine Bedürfnisse befriedigen kann. Dabei hat ein evolutionäres Programm Kinder zur Eroberung der natürlichen und kulturellen (das ist die von Menschen geschaffene) Welt befähigt. Ein gutes Beispiel ist der Spracherwerb. Kleine Menschen brauchen nicht unbedingt Sprachförderungsprogramme, sondern sie erlernen die Sprache auch und meist im Kontakt mit sprachfähigen Erwachsenen, die mit dem Kind im Handlungsvollzug sprechen. Das Kind erlernt dadurch eher nebenher und automatisch die richtige Sprache. Man nennt solche Lernprozesse auch „privilegierte Lernprozesse“ (NRW, 2008), weil sie ohne zusätzliche Anstrengung einfach durch das Leben in einer kulturellen Welt mit Menschen in Gang gesetzt werden. Und dieses privilegierte Lernen fängt bei der Geburt an. In der Gruppe lernen Kinder auch, sich zurechtzufinden – oft allerdings so, wie es wir, die Pädagogen, nicht wollen, nämlich durch Schlagen, Mobben, Drohen, Unterordnen oder Dominanzverhalten.

3.1.3 Selbststeuerung und Fremdsteuerung in Gruppen

Von besonderer Bedeutung für pädagogische Absichten ist die Frage, wie stark Kinder sich selbst und ihre Lernprozesse im Vergleich zu den Anregungen, die sie von den Erwachsenen bekommen, steuern. Kinder sind sowohl zur selbstständigen Erkundung der Umwelt als auch auf das Lernen durch Bezugspersonen und andere Erwachsene programmiert. Beides ist möglich: Sie lernen selbstständig und/oder durch Anleitung oder Anregung (oder Druck) von Bezugspersonen und Gleichaltrigen. Manche Fakten, Probleme und Denkweisen kann das Kind allerdings nicht durch selbstständiges Lernen oder durch Gleichaltrige erlernen. Fremdgesteuerte Lern- und Bildungsprozesse sind deshalb genau so normal wie selbstgesteuerte.

Im Kleinkindalter überwiegt allerdings das informelle Lernen, also das nicht absichtlich geplante Lernen nebenher im Alltag, noch deutlich stärker als im späteren Kindesalter, in dem man sich schon ganz speziell z. B. mit dem Lernen von naturwissenschaftlichen Zusammenhängen beschäftigen kann.

Nun hat der Erwachsene aber die Möglichkeit, diese Welt, die die Kinder sich aneignen, zu gestalten: Er gibt der Welt einen Rahmen, in dem die Kinder ihre Selbsterkundung und ihren Aneignungsprozess strukturieren. Das kann durch Material, durch Raumgestaltung, durch Führung des Kindes, durch Erzählen, durch Informationen, durch Vorbild und auch durch die Gruppe der anderen Kinder geschehen. Insofern hat der Erwachsene eine große Bedeutung für das Aufwachsen eines Kindes – er lässt aber in den pädagogischen Institutionen die unplanbaren Einflüsse der anderen Kinder zu. „Irgendwie wird das schon klappen“, denken viele – und für die meisten gilt das auch.

Aber nicht alle Erwachsenen haben gleichermaßen einen solchen Einfluss auf die Kinder. Durch die Tatsache, dass der Mensch sich von Geburt an an Bezugspersonen bindet, kommt diesen Bezugspersonen, also insbesondere den Eltern, in den meisten Fällen eine größere Bedeutung zu. Aber auch das Personal in den öffentlichen Einrichtungen kann zu weiteren, wenngleich weniger nahen Bezugspersonen werden. Durch diese herausgehobene Stellung der Bezugspersonen aus der Fülle möglicher Erwachsener ist deren Verantwortung für die Gestaltung der Welt, die sich das Kind selbstständig aneignet, erhöht. Die Forschungen zum „autoritativen Erziehungsstil“ bestätigen weltweit, dass der lenkende und zugleich (nicht abwechselnd) herzliche Erwachsene die „Lernorientierung“ der Kinder verbessert (Fuhrer, 2005). Erwachsene, die einen solchen Einfluss haben, können also auch die sozialen Verhaltensweisen der Kinder in Gruppen positiv beeinflussen.

3.1.4 Altersunterschiede in der Weltaneignung

Das Bild vom Kind und seinen Lern- und Bildungsprozessen wäre nicht vollständig, wenn man nicht auch darauf hinweisen würde, dass es große Altersunterschiede in der Gruppe der Kinder von 0 bis 6 Jahren gibt, und zwar sowohl was die Selbstbildungsprozesse als auch was die Bedeutung der Erwachsenen und der anderen Kinder in der Gruppe für diese Bildungsprozesse anbelangt.

Schrittweise ändert sich seit der Geburt das Interesse der Kinder an Dingen der Außenwelt. Zunächst sind es noch sehr kleine Ausschnitte der Welt, die im Rahmen von Betreuungs- und Pflegebeziehungen für das Kind wahrnehmbar werden. Später sind es natürlich auch die anderen Kinder, sind es immer auch mehr erzählte, vermittelte, mediale Informationen über die Welt, die Kinder sich aneignen. In Umfragen präferierten kleine Kinder Eltern und andere Bezugspersonen (z. B. Lehrer, Erzieher) als Spielpartner, und es gefiel ihnen zu fast zwei Dritteln zu Hause besser als in der Schule bzw. der Einrichtung (Dollase, 1979, S. 131).

Man kann es sich leicht merken: Am Anfang ist das Kind sehr stark auf erwachsene Bezugspersonen fixiert, erst später wächst langsam das Interesse am Kontakt mit den Gleichaltrigen in der Gruppe (s. u.).

3.1.5 Gibt es einen Zeitwandel im Sozialverhalten der Kinder?

In den grundlegenden Mechanismen der Welt- und Selbstaneignung scheinen sich Kinder von 0 bis 6 über den Wandel der Jahrzehnte nicht sonderlich zu verändern. Die biologische und psychologische Funktionsweise dieses Prozesses ändert sich über die Jahrhunderte kaum. Es gilt und galt immer, dass nicht alle Umweltveränderungen die Kinder in ihrer psychischen Struktur verändern. Nur dann, wenn sich sensible Bereiche, die für ein Kind von besonderer Bedeutung sind, ändern, verändern sich die Kinder. Die Existenz von verlässlichen Erwachsenen,

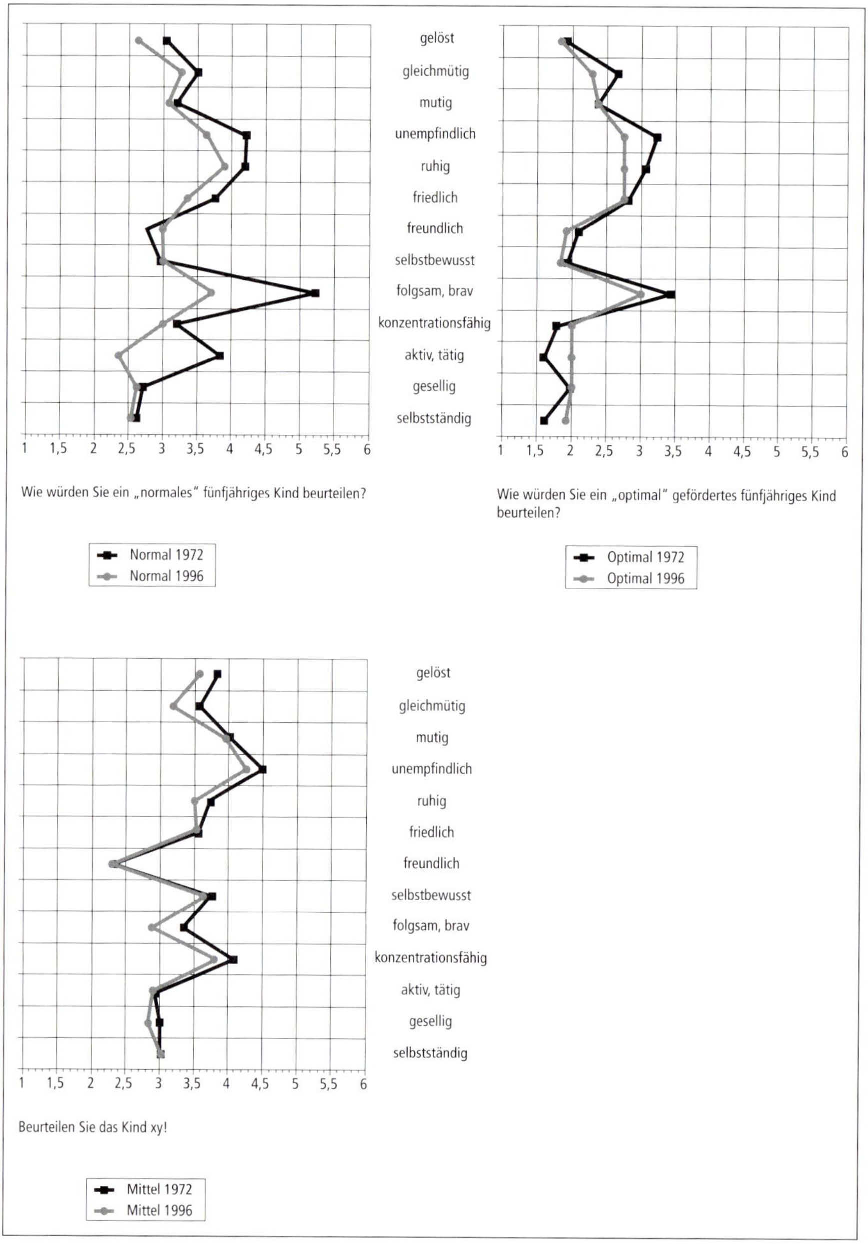

Abb. 7: Typische Ergebnisse von echten Zeitwandeluntersuchungen (Dollase, 2000)

von Bezugspersonen, von Elternteilen, ist ein solcher sensibler Bereich. Beziehungen zu den Erwachsenen, gute zumal, sind für das glückliche Aufwachsen von Kindern wichtig. Das können auch die Beziehungen zu den Gleichaltrigen nicht ersetzen.

In den letzten Jahrzehnten scheint die Gruppe für Kinder allerdings problematischer geworden zu sein, wie eine eigene Zeitwandelstudie ergab (Dollase, 2000; ▸ **Abb. 7**). Mit ein und demselben Beurteilungsbogen wurden 1972 und 1996 in denselben Tageseinrichtungen für Kinder (in NRW) drei Fragen an etwa 50 Erzieherinnen/Erzieher gestellt:

1. Wie würden Sie ein normal gefördertes fünfjähriges Kind beurteilen?
2. Wie würden Sie ein optimal gefördertes fünfjähriges Kind beurteilen? (also zwei hypothetische Fragen)
3. Wie würden Sie das Kind xy beurteilen?

Hierbei mussten die Erzieherinnen/Erzieher alle Kinder ihrer Gruppe beurteilen, also eine reale Beurteilung erstellen. Die Anzahl der Probanden schwankte, weil nicht alle alles ausgefüllt hatten. In ▸ **Abb. 7** sind die Mittelwerte der Beurteilungen dargestellt. Signifikante Unterschiede gab es nur bei der Beurteilung des „normalen" (hypothetischen) Kindes. Ein „normales Kind" wurde 1996 deutlich eher als „folgsam und brav" beurteilt als 1972, ebenfalls deutlich besser als „aktiv, tätig" gegenüber 1972. Die realen Kinder wurden fast identisch so wie 1972 beurteilt, ebenso die „optimal geförderten (hypothetischen) Kinder". Geändert haben sich also nur zwei Normalitätsvorstellungen vom Kind. Die Beurteilung der Geselligkeit, die evtl. ebenso wie die Friedlichkeit und einige andere Eigenschaften für das problemlose Einfügen in die Gruppe wichtig wäre, hatte sich nicht geändert.

3.2 Verlauf gruppenrelevanter sozialer Kompetenzen von Geburt bis sieben Jahre

3.2.1 Altersporträts und Beschreibung des Entwicklungsverlaufs als Aufgabe der Entwicklungspsychologie

Die Aufgabe der Entwicklungspsychologie besteht darin, den Verlauf des Erlebens und Verhaltens während der menschlichen Lebensspanne zu beschreiben und zu erklären. Die Beschreibung dessen, was ein Kind in einem bestimmten Alter kann und wie es ist, nennt man in der Entwicklungspsychologie auch „Altersporträt" (Oerter & Montada, 2002). Solche Altersporträts bestehen aus Beschreibungen des typischen Verhaltens in einem bestimmten Alter. Eine ganz typische Aussage ist etwa: „Ein Kind kann mit anderthalb Jahren ohne Hilfe gehen." Die in solchen Altersporträts enthaltenen Altersangaben (1;6 Jahre; Monate) sind Mittelwerte, d. h. sie gelten im Durchschnitt. Wie weiter oben erläutert worden ist, bedeutet ein Mittelwert, dass die Hälfte der Kinder das Gehen ohne Hilfe in diesem Alter noch nicht kann und die andere Hälfte schon. Deswegen wird immer vor Tabellen gewarnt, die Entwicklungspsychologen herausgeben, weil sie alle Eltern nervös machen, deren Kind mit anderthalb Jahren noch nicht laufen kann. Wenn man aber diese Einschränkungen der Durchschnittsangaben im Kopfe hat, sind solche Tabellen sinnvoll, weil man dadurch ein ungefähres Maß für eine normale Entwicklung gewinnt.

Im Folgenden sollen einige Verhaltensbereiche für Kinder im Vorschulalter, also von 0–6 Jahren, kurz beschrieben werden, um einen Eindruck von der Entwicklung, die für das Verhalten in Gruppen relevant ist, zu bekommen. Die folgenden Unterkapitel sind grob zusammengefasst nach Dollase (1979), Parke und Clarke-Stewart (2011), Schmidt-Denter (1995), Strätz (1992) und nach Informationen auf der Website education.stateuniversity.com (vgl. auch Schneider & Lindenberger, 2012).

3.2.2 Der allgemeine Entwicklungsverlauf von der Geburt bis ca. sieben Jahre

Die frühe Kindheit oder das Kleinkindalter, so heißt etwa die Zeit von Geburt bis sechs oder sieben Jahre, ist derjenige Altersabschnitt, in denen der Mensch sich am meisten verändert. Die wichtigste Aufgabe für das Kind in dieser Zeit ist es, körperliche, sprachliche, emotionale und geistige Grundfähigkeiten zu entwickeln, um selbstständig mit der Welt zurechtzukommen. Eine Sechsjährige kann man zu einem Ausflug mit Erwachsenen mitnehmen: Sie kann schon recht lange laufen, kann sich die Zeit mit Reden vertreiben, kann sich selbst beschäftigen, mit anderen Kindern bei Pausen spielen usw. – im Vergleich zu einem Säugling oder Einjährigen ein Riesenunterschied.

Physisch entwickelt sich ein Kind zwischen Geburt und fünf Jahren erheblich, es verdoppelt seine Körpergröße und vervierfacht sein Gewicht. Ein typischer Dreijähriger kann schon vieles selbstständig, zum Beispiel sitzen, gehen, er kann seine Ausscheidungen kontrollieren, er kann einen Löffel benutzen, er kann kritzeln und hat genügend Auge-Hand-Koordination, um einen Ball zu werfen und zu fangen. Die Relevanz für das Gruppenverhalten ist klar: Je weiter Körper und Motorik entwickelt sind, desto mehr können Kinder auch in Gruppen unternehmen. Früher erwartete man vom Kindergartenkind mit drei Jahren, dass es „sauber" ist. In Gruppen von Unter-Dreijährigen wird man viel Zeit darauf verwenden, dass Kinder gereinigt und „gepampert" werden müssen.

Zwischen drei und fünf Jahren entwickeln Kinder ihre feinmotorischen Fähigkeiten. Die meisten Kinder können im Alter von fünf Jahren relativ gut Bleistifte, Kreiden und Scheren handhaben. Auch können Kinder auf einem Bein balancieren und hüpfen – die Verbesserung der koordinativen motorischen Fähigkeiten steht nun im Vordergrund. Die Relevanz für das Gruppenverhalten ist: Je besser das feinmotorische Verhalten entwickelt, umso variantenreicher kann das Spiel in der Gruppe werden, umso mehr pädagogisch interessante Aktivitäten kann die Erzieherin anbieten.

Die gesamte frühe Kindheit ist von einer enormen Verbesserung der sprachlichen und kognitiven Entwicklung des Kindes begleitet. Kinder nutzen alle ihre

Sinne, um ihre Umwelt besser zu verstehen. Sie versuchen, Verständnis dafür zu entwickeln, was Ursache und Wirkung ist. Sie verstehen es zunehmend besser, ihren Betreuern zu gehorchen und einvernehmlich mit ihnen zu leben. Auch das Verständnis der anderen Kinder verbessert sich.

Das Vokabular der Kinder in den ersten drei Lebensjahren schwankt zwischen 300 und 1000 Wörtern. Kinder fangen in den ersten drei Jahren auch schon an, die Welt mit Sprache zu beschreiben. Im Alter von fünf Jahren haben sie einen Wortschatz von rund 1500 Wörtern. Sie können Sätze formulieren, die fünf bis sieben Wörter enthalten, sie können die Vergangenheitsform benutzen und können anhand von Bildern Geschichten erzählen (vgl. auch Ruberg & Rothweiler, 2012).

Die Sprache ist wichtig für die geistige Entwicklung eines Kindes. Aber auch für das Gruppenverhalten, da es die Kommunikation zwischen Kindern verbessern kann: Je weiter die sprachliche Entwicklung, desto komplexer die kommunikative Abstimmung zwischen Kindern. Umso eher können sie auch Probleme benennen, kommunizieren und sprachlich Lösungen anbieten.

Eine besondere Entwicklung findet im ersten Lebensjahr bis etwa zum zweiten Lebensjahr statt. Das ist die Zeit, in der Kinder die Bindung zu Bezugspersonen entwickeln und je nach deren Feinfühligkeit sichere oder unsichere Bindungen entwickeln. Die Qualität der Bindung hat für das sozial-emotionale spätere Leben der Kinder eine große Bedeutung.

Zwischen drei und fünf Jahren wachsen auch die sozial-emotionalen Fähigkeiten. Kinder kommen in die Lage, mit Gleichaltrigen Beziehungen aufzubauen, sie können sich mit ihrem eigenen Geschlecht identifizieren, und sie entwickeln ein Verständnis für das, was richtig ist und was falsch ist. Für das Gruppenverhalten dieser Kinder ist es auch wichtig, andere Kinder und ihre Vorhaben bzw. ihre Bedürfnisse zu verstehen. Häufig kommt es dabei in diesem Alter noch zu Schwierigkeiten. Ein Fünfjähriger kann erwarten, dass die anderen ihr Spielzeug mit ihm freiwillig teilen, aber er selbst will es nicht tun. Ein solcher Widerspruch ist den kleinen Kindern häufig nicht bewusst. Man sieht daran, dass Konflikte in der Gruppe vorprogrammiert sind.

Das Verständnis von sich selbst und anderen

Im Laufe der Entwicklung bilden Kinder auch ein Verständnis von sich selbst aus. Man nimmt an, dass sie bereits in den ersten sechs Monaten ihres Lebens zwischen sich und den anderen unterscheiden können, und spätestens am Ende des ersten Lebensjahres haben sie ein genaueres Bild von sich selbst. Das allerdings ist noch weiterhin rudimentär. Mit vier Jahren können Kinder schon ein Verständnis dafür entwickeln, was sie früher waren und wie sie heute sind. Das heißt, in diesem Alter könnte man Bilder von sich selbst als Baby mitbringen und könnte ein Verständnis dafür entwickeln, dass man sich geändert hat. Vielleicht auch wichtig für altersgemischte Gruppen: Kinder könnten ein besseres Verständnis für die Kleinen entwickeln.

Die Entwicklung eines realistischen Selbstkonzeptes nimmt in der Vorschulzeit zu. Die unrealistischen Auffassungen von den eigenen Fähigkeiten werden zunehmend realistischer. Allerdings darf man bei Vorschulkindern immer noch davon ausgehen, dass sie sich in vielen Fällen auch überschätzen.

Ähnlich verläuft es auch mit ihren Fähigkeiten bezüglich des Verstehens von anderen Kindern, warum diese bestimmte Dinge tun, was sie für Motive haben, was sie gerne wollen und welche Ziele sie haben. Gleichzeitig verbessert sich allmählich auch ihr Regelverständnis, das die Beziehungen zu den anderen Kindern regeln soll.

Emotionales Verständnis und Regulation

Für das soziale Verhalten von Kindern ist interessant, dass sie von Geburt an über Signale verfügen, mit denen sie Kontakt zu anderen aufnehmen bzw. mit denen sie andere veranlassen, sich mit ihnen zu beschäftigen (zum Beispiel Schreien). Ein besonders schönes Beispiel ist der Lächelreflex von Neugeborenen, der ihren Betreuern Freude macht. Das verliert sich dann und wird durch ein „soziales Lächeln" zwischen der 3. und 8. Lebenswoche ersetzt. Mit zwölf Wochen können kleine Kinder schon vertraute Gesichter anlächeln, und mit vier Monaten beginnen kleine Kinder, andere anzulachen. Sie können sich freuen, und das führt normalerweise zu Kontakten mit Erwachsenen, aber auch Gleichaltrigen, die ein lächelndes bzw. lachendes Kind als angenehm empfinden.

Im zweiten Lebensjahr können Kinder Gefühle haben, die sozial relevant sind. Zum Beispiel können sie eifersüchtig sein, und sie können sich ein wenig in andere hineinversetzen. Das hängt aber auch damit zusammen, ob sie ein deutliches Bewusstsein von sich selbst haben. Geschwisterrivalitäten beispielsweise bilden sich stärker heraus, wenn der Abstand zwischen dem älteren und dem jüngeren Kind weniger als zwei bis drei Jahre beträgt.

Es ist erstaunlich, dass Kinder schon in den ersten sechs Monaten ihres Lebens den emotionalen Ausdruck bei anderen Personen zu beachten beginnen. Positive Emotionen verstehen sie dabei besser als negative. Erst später werden auch die entsprechenden sprachlichen Begriffe dafür verfügbar.

Vorschulkinder lernen zunehmend, ihre Emotionen zu regulieren und zu wissen, unter welchen Umständen sie welche Emotionen zeigen dürfen bzw. sollen und unter welchen Umständen nicht (vgl. auch Holodynski & Oerter, 2012).

Moralisches Urteil

Am bekanntesten ist die Phasenlehre der moralischen Urteilsentwicklung von Kohlberg (1996) geworden. Kleine Kinder orientieren sich zunächst daran, was verboten und was erlaubt ist, damit sie gelobt werden bzw. Strafe vermeiden (präkonventionelle Phase). In der konventionellen Phase will eine Person mit den sozialen Regeln ihrer sozialen Umgebung in Einklang stehen, und sie empfindet Freude an der Konformität damit. In der postkonventionellen Phase wird das moralische Urteil an abstrakten Prinzipien oder am gesellschaftlichen Konsens orientiert. Kinder des Elementarbereichs dürften überwiegend im präkonventionellen Niveau ihrer moralischen Urteile sein: Sie interessiert, was erlaubt ist und was nicht.

Wichtig ist, dass man zwischen moralischem Urteilen, moralischem Verhalten und moralischen Emotionen unterscheidet. Moralisches Verhalten kann man auch von außen sehen und bewerten, ohne zu wissen, welche Motive dahinterstehen. Es könnte allein durch Nachahmung oder automatische Verhaltensroutinen bedingt sein und keinerlei „Moral" als Begründung haben. Moralische Emotionen, d. h. also Schuld und Scham, entwickeln Mädchen etwas eher, genauso wie Mädchen und Jungen, die etwas furchtsamer als andere sind. Zumeist aber beginnen Kinder zwischen drei und vier Jahren, solche moralischen Emotionen zu zeigen.

Dass Kinder teilen, anderen helfen und auch sich für andere einsetzen, das beginnt zumeist erst im zweiten Lebensjahr. Es hängt ganz eng davon ab, inwiefern Kinder Empathie zeigen können und inwiefern es ihnen kognitiv gelingt, die Perspektive des Gegenübers zu übernehmen.

Aggression

Zwischen Geburt und zwei Jahren können Kinder Ärger und Frustration ausdrücken. Das Verhalten könnte angeboren sein, es muss nicht von den Eltern vorgemacht werden. Zwischen Geburt und zwei Jahren gibt es auch erste Anzeichen der Fähigkeit zur Aggression, insofern Kinder andere schubsen, drängeln und hauen. In Längsschnittstudien hat man festgestellt, dass Unterschiede in der Irritierbarkeit von kleinen Kindern durch neue Reize und veränderte Umgebungsbedingungen spätere Aggressivität prognostizieren können.

Zwischen zwei und sechs Jahren können Kinder instrumentelle Aggressionen bzw. proaktive Aggressionen zeigen, d. h. sie setzen die Aggression ein, um etwas zu erreichen, z. B. Spielzeug oder das Schaukeln, wenn die Schaukel besetzt ist. Dabei sind Jungen physisch aggressiver als Mädchen. Es gibt noch zwei weitere Aggressionsarten, die in diesem Altersabschnitt entstehen und zunehmen: reaktive (das Kind wehrt sich gegen Angriffe) und relationale Aggression (ein Kind spannt anderen die Freunde aus oder schließt andere Kinder vom Spielen aus). Zwischen zwei und sechs Jahren nehmen auch die verbalen Aggressionen zu.

Wir halten fest: Kleine Kinder sind zur Aggression fähig, auch wenn nicht jedes Kind dies zeigen muss. Rund 50 % der Kinder geben zu, dass sie schon mal andere geschubst oder geschlagen haben (vgl. Dollase, 1979, S. 131). Einem aggressiven Verhalten geht in der Regel voraus, dass die Erreichung eines eigenen Ziels frustriert wurde oder eine Schädigung erfolgte. Ohne Schädigung oder Frustration gibt es deutlich weniger Aggressionen. „Spontane" (grundlose) Aggressionen sind sehr selten (Dollase, 2010). In Gruppen sind Frustrierungen unvermeidlich, weshalb Aggressionen häufiger sind als im Einzelkontakt mit Kindern bzw. später, in der Schule, wenn gelernt wurde, sozial bedingte Frustrationen zu beherrschen (Hurlock, 1970, S. 177).

Spiel

Nach einer alten Beobachtung von Mildred Parten (1933), die heute immer noch bestätigt wird, ist die erste Form des Spiels das „Zuschauen" (onlooker behavior).

Etwa die Hälfte der Zweijährigen zeigt diese Vorform des tatsächlichen Spiels – sie spielen eigentlich nicht, sondern sie schauen nur zu.

Die Zweijährigen sind des Weiteren zum „Parallelspiel" fähig, das mit zunehmendem Alter dann seltener wird. Sie tun im Parallelspiel das, was ein anderes Kind auch tut, ohne mit dem anderen Kind kooperativ zu spielen.

Typisch für die Drei- und Vierjährigen ist das „assoziative Spielen", d. h. die Kinder spielen miteinander, haben aber nicht dasselbe Ziel. Sie können zwar Spielzeug schon teilen und fangen auch schon an, auf die Aktivitäten des jeweils anderen Kindes zu reagieren, aber sie sind noch nicht in der Lage, wirklich gemeinsam mit dem anderen Kind zu spielen.

Im Alter von drei und vier Jahren beginnt ein Kind zunehmend häufiger kooperativ zu spielen, d. h. die Kinder teilen gemeinsame Spielziele, kooperieren wirklich und helfen sich gegenseitig. Beispiele für kooperatives Spiel sind: das Bauen einer Burg im Sandkasten, das gemeinsame Malen eines Bildes oder das Spielen eines Fantasiespiels (Vater – Mutter – Kind), bei dem jeder mit jedem interagieren muss (vgl. auch Hauser, 2013).

Geschlechtsrollen

Kleine Kinder zeigen geschlechtstypische Verhaltensweisen etwa ab dem ersten Lebensjahr. Das ist erstaunlich, da sich in den letzten Jahrzehnten die Diskussion um Geschlechtsrollen so gründlich verändert hat. Man weiß heute aber auch, dass es einige neurologische und biologische Unterschiede zwischen den Geschlechtern gerade im Kleinkindalter gibt. Jungen sind medizinisch gesehen von der Geburt an auffälliger, haben folglich auch mehr Verhaltensprobleme. Mädchen sind bei ihren Gleichaltrigen beliebter und profitieren bezüglich ihrer Entwicklung mehr von den vorschulischen Einrichtungen und machen auch größere Entwicklungsschritte (Dollase, 1979). Man kann generell sagen, dass Mädchen im Durchschnitt für Gruppen besser geeignet sind als Jungen – auch, weil sie bei gleichem chronologischen Alter „weiter" entwickelt sind als Jungen (vgl. auch Rohrmann & Wanzeck-Sielert, 2014).

Die Entwicklung der Interaktion mit Gleichaltrigen

Kinder sind selbstverständlich von Natur aus auf den Kontakt mit anderen Menschen programmiert, das ist das evolutionäre Erbe der Gattung Mensch. Bekannt ist, dass die Bindung zu erwachsenen Betreuern „von Natur aus" aufgebaut werden kann. Kinder sind aber auch von Geburt an auf den Kontakt mit Gleichaltrigen „programmiert". Zwischen Geburt und sechs Monaten können Säuglinge andere Säuglinge berühren und sie anschauen. Sie reagieren auf das Schreien eines anderen Kindes meist mit eigenem Schreien. Zwischen sechs und zwölf Monaten versuchen Kinder, andere Gleichaltrige durch Anschauen, Berühren, durch Schieben und Ziehen zu beeinflussen. Kinder in diesem Alter reagieren meist freundlich, aber manchmal schlagen sie auch relativ unsanft und ohne erkennbaren Grund auf den anderen ein.

Zwischen einem und zwei Jahren können kleine Kinder sich abwechseln und die Rollen beim rudimentären Spiel tauschen. Es gibt ein, wie oben beschrieben, stärkeres Engagement im sozialen Spiel. Kinder beginnen in dem Alter auch mit dem „So tun als ob“-Spiel, d. h. sie tun z. B. so, als ob sie telefonieren würden, obwohl sie dabei kein richtiges Telefon, sondern nur einen Stock als Ersatzgegenstand benutzen.

Studie: Einschätzung des Gruppenverhaltens von Kindern im zweiten Schuljahr im Zeitwandel

In einer Zeitwandelstudie (Dollase, 2000) wurden Kinder im zweiten Schuljahr im Jahr 1974 und im Jahr 1997 zu ihrem eigenen Verhalten in der Klasse und dem ihrer Klassenkameradinnen/-kameraden befragt. Während die Kinder ihr eigenes Gruppenverhalten über die Zeitspanne hinweg vergleichbar positiv einschätzten, verschlechterten sich die Einschätzungen zum Gruppenverhalten ihrer Klassenkameradinnen/-kameraden. So nahm die subjektive Bedrohungswahrnehmung durch andere Kinder (mögen mich nicht, mag ich nicht, fangen Streit an, Streit macht mir viel aus, ärgern mich, lachen mich aus) von 1974 zu 1997 deutlich (und signifikant) zu. Gleichzeitig ist man selbst zu den anderen nett und verträgt sich gut. Immerhin die Hälfte gibt zu, schon einmal geschubst oder geschlagen zu haben.

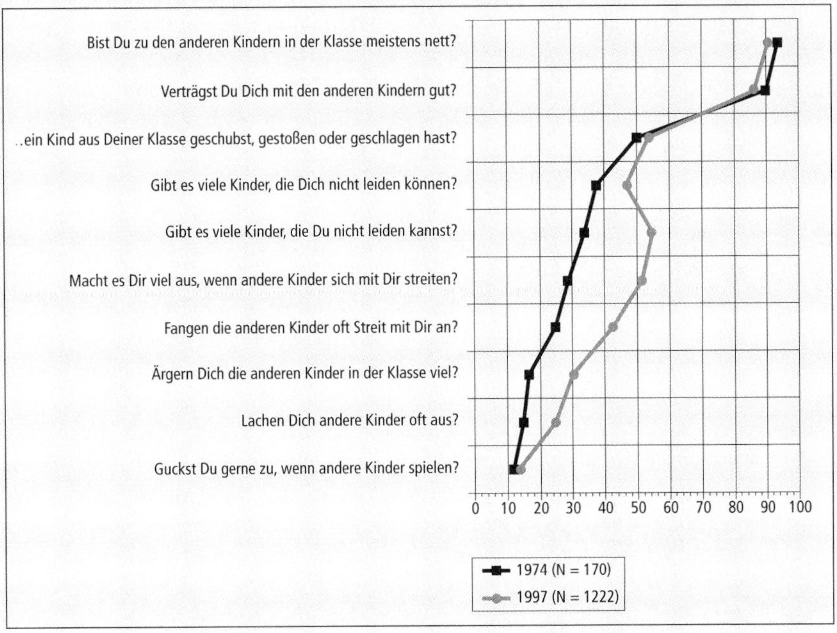

Abb. 8: Einschätzung des Gruppenverhaltens von Kindern im zweiten Schuljahr im Zeitwandel von 1974 zu 1997. Alle Kinder hatten Erfahrungen mit Tageseinrichtungen. Dargestellt sind Prozentsätze der Ja-Antworten

Zwischen zwei und drei Jahren beginnen Kinder, Gleichaltrige hin und wieder dem Kontakt mit Erwachsenen vorzuziehen. Studien (vgl. Dollase, 1979; Parke & Clarke-Stewart, 2011; Schmidt-Denter, 1995; Strätz, 1992) zeigen, dass im Kindergartenalter 65 % der gewünschten Kontakte nicht mit Gleichaltrigen bestehen, wenn Erwachsene in der Nähe sind. Zwischen zwei und elf Jahren steigt der Anteil der gewünschten Kontakte zu anderen Kindern von 10 % auf 50 %. Zwischen zwei und drei Jahren wird beim Spiel auch gesprochen, und die Spiele werden komplexer. Es werden schon in diesem Alter Spielkameradinnen/-kameraden des gleichen Geschlechts bevorzugt. Zwischen vier und fünf Jahren schließlich teilen sich die Gleichaltrigen ihr Spielzeug leichter auf. Sie können länger miteinander spielen, und sie akzeptieren auch in einem Rollenspiel Rollen außer dem Protagonisten bzw. der Hauptrolle. Zwischen sechs und sieben Jahren zeigen Kinder stabile Präferenzen für Spielkameradinnen/-kameraden des gleichen Geschlechtes, und mit ihren Freundinnen/Freunden gibt es ein eindeutig kooperatives Spiel.

Die soziale Beziehungsentwicklung

Das evolutionäre Erbe des Menschen hat den menschlichen Nachwuchs zum Nesthockerdasein prädestiniert, d. h. er ist für eine relativ lange Zeit auf die Sorge durch Bezugspersonen angewiesen. Das zeigt sich u. a. darin, dass Bezugspersonen, also Eltern, die Ausdruckssignale ihres Babys besonders aufmerksam verfolgen und, so sie nicht durch pädagogische Theorien oder eigene belastende Erfahrungen verdorben sind, die Signale des Babys auch prompt und angemessen beantworten. Aus der prompten und angemessenen Beantwortung von Signalen und Bedürfnissen des Kindes entwickelt sich eine sichere Bindung des Kindes an seine Bezugspersonen (▸ den „Bindungs“-Abschnitt in Kap. 3.4), die dann später, etwa im Alter von zwei bis drei Jahren, zu einer sicherheitsmotivierten Loslösung und zum Einhalten einer Satellitenbeziehung mit ihnen führt (Ausubel & Sullivan, 1974; Spangler & Zimmermann, 1999). In dieser Form der Beziehung kann sich das Kind von seiner Bezugsperson entfernen, um seine Umwelt auf eigene Faust zu erkunden, wobei es seine Bezugsperson quasi umkreist wie ein Satellit die Erde (Brumariu & Kerns, 2011, S. 320). Dennoch ist es gern mit seiner Bezugsperson zusammen, sie ist der Angelpunkt seiner selbstständigen Erkundungen.

Ab etwa dem siebten bis achten Monat fremdelt ein Kind, d. h. es differenziert zwischen bekannten und unbekannten Menschen und beginnt, Fremden mit Scheu zu begegnen. Auch das ist eine sinnvolle evolutionäre Anpassung, da es dem Kind eine Orientierung darüber erlaubt, wer seine versorgenden Bezugspersonen sind. Das Fremdeln kann nicht als Beweis dafür betrachtet werden, dass Fremdenfeindlichkeit angeboren wäre, denn es trifft alle, die nicht in der unmittelbaren Umwelt des Kindes ständig leben.

Die Identifikation mit den Bezugspersonen ist allerdings ein Verhaltensmuster, das später im Jugendalter oder auch bei Erwachsenen bei der Identifikation mit einer größeren sozialen Einheit, mit einer Kategorie oder Nation wieder aufleben kann. Der eigene Selbstwert wird dadurch stellvertretend gesteigert, dass man sich mit einer Nation oder Rasse oder Kultur identifiziert und diese im Vergleich mit anderen – natürlich – immer „besser" ist. Das hebt dann den eigenen Selbstwert. Auch das kleine Kind erlebt in der Identifikation mit Bezugspersonen eine Erhöhung seines Selbstwerts.

Im weiteren Verlauf der Kindergarten- und Grundschulzeit bildet ein Kind Freundschaftsgruppen, in der Regel kleine Cliquen, meist nur zwei bis drei Personen umfassend (Strätz, 1992). Auch in dieser Zeit kann es zur Bindung an Freunde bzw. Freundinnen kommen, auch zur Identifikation mit anderen Gruppenmitgliedern, aber noch nicht zur Identifikation mit einer gesamten Gruppe. Wenn man das Fußballspiel von Grundschulkindern beobachtet, so ist es noch oft genug gekennzeichnet durch den individuellen Wunsch des einzelnen Kindes, an den Ball zu kommen und irgendetwas Besonderes damit zu machen. Die Identifikation mit der Mannschaft und das mannschaftsdienliche Verhalten lassen bis zum 4. Schuljahr noch erheblich zu wünschen übrig. Doch gegen Ende der Grundschulzeit ist einem Kind eine Identifikation mit der eigenen Klasse als einer Gruppe möglich, wenngleich dies auch nicht auf alle Kinder zutreffen muss.

Eine Identifikation mit größeren sozialen Einheiten und auch eventuellen Bindungen an größere soziale Einheiten, wie Nationalität, Religion, Ethnie, Kultur, nimmt in der Sekundarstufe I dann rapide zu und erreicht etwa im 8./9. Schuljahr einen Höhepunkt, der dann bis ins Erwachsenenalter erhalten bleibt. Messbar ist eine solche Entwicklung beispielsweise auch daran, dass Fremdenfeindlichkeit zwischen dem 5./6. und 8./9. Schuljahr deutlich zunimmt. In den empirischen Daten gibt es hier einen deutlichen Sprung nach oben, weil im 5./6. Schuljahr solche nationalen, ethnischen oder kulturellen Zugehörigkeiten für die Kinder nicht so bedeutsam sind (Dollase, Kliche & Moser, 1999; Dollase, Ridder, Bieler, Köhnemann & Woitowitz, 2000a). Man könnte nach meinen Erfahrungen die Beziehungsentwicklung der Kinder in Phasen unterscheiden:

1. Das Kind beginnt mit einer *Bezugspersonenbeziehung*, es hat eine Bindung an eine erwachsene Bezugsperson.
2. Das Kind löst sich aus der engen Bindung und erkundet die Umwelt, kehrt aber immer wieder zur Bezugsperson zurück. Das könnte man eine *Satellitenbeziehung* nennen.
3. Das Kind hat Kontakt zu Cliquen, das sind Gleichaltrige, mit denen es flüchtige, aber positive Beziehungen verbinden (*Cliquenbeziehungen*).
4. Das Kind entwickelt Beziehungen zu einer Gruppe als ganzer Einheit („meine Klasse") (*Gruppenbeziehungen*).
5. Das Kind entwickelt Beziehungen zu größeren sozialen Einheiten und sozialen Kategorien wie z. B. Beziehungen zu „Ausländern", „Muslimen", „Deutschen" etc. und damit auch zur Kultur und zur Gesellschaft. Diese Beziehungen werden *kategoriale Beziehungen* genannt.

3.2.3 Zusammenfassung

Die Entwicklungspsychologie kann Antwort auf die Frage geben, welche Voraussetzungen kleine Kinder für das Leben in Gruppen mitbringen und ausbilden. Diese Voraussetzungen entwickeln sich nur allmählich. Daher können kleine Kinder nur unvollkommen mit Gruppen und ihren Anforderungen fertig werden.

Die Entwicklung des kindlichen Sozial- und Gruppenverhaltens ist von vielen unterschiedlich wirksamen Subfaktoren aus Anlage, Selbst, Umwelt und Zufall abhängig. Viele Einflüsse aus Familie und Einrichtung sind planbar, die Einflüsse der anderen Kinder in der Gruppe nicht immer. Kinder lernen auch in der Gruppe, wie die soziale Umwelt funktioniert. Dabei können ihre erwachsenen Bezugspersonen nicht immer behilflich sein, weil die Kinder auch von ihren eigenen Gruppenerfahrungen überzeugt sind. Glaubwürdige pädagogische Fachkräfte und andere glaubwürdige erwachsene Bezugspersonen haben aber einen größeren Einfluss als neutrale oder inaktive Personen, d. h. sie können durch die aktive Gestaltung des Gruppenlebens und durch Hilfe bei Schwierigkeiten mit der Gruppe den Umgang mit ihr und deren Einfluss hinreichend steuern.

Alles, was sich während der Zeit im Elementarbereich verändert, wirkt sich auf die Gruppeneignung positiv aus: bessere geistige Fähigkeiten, bessere sprachliche Verständigungsmöglichkeiten, bessere Motorik und Feinmotorik, einfühlsameres sozial-emotionales Verhalten, emotionales Verständnis, bessere Selbsteinschätzung, das moralische Urteil, die Spielfähigkeit. Die Entwicklung von Beziehungen und Freundschaften nimmt zu, und das Kind ist nicht mehr überwiegend auf den Kontakt mit erwachsenen Bezugspersonen angewiesen.

Die sozialen Beziehungen entwickeln sich von der Bezugspersonen- und Satellitenbeziehung über die Cliquenbeziehung zur Gruppenbeziehung und kategorialen Beziehung. Im Elementarbereich von Geburt bis sechs Jahren erreichen die meisten Kinder die Möglichkeit zur Cliquenbeziehung, während eine Identifikation mit der gesamten Gruppe und mit sozialen Gruppen wie Deutsche, Italiener etc. nur rudimentär erreicht wird.

3.3 Temperament und Bindung und ihre besondere Rolle für das Gruppenverhalten

Temperament und Bindung – das eine ist eine kindliche Eigenschaft, das andere die Sicherheit der Bindung an eine Bezugsperson – haben eine besondere Bedeutung für das Gruppenverhalten kleiner Kinder. Das Temperament ist eine stark genetisch determinierte, grundlegende Eigenschaft, auf die Welt zuzugehen, die selbstverständlich auch pädagogisch angemessen oder unangemessen behandelt werden kann. Die Bindung ist eine Eigenschaft zweier Personen, im günstigen Fall eine Art von sicherer Beziehung, die ebenfalls für das Gruppenverhalten kleiner Kinder wichtig ist.

3.3.1 Bindung

Der Nesthocker Mensch ist von Natur aus mit einer basalen Beziehungsfähigkeit ausgestattet (Bowlby, 1951; alle weiteren Ausführungen hierzu nach Bowlby &

Ainsworth, 1995; 2001; Grossmann, 2003). Die braucht er, um einen Erwachsenen zu animieren, für ihn zu sorgen und von ihm zu lernen. Das kleine Kind ist allein ohnmächtig. Es kann nicht für seine Existenz sorgen, sondern ist darauf angewiesen, dass sich erwachsene Bezugspersonen um sein Überleben kümmern. Nun ist es ein „Trick" der Evolution, Erwachsene in der Umgebung eines Kindes mehr oder weniger dazu zu zwingen, sich um es zu kümmern, indem der Säugling mit Signalen wie dem Schreien ausgestattet ist, die Erwachsene in der Regel „nerven" und unruhig machen. Um das Schreien eines kleinen Kindes zu stoppen, gehen Erwachsene zu ihm hin, um zu sehen, was sie tun können. Durch sein Schreien zitiert ein kleines Kind einen Erwachsenen zu sich, um das Problem, das der Säugling gerade mit dem Leben hat, zu lösen: Hunger und Durst, Schmerzen, Blähungen, Angst, einen wunden Hintern etc. Aufgrund seiner geringen kognitiven Fähigkeiten kann der kleine Mensch zunächst nur zu wenigen vertrauten Menschen eine engere Beziehung aufnehmen. Zu seiner Hauptversorgungsperson entwickelt er eine besondere Bindung, man nennt diese Tendenz „Monotropie" (d. h. sich zu *einem* hinwenden). Gleichwohl können Kinder auch zu mehreren eine Bindung entwickeln, bei besonderen Problemen gibt es aber meist eine Person, bei der dann Schutz und Hilfe gesucht wird.

Die Bindungen des kleinen Kindes zu Bezugspersonen werden als „sicher" oder „unsicher" klassifiziert. Eine „sichere" Bindung entsteht dadurch, dass die Bedürfnisse des Kindes – es sind die ernsthaften, überlebenswichtigen Bedürfnisse des Kindes gemeint wie Hunger, Schmerzbeseitigung – prompt und angemessen befriedigt werden. Das kleine Kind vertraut darauf, dass die Bezugsperson immer weiß, was ihm oder ihr fehlt, und es lernt, dass die Bezugsperson in der Lage ist, unangenehme Gefühle zu beseitigen. Ist einmal eine sichere Bindung erreicht, so entwickelt sich mit zunehmendem Alter eine sogenannte „Satellitenbeziehung" (s. o.), die dadurch gekennzeichnet ist, dass der kleine Mensch immer denkt, dass seine Bezugsperson dauernd erreichbar ist und ihm helfen kann, wenn ein Problem auftaucht. Eine Bezugsperson muss auf der anderen Seite auch eine besondere Feinfühligkeit für die Signale des Kindes haben und wissen, was das Kind gerne hat bzw. was es benötigt. Feinfühlige Erwachsene sehen auch, wenn das Kind übermüdet ist, wenn es wirklich hungrig ist oder wenn es wirklich Schmerzen hat. Sie deuten die kindlichen Signale richtig und nicht im Sinne ihrer eigenen Vorurteile bzw. Empfindungen. Sie überbehüten das Kind nicht, sondern sie sind zur Stelle, wenn das Kind echte Probleme hat.

Man stellt den Bindungstyp zwischen Kind und Bezugsperson rückwirkend durch Befragung von Erwachsenen fest. Bei kleinen Kindern verwendet man den sogenannten „Fremde-Situations-Test" (FST), bei dem das Kind kurzzeitig von seiner Bezugsperson verlassen und mit einer fremden Person konfrontiert wird, bis seine Bezugsperson wiederkommt (▸ Kasten 5). Entscheidend für die Diagnose des Bindungstyps ist die kindliche Reaktion bei der Wiedervereinigung, wie das Kind reagiert, wenn die Bezugsperson nach der Trennung wieder den Raum betritt. Anhand dieser Reaktionen sind vier Bindungstypen diagnostiziert worden: ein sicher gebundener Bindungstyp und drei unsicher gebundene Bindungstypen.

Kasten 5: Der Fremde-Situations-Test

Die Beteiligten sind das zu diagnostizierende Kleinkind (männlich/weiblich) zwischen 12 und 18 Monaten, seine Bezugsperson (in der Regel seine Mutter) und eine dem Kind fremde Frau als Assistentin. Der Test wird in einem Zimmer durchgeführt, wobei der Versuchsablauf durch eine Beobachtungsscheibe für die Nichtbeteiligten sichtbar bleibt, und hat den folgenden Ablauf (vgl. Ainsworth & Wittig, 1969):

1. Die Mutter setzt ihr Kleinkind beim bereitliegenden Spielzeug ab (bis 30 Sek).
2. Die fremde Frau betritt den Raum und setzt sich auf einen Stuhl, schweigt 1 Minute, danach erfolgt ein Gespräch zwischen ihr und der Mutter (1 Min). Die fremde Frau beschäftigt sich mit dem Kind (3 Min). Die Mutter verlässt den Raum und lässt ihre Handtasche zurück (Wie verhält sich das Kind zur Fremden, gibt es Trennungsprotest?).
3. Sollte das Kind weinen, beschäftigt sich die fremde Frau mit ihm, ansonsten bleibt sie auf dem Stuhl sitzen.
4. Die Mutter spricht vor der Tür, kommt herein, nimmt ihr Kind hoch und begrüßt es. Die Mutter setzt ihr Kind zum Spielzeug und versucht, es zum Spielen zu animieren. Die fremde Frau verlässt den Raum und nach drei Minuten verlässt auch die Mutter den Raum erneut, lässt jedoch ihre Handtasche zurück.
5. Das Kind ist für drei Minuten allein.
6. Die fremde Frau spricht vor der Tür, Die fremde Frau betritt den Raum und passt ihr Verhalten dem des Kleinkindes an (z. B. trösten oder mitspielen).
7. Die Mutter öffnet die Tür, bleibt kurz stehen, hebt ihr Kind hoch, und die fremde Frau verlässt den Raum.

Man geht davon aus, dass spätestens in der zweiten Trennungsphase das Bindungssystem des Kindes aktiviert ist. Der Bindungstyp des Kindes wird anhand seiner Reaktionen in den Wiedervereinigungsepisoden ermittelt, und zwar anhand vorgegebener Skalen zur kindlichen Kontaktaufnahme bzw. -vermeidung gegenüber seiner Mutter sowie zur Art und Weise, wie das Kind sich von der Mutter beruhigen lässt. Inhalt der Bindungstypen sind die individuellen Unterschiede in der Bewältigung von Trennungsstress.

Ein sicher gebundenes Kind freut sich über die Rückkehr der Bezugsperson und wendet sich ihr zu. Die Zuwendung beruhigt das Kind. Die „unsicher gebundenen" Bindungstypen werden in den „unsicher vermeidenden" und den „unsicher ambivalenten" sowie den „unsicher desorganisierten" Bindungstyp unterschieden. Die „unsicher vermeidend" gebundenen Kinder nehmen von der Rückkehr der Mutter/Bezugsperson wenig Notiz und zeigen ihre negativen Gefühle, die sie bei der Trennung hatten, nicht. Die „ambivalent unsicher gebundenen" Kinder wechseln zwischen Kontaktaufnahme und Kontaktablehnung, zwischen Ärger und Trostsuche, wobei sie sich nur schwer beruhigen lassen. Die „desorganisierten" Kinder zeigen Mischformen der anderen Bindungsmuster, gepaart mit stereotypen Verhaltensweisen wie Erstarren oder Schaukeln. Sie haben kein konsistentes Muster, wie sie ihre zurückkehrende Bezugsperson einschätzen und behandeln können.

Interessant sind die Folgen, die eine sichere Bindung hat. In zahlreichen Längsschnittstudien konnte gezeigt werden, dass sicher gebundene Kinder mehr Selbstständigkeit zeigen, Urvertrauen haben, psychisch widerstandsfähig sind und dass sie vor allen Dingen erfolgreicher Frustration und Angst regulieren können. In der Bindungstheorie wird angenommen, dass Kinder die erlebten Bindungsqualitäten zu ihren primären Bezugspersonen mit zunehmendem Alter auch auf Beziehungen zu anderen Erwachsenen, zu den Erzieherinnen im Kindergarten, aber auch auf die Beziehungen zu den Gleichaltrigen verallgemeinern und ein inneres Arbeitsmodell von Beziehungen aufbauen (vgl. Spangler & Zimmermann, 1999). Die frühen Bindungserfahrungen beeinflussen die späteren Einstellungen und Verhaltensweisen eines Kindes. So haben sicher gebundene Kinder in der Regel gute Beziehungen mit Gleichaltrigen und anderen, und sie sehen sich selbst durchgängig positiv. Auch nach Russell (2011) zeigen neuere Untersuchungen, dass sicher gebundene Kinder ihre Emotionen angemessener regulieren können, dass sie besser mit Stress fertigwerden, dass sie eine größere soziale Kompetenz haben, dass die Qualität ihrer Beziehungen zu Gleichaltrigen wesentlich höher ist, dass sie wenige internalisierte oder externalisierte Probleme zeigen und ein positives Selbstkonzept haben. Sichere Bindung garantiert also nicht unbedingt das Abitur, aber es hat deutliche Konsequenzen für die Qualität der späteren Beziehungen sowie für den späteren Umgang mit Angst und Frustration. Nichtsdestoweniger hat die Bindungsqualität auch Einfluss auf das Lernen, insofern die Bezugsperson eine große Bedeutung für die Bewältigung der Welt hat und deshalb von den sicher gebundenen Kindern auch eher nachgeahmt wird.

3.3.2 Temperament

Das Temperament eines Menschen ist der Kern seiner Persönlichkeit („core of personality"). Temperament ist die Art und Weise, wie man auf die Umwelt zugeht (Zentner, 1998). Das amerikanische Forscherpaar Chess und Thomas (1996) hat die moderne Temperamentsdiskussion stark angeregt. Für sie waren Längsschnittstudien und ihre Ergebnisse von großer Bedeutung. Chess und Thomas haben dabei festgestellt, dass kleine Kinder, die zum Beispiel als Babys in der Badewanne schon sehr aktiv waren und geplanscht haben, auch später im Alter von zehn Jahren immer noch sehr unruhige und aktive Kinder gewesen sind.

Welche verschiedenen Temperamentseigenschaften gibt es? In der Antike wurden das sanguinische (heiter), das melancholische (traurig), das cholerische (jähzornig) und das phlegmatische (träge) Temperament unterschieden, in Analogie zu den vermeintlich vorherrschenden Körpersäften (Blut, schwarze und gelbe Galle, Schleim). In der neueren Forschung gibt es unterschiedliche Temperamentsklassifikationen. In der Theorie von Buss und Plomin werden nur drei Temperamentsdimensionen unterschieden: „Emotionalität", „Aktivitätsniveau" und „Soziabilität" (vgl. Spinath, 2000). Die für den deutschen Sprachraum neueste Klassifikation stammt von Marcel Zentner (2011), der ein „Inventar zur integrativen Erfassung des Kindtemperaments" und ein „Handbook of temperament" (Zentner & Shiner, 2012) vorgelegt hat. Danach werden fünf Temperamentsdimensionen unterschieden (Zentner, 2011, S. 27):

1. *Gehemmtheit:* Verhaltenshemmung angesichts neuer unbekannter Personen und Situationen, auch Schüchternheit genannt
2. *Frustrationsanfälligkeit:* Aggressives und irritiertes Verhalten in Reaktion auf schmerzhafte und/oder frustrierende Situationen
3. *Aktivität:* Frequenz, Geschwindigkeit und Wucht grobmotorischer Aktivität und Lokomotion, Intoleranz gegenüber Bewegungseinschränkungen, auch Lebhaftigkeit und Energie
4. *Ausdauer/Aufmerksamkeit:* Fähigkeit zur Aufmerksamkeitsfokussierung und -kontrolle, Fähigkeit, Handlungen trotz auftretender Hindernisse auszuführen, auch Ablenkbarkeit genannt
5. *Sensorische Empfindlichkeit:* Fähigkeit, auf sensorische Stimuli (zum Beispiel visuelle, auditive oder taktile) mit schwachem Reizwert zu reagieren; Neigung zu sensorischen Beschwerden oder Schmerzen, auch sensorische Reizschwelle genannt

Der genetische Anteil am Temperament ist nachweisbar. Wie stellt man diesen fest? Der wichtigste Beleg für den genetischen Einfluss ist die Tatsache, dass die Temperamentseigenschaften bei eineiigen Zwillingen stärker miteinander korrelieren als bei zweieiigen Zwillingen. Eineiige Zwillinge haben identische Gene (weil sie aus einer befruchteten Eizelle stammen) und eine sehr ähnliche Umwelt. Zweieiige Zwillinge haben eine sehr ähnliche Umwelt, aber nur zu 50 % identische Gene (weil sie aus zwei verschiedenen befruchteten Eizellen stammen). Zweieiige Zwillinge unterscheiden sich in der Temperamentsausprägung etwa wie normale Geschwister, eineiige Zwillinge hingegen sind hochgradig ähnlich.

Viele Eltern machen bei ihrem Kind Beobachtungen, die denen in ▶ Tabelle 3 ähnlich sind. So reagiert ihr Kind gehemmt bzw. stark zurückhaltend auf neue Situationen, so auch auf die KiTa bzw. den Schulbeginn. Solche Kinder sind nicht falsch erzogen, sondern anders auf die Welt gekommen und müssen besondere Hilfen zur Anpassung an neue Situationen bekommen.

Bei den Temperamentsdimensionen handelt es sich um Eigenschaften, die für die sozialen Verhaltensweisen des Kindes in der Gruppe direkt wichtig sind. Insbesondere schüchterne und gehemmte Kinder leiden unter den Gruppen. Sie ziehen sich in Gruppen stärker zurück und können deshalb sowohl von der Freude des Kontaktes mit fremden Kindern als auch von den Anregungen, die die Gleichaltrigen vermitteln können, nicht wirklich profitieren. Abgesehen davon werden Kinder, die sich so zurückziehen, oft auch gemobbt, gehänselt oder auch absichtlich vom Spielen ausgeschlossen. Für die Kinder ein Drama: Sie können für ihre Schüchternheit nicht verantwortlich gemacht werden, sind schuldlos und erleben dafür auch noch negative, soziale Konsequenzen, werden also für eine ererbte Eigenschaft bestraft (Ausführungen nach Zentner, 1993).

Tab. 3: Längsschnittliche Alltagsbeobachtungen eines wenig und eines stark gehemmten Kindes zwischen dem 1. und 10. Lebensjahr (nach Mussen, Conger & Kagan, 1976, S. 194)

Kind	1 Jahr	2 Jahre	5 Jahre	10 Jahre
A: wenig gehemmt	Kommt Fremden freundlich entgegen. Schläft gut in neuer Umgebung.	Hat bei der ersten Übernachtung im großelterlichen Hause gut geschlafen.	Betrat das Schulgebäude bereitwillig. Probiert neue Kost.	Fuhr gerne ins Ferienlager. Lief gleich das erste Mal gerne Ski.
B: stärker gehemmt	Machte sich steif, als es auf den Schlitten gesetzt wurde. Will nicht in fremden Betten schlafen.	Umgeht fremde Kinder auf dem Spielplatz. Greint beim ersten Strandbesuch und will nicht ins Wasser.	Versteckte sich beim ersten Schulgang hinter der Mutter.	Starkes Heimweh während der ersten Tage im Lager. Mag keine ungewohnten Beschäftigungen.

Für das Finden einer pädagogischen Position zu solch unglücklichen Fällen ist es zunächst einmal wichtig zu akzeptieren, dass diese Kinder nichts dafür können, dass sie so sind, wie sie sind. Manche Kinder müssen in einem langwierigen Prozess zur Überwindung ihrer Hemmungen und ihrer Schüchternheit angeleitet werden. Wenn Eltern und Erzieherinnen sehr viel Verständnis für diese Kinder haben, wenn sie sich selbst als Bezugspersonen anbieten, wenn sie feinfühlig sind, wenn sie diese Kinder in ihren Schwächen ein wenig beschützen, dann gibt es sehr wohl die Möglichkeit, dass die Kinder mit ihrem Temperament fertigwerden und d.h. Mittel und Wege finden, damit sozial unauffällig zu leben.

Es ist auch wichtig zu wissen, dass manche Temperamentseigenschaften wie etwa Schüchternheit in manchen kulturellen Gemeinschaften nicht als abweichend oder absonderlich angesehen werden. Dass Kinder allein spielen, ist in einigen kulturellen Gemeinschaften eher ungewöhnlich und wird geächtet, während es in anderen eher positiv gewürdigt wird. Bestimmte Temperamentseigenschaften, z.B. sensorische Empfindlichkeit, können Eltern Freude machen, weil die Kinder ein sehr feines Gespür für gutes Essen haben. Es macht den Eltern Freude, solchen Kindern ein besonderes Essen zu bieten. Dieselbe Eigenschaft wäre dann bei dem Kantinenessen in der Einrichtung eher störend – das Kind „fimmelt", d.h. es mäkelt am Essen herum. Auch Kinder, die wenige Hemmungen haben, werden meist von ihren Eltern und Bezugspersonen sehr geschätzt und offen bewundert. Dadurch können sie sich in dieser Eigenschaft auch weiter entwickeln, und andere Kindern, die gehemmt sind, bekommen nicht so viel positive Rückmeldung, wie sie es eigentlich nötig hätten.

Insgesamt – das gilt für alle stärker biologisch und genetisch determinierten Eigenschaften – können diese in vielfachen Wechselwirkungen mit Umwelteinflüssen stehen. Ein schüchternes Kind, dessen Eltern und Bezugspersonen diese Eigenschaft akzeptieren und dessen positiven Aspekte schätzen (z.B. das Kind ist vorsichtig im Kontakt mit Fremden), kann sich sozial erwünscht verhalten. Es ist aber keineswegs sicher und naheliegend, welche verschiedenen Wechselwirkungen es geben kann. Ein Beispiel dazu (Sanson et al., 2011, S. 234): Mütterliche Protektivität (d.h. schützendes Verhalten dem Kind gegenüber) fördert das prosoziale Verhalten bei hochgehemmten Kindern, aber nicht bei niedriggehemmten Kindern. Das heißt, der mütterliche Schutz hilft den hochgehemmten, aber schadet eher den niedriggehemmten Kindern.

Bedauerlich ist, dass Kinder mit einer schwierigen Temperamentskonstellation in ihrem vorschulischen Leben auch in den Gruppen im Elementarbereich kein glückliches Schicksal erwartet. Für diese ungefähr 10–15 % der Kinder sind besondere Anstrengungen nötig, um ihnen zu helfen, die Herausforderung von Gruppen zu bestehen (▶ **Kap. 5.3** und **5.4**).

3.3.3 Zusammenfassung

Kleine Kinder benötigen sichere Bindungen an Erwachsene. Das ist in der Gruppe für die pädagogischen Fachkräfte schwer zu erreichen. Hierzu müssen die kindlichen Ausdruckssignale prompt und angemessen beantwortet und ihre wichtigen kindlichen Bedürfnisse ebenso prompt und angemessen befriedigt werden. Wie soll man das mit 26 Kindern in der Gruppe erreichen? Sichere Bindungen führen zu vertrauensvollen Beziehungen zu anderen Menschen und verbessern später den Umgang mit Frustration und Angst.

Das Temperament eines Kindes ist eine stark genetisch determinierte Eigenschaft. Gehemmtheit und Frustrationsanfälligkeit, auch die sensorische Überempfindlichkeit können Eigenschaften sein, die es einem Kind schwermachen, sich in einer Gruppe zurechtzufinden. Besondere, geduldige und nachsichtige Behandlung sollten neben Hilfen für diese Kinder treten, um ihnen den Alltag (auch in der Gruppe) zu erleichtern.

3.4 Multifaktorielle Bedingtheit von Entwicklungsprozessen

Mittlerweile gehört es zum Allgemeinwissen, dass kindliche Verhaltensweisen (wie überhaupt Verhaltensweisen, Erlebnisse, Probleme von allen Menschen) viele Ursachen haben. Man nennt diesen Tatbestand „multifaktorielle" Genese bzw. Bedingtheit. Weiter unten wird näher auf diese allgemeine Erklärung, die mittlerweile eine Banalität ist, eingegangen. Damit wird der schon im ersten Abschnitt von 3.1 vorgetragene Grundansatz weiter konkretisiert.

3.4.1 Das multifaktorielle Modell von Howes

In dem Buch von Smith und Hart (2011) wird das multifaktorielle Modell von Carollee Howes (2011) mit den für das soziale Verhalten und die soziale Entwicklung eines Kindes wichtigen Einflussfaktoren eingehend beschrieben. Im Modell werden drei Gruppen von Einflussfaktoren unterschieden: Faktoren, die das Kind mitbringt, Faktoren, die die pädagogischen Fachkräfte mitbringen, und Faktoren, die die Gleichaltrigen mitbringen.

Faktoren, die das Kind in die Einrichtung mitbringt

1. *Einflussfaktor kindliche Persönlichkeit:* Das Kind bringt eigene Fähigkeiten und angeborene und bereits erlernte Eigenschaften mit (z. B. ein schüchternes Temperament oder ein eindeutiges emotionales Kommunikationsverhalten).
2. *Einflussfaktor kulturelle Gemeinschaft:* Das Kind ist durch die heimischen, kulturellen Gewohnheiten geprägt, sowohl hinsichtlich seiner Ethnizität, seiner Sprache und seiner sonstigen sozialen Gewohnheiten.
3. *Einflussfaktor Beziehungserfahrung:* Das Kind bringt Beziehungserfahrungen, die es mit Eltern und Verwandten gesammelt hat, mit in die Einrichtung.
4. *Einflussfaktor außerhäusliche Betreuungserfahrung:* Das Kind hat Erfahrungen mit außerhäuslicher frühkindlicher Erziehung, Bildung und Betreuung, wenn die besuchte Einrichtung nicht seine erste Einrichtung ist. Ein Kind reagiert anders, wenn seine bisherigen Erfahrungen positiv statt negativ waren.

Faktoren, die die pädagogischen Fachkräfte in die Einrichtung mitbringen

1. *Einflussfaktor kulturelle Gemeinschaft der pädagogischen Fachkräfte:* Auch Erzieherinnen und Erzieher haben einen kulturellen Hintergrund, kulturellen Geschmack, einen Verhaltensstil, eine besondere Sprache, die auf ihre eigene Sozialisation zurückzuführen ist und manchmal erheblich anders ist als die der betreuten Kinder.
2. *Einflussfaktor Erziehungs- und Bildungstheorie der pädagogischen Fachkräfte:* Sie haben bestimmte Theorien über Kinder und ihre ideale Entwicklung und insbesondere auch darüber, wie ein angemessenes und positives Sozialverhalten in Gruppen aussehen kann. Sie bringen solche Theorien und Ziele aus der Ausbildung oder aus ihrer eigenen Erfahrung mit.
3. *Einflussfaktor Beziehung zwischen pädagogischer Fachkraft und Kind:* In der Einrichtung treffen nun die erwachsenen pädagogischen Fachkräfte und die Kinder aufeinander. Daraus bildet sich eine Beziehung zwischen pädagogischer Fachkraft und Kind. Wie Untersuchungen zeigen, können die Beziehungsqualitäten zu den pädagogischen Fachkräften besser sein als die zu ihren Eltern. Auf jeden Fall ist die Erzieherin-Kind-Beziehung ein weiterer Faktor, der das soziale Verhalten kleiner Kinder erklären kann.

Faktoren, die die Gleichaltrigen in die Gruppe einbringen

Wenn mehrere Kinder in einer Gruppe zusammengefasst werden, so bilden sich neue Einflussfaktoren heraus. Die hängen sehr stark damit zusammen, aus was für einer heimischen kulturellen Gemeinschaft die Kinder stammen und wie sie in der Lage sind, miteinander zu kommunizieren und gemeinsame Regeln und Verhaltensweisen zu teilen. So könnte z. B. der Kommunikationsstil in bildungsfernen Elternhäusern sehr autoritär sein, und Kinder aus solchen Familien zeigen dieses

Verhalten auch gegenüber anderen Kindern, die sich das nicht gefallen lassen und mit den Mitteln ihrer Kultur antworten (z. B. mit subtilem Spielausschluss, mit verbalen Mitteln, die diesen Kindern fehlen).

Wechselwirkungen zwischen den Faktorengruppen

Die bisher genannten Faktoren (Gleichaltrige, Kind, Erzieher und Erzieherinnen) wirken nun auf zwei weitere Faktorengruppen:

1. *Einflussfaktor Interaktion und Beziehung zu den Gleichaltrigen:* Durch das längere Zusammenleben in einer Gruppe bilden sich zwischen den Gruppenmitgliedern Rang- und Hackordnungen aus, aber auch eine gewisse Trennung nach Geschlecht und Herkunft, auch können Aggressionen und Konflikte entstehen.
2. *Einflussfaktor kognitives und sozial-emotionales Klima in der Einrichtung:* Einrichtungen können sich danach unterscheiden, ob die Beziehungen innerhalb einer Einrichtung harmonisch oder konflikthaft sind, es können ein positives sozial-emotionales Klima und angenehme Erzieherin-Kind-Beziehungen vorherrschen etc. Des Weiteren können Einrichtungen sich darin unterscheiden, was sie für Lernprogramme oder Kindergartenprogramme einsetzen, ob sie mehr auf kognitive oder sozial-emotionale Entwicklung Wert legen, wie sie mit der Heterogenität der Kinder umgehen usw. Welche Wirkungen das Klima entfaltet, hängt auch von der Schwerpunktsetzung der sozialen Erziehung ab: Wenn Einrichtungen versuchen, eine Gemeinschaft aus den Kindern zu formen, gibt es eine andere Bedingungskonstellation für die soziale Entwicklung der Kinder, als wenn sie stärker individualistisch arbeiten. Der Umgang mit Aggressivität ist sehr entscheidend: Wer zu viel Aggressivität zwischen den Kindern in der Gruppe zulässt, mindert die Qualität ihrer Kontakte untereinander.

Nach Meinung von Howes münden die ersten Faktorengruppen (Gleichaltrige, Fachkräfte, Persönlichkeit der Kinder) alle auch in das soziale und emotionale Klima des Einrichtungskonzeptes, und daraus folgen dann die Effekte der sozialen Entwicklung der Kinder und ihres Gruppenverhaltens.

Dieses Modell ist darum so interessant, weil den Faktoren, die mit der Einrichtung und den Fachkräften zusammenhängen und natürlich auch mit den Gleichaltrigen, eine größere Bedeutung zugesprochen wird. In vielen anderen Modellen bemüht man für die Erklärung des kindlichen Sozialverhaltens nur immer wieder dieselben Schuldigen: die Eltern, das Fernsehen, die Gesellschaft oder noch einfacher: die Anlage und die Umwelt.

Interessant ist auch der Begriff der „kulturellen Gemeinschaft“ (Rogoff, 2003) im Modell aus ▸ **Abb. 9**. Eine kulturelle Gemeinschaft kann enger oder auch weiter gefasst sein als die üblichen sozialen Schichten. Innerhalb der Arbeiterschicht gibt es weitere Differenzierungen, auch innerhalb der bildungsnahen Schichten kann man sehr unterschiedliche Umgangsformen und kulturelle Besonderheiten feststellen.

Trifft das Kind nun in der Einrichtung alle anderen Menschen zum ersten Mal und hat es keine Kinder oder pädagogische Fachkräfte aus demselben Milieu um sich, so erlebt es eine tiefgreifende Fremdheit. Man redet am Frühstückstisch an-

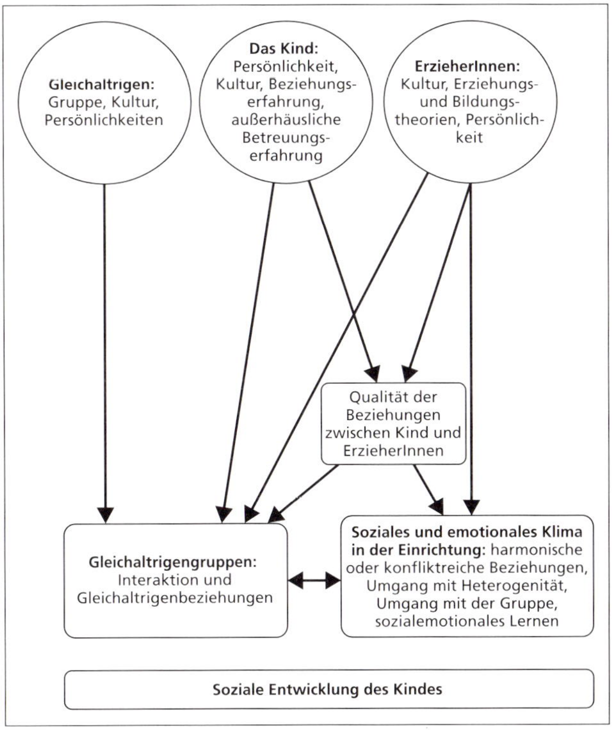

Abb. 9: Schema des Modells von Einflussfaktoren der sozialen Entwicklung nach Howes (2011, S. 24); Einflussrichtung von oben nach unten zu lesen

ders als die anderen und nur wenige der anderen Kinder stammen aus einer ähnlichen kulturellen Gemeinschaft wie das Kind selbst.

Durch diese fehlende (oder vorhandene) Anpassung, wenn alle ähnlich miteinander umgehen, entstehen bezüglich des Sozialverhaltens in Gruppen Probleme (oder bei Ähnlichkeit: weniger Probleme). Ein schüchternes Kind kann sich in Einrichtungen, in denen harmonische soziale Beziehungen herrschen und ein friedlicher Ton, der sowohl durch die Erzieherin als auch durch die anderen Kinder und Eltern bedingt sein kann, zum Beispiel wesentlich wohler fühlen und viel mehr Kontakte haben als in einer Anpassung an einen herrischen und brutalen Umgang miteinander.

Beispiele für kulturelle Gemeinschaften nach Rogoff (2003)

Der kleine Axel kommt im Schlafanzug zum Frühstückstisch. Er reibt sich die Augen und setzt sich ohne ein weiteres Wort an den Tisch. Vor seinem Platz steht eine Schale mit Cornflakes. Axel, der morgens immer etwas schlechter gelaunt ist, brüllt: „Ich will Rosinen! Wo sind die?" Wir überlegen jetzt einmal, wie Vater oder Mutter auf diese Frage des Kindes reagieren könnten.

- Beispiel 1: Der Vater herrscht das Kind in unfreundlichem Ton an: „Du hast doch Augen im Kopf! Die stehen doch auf dem Tisch!!!"
- Beispiel 2: Der Vater sagt ruhig: „Na, die wirst du schon finden, die stehen ja schon auf dem Tisch."
- Beispiel 3: Der Vater knurrt: „Typisch, du bist ein Morgenmuffel. Schrei gefälligst nicht so rum."
- Beispiel 4: Der Vater sagt: „Wir wollen uns daran gewöhnen, uns morgens, auch wenn wir keine gute Laune haben, freundlich anzusprechen. Wiederhole deine Frage noch mal in einem freundlichen Ton."
- Beispiel 5: Der Vater brüllt: „Du Arsch, du nervst mich, halt die Klappe."

Wir könnten diese Beispiele ins Unendliche verlängern. Welche Reaktion des Vaters okay ist, steht hier nicht zur Debatte. Wir können uns auch vorstellen, dass hinter jeder Antwort ein ganz bestimmter Erziehungsstil und ein Konzept steht, wie man Kinder erzieht. Wir könnten uns bei einigen Beispielen vorstellen, dass die Kinder sich durch den vorherrschenden Kommunikationsstil in der Familie an bestimmte Umgangsformen gewöhnen und diese Umgangsformen dann mit in die Einrichtung nehmen. Und damit das Verhalten in der Gruppe gestalten.

3.4.2 Das allgemeine multifaktorielle Modell

Wenn man von der multifaktoriellen Genese spricht, listet man zumeist die Faktoren nach Eltern, Gleichaltrigen, Kindergarten und Medien auf (▸**Abb. 10**; vgl. ähnlich auch Dollase, 1985; Parke & Clarke-Stewart, 2011, Kap. 7–9).

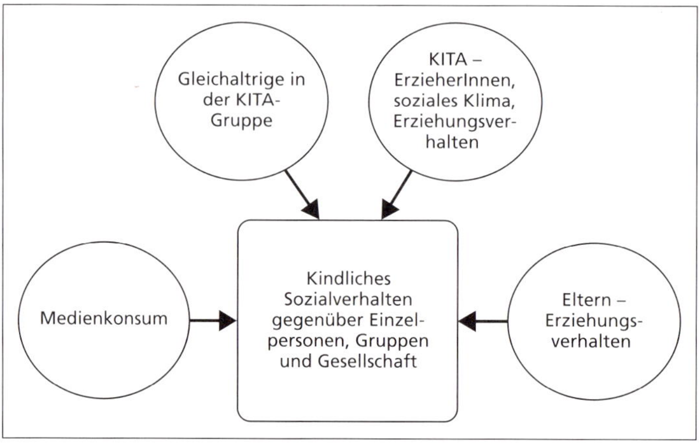

Abb. 10: Allgemeine multifaktorielle Modellvorstellung der Verursachung von Verhalten – auch von Sozial- und Gruppenverhalten (vgl. Parke & Clarke-Stewart, 2011); Erläuterung: Die Ursachengruppen für das kindliche Sozial- und Gruppenverhalten stehen miteinander in Wechselwirkung und wirken als Gesamt auf das kindliche Sozial- und Gruppenverhalten

Einflüsse der Eltern

Die Kinder sammeln im Kontakt mit den Eltern Erfahrungen im Sozialverhalten und transportieren dieses in die Einrichtung. Allerdings sind die Übertragungen, wie Untersuchungen zeigen, nicht immer ganz einfach. Oftmals gibt es auch einen umgekehrten Einfluss der Kinder auf die Eltern, d.h. die Schwierigkeiten eines Kindes etwa im Temperament führen dazu, dass auch die Eltern ihren Umgangston ändern. Ein schwieriges Kind provoziert Eltern häufiger zu aufbrausenden Verhaltensweisen. Auch gibt es komplizierte Wechselwirkungen zwischen einzelnen Eigenschaften der Eltern: So können Eltern sehr streng sein, diese Strenge aber sehr brutal oder aber sehr freundlich dem Kind vermitteln – das würde im Effekt einen großen Unterschied machen.

Für ein kooperatives Sozialverhalten nicht förderlich ist der „autoritäre" Erziehungsstil, während der „autoritative" Stil sehr förderlich ist. Er stellt eine Kombination aus Zuneigung, Freundlichkeit, aber auch Kontrolle und Anleitung durch die Eltern dar (Fuhrer, 2005). Wenn die Kommandos an das Kind autoritär, d.h. streng und mit Kälte adressiert werden, so führt das meist zu Kindern, die auch im Sozialverhalten konflikthaft, leicht irritierbar und störend sind. Wie Eltern mit dem Kind umgehen, das hängt selbstverständlich auch von den Familienbeziehungen ab: Ob es den Eltern gutgeht, wie es an ihrem Arbeitsplatz aussieht, was sie für sinnvoll halten.

Eltern tragen auch zur Aggressivität ihrer Kinder bei, wenn sie selbst Aggressivität als Mittel zur Lösung von Konflikten oder zur Erreichung von Zielen häufig anwenden. Manchmal unterstützen Eltern die Aggressivität ihrer Kinder auch durch gut gemeinte Ratschläge wie: „Lass Dir ja nichts gefallen. Wenn einer Dir was Böses tut, dann musst Du dich wehren."

Zur Familie gehören auch die Geschwister. Die Geschwister und die Geschwisterpositionen sind nicht ganz so wichtig, wie man das früher gedacht hatte. Allerdings gestalten Geschwister auch das kulturelle und sozial-emotionale Klima einer Familie mit und spielen deshalb als Vorbild für die Jüngeren durchaus eine wichtige Rolle. Auch die Größe der Familie und der Altersabstand der Geschwister untereinander kann eine Rolle spielen.

Einflüsse der Gleichaltrigen

Gleichaltrige dienen wechselseitig als Modelle für das Sozial- und Gruppenverhalten. Nicht nur die Eltern verstärken oder löschen bestimmte Verhaltensweisen, sondern die Gleichaltrigen tun das gleiche. Sie loben und anerkennen ihre Kameradinnen/Kameraden für bestimmte Verhaltensweisen, sie bilden eigene Normen aus, nach denen man sich verhalten muss, und sie tragen durch soziale Vergleiche dazu bei, dass die Kinder eine geänderte Selbstbewertung entwickeln. Schließlich bieten sie ihren Gruppenmitgliedern auch ein Gefühl der Zusammengehörigkeit, sie können sich trösten etc. Wenn die Kinder größer sind, etwa im Jugendalter, ist der Einfluss der Gleichaltrigen noch wesentlich stärker als im Vorschulalter. Gleichaltrige können abgelehnten Außenseiterkindern helfen, ihre sozialen Fähigkeiten zu entwickeln und mehr Akzeptanz zu erfahren.

Einflüsse der Einrichtung

Wie oben bereits angedeutet wurde, gibt es innerhalb der Einrichtung eine Reihe von Faktoren, die das Sozialverhalten der Kinder deutlich beeinflussen. Das soll hier nicht erneut vertieft werden. Hingewiesen werden aber muss auf die Ergebnisse aus methodisch sorgfältig durchgeführten Studien mit Kontrollgruppen, dass kleine Einrichtungen, kleine Gruppen, kleine Klassen für Kinder außerordentlich wichtig sind (▶ **Kap. 6**). Das gilt auch für die Leistungen der Kinder im späteren Schulleben. In kleinen Klassen ist der Lehrkraft-Kind-Kontakt häufiger und personalisierter, die Kinder verhalten sich besser, sie interagieren mit Gleichaltrigen öfter, und sie werden von ihren Gleichaltrigen seltener gemobbt. Wenn die Beziehungen zu den Erziehern und Erzieherinnen positiv und herzlich sind, wird ein hohes Ausmaß an Schulorientierung und Akzeptanz bei den Gleichaltrigen erreicht. Gerade Kinder mit Migrationshintergrund profitieren von einer engen Kind-Erzieherinnen-Beziehung.

Einflüsse der Medien

Der Einfluss der Medien ist häufig beschrieben worden (Schorb et al., 2010), und dem allgemeinen Kenntnisstand soll an dieser Stelle nicht mehr viel hinzugefügt werden. Kinder im Vorschulalter schauen oft zu lange Fernsehen, sie übernehmen gerade das Sozial- und Gruppenverhalten aus dem Fernsehen. Allerdings haben auch manche Fernsehsendungen, wie etwa die Sesamstraße, nachgewiesenermaßen einen positiven Effekt auf das prosoziale Verhalten von Kindern. Was aber wiederum nur zeigt, dass es darauf ankommt, wie solche Sendungen gestaltet werden. Kindliche Ängste, kindliche Aggressivität werden durch TV und elektronischen Spielekonsum in nicht pädagogischer Qualität deutlich stimuliert.

Kasten 6: Wozu sind Modellvorstellungen gut?

Modellvorstellungen kann man sich leichter merken als die einzelnen Fakten und Theorien. Es sind grobe Ordnungsmuster von Einflussfaktoren (Variablen), die im Einzelfall helfen, wenn man nach möglichen Ursachen sucht. Modellvorstellungen werden auch kritisiert. Die Aussagen *„Alles hat viele Ursachen"* und *„Alles hängt mit allem zusammen"* sind zu pauschal und mittlerweile zu banal, als dass sie helfen würden. Alle Modellvorstellungen sollen daran erinnern, dass es immer mehr als einen Einflussfaktor auf das kindliche Verhalten gibt. Aussagen wie *„Das Fernsehen ist an allem schuld"* oder *„Wie ein Kind ist, das hängt allein von den Eltern ab"*, also die Annahme monokausaler (Einzelursachen) Ursachen, sind nahezu immer falsch.

3.5 Allgemeine Grundsätze und Theorien zur Erklärung der sozialen Entwicklung von Kindern

Tausende Untersuchungen zur sozialen Entwicklung von Kindern wurden durchgeführt und sind wichtig, wenn man das Verhalten von Kindern in Gruppen beschreiben und erklären möchte. Tausende Untersuchungen sind bedeutsam, wenn man die Ursachen für das kindliche Sozial- bzw. Gruppenverhalten analysieren möchte. Die Fülle der damit vorliegenden Informationen muss verarbeitet und zusammengefasst werden. Und dazu gibt es verschiedene Möglichkeiten. Darüber wurde bereits in der Einleitung geschrieben: Man liest Lehrbücher, man nimmt sogenannte Metaanalysen zur Kenntnis, man fragt Expertinnen/Experten, man sucht zusammenfassende Artikel über das Thema, d. h. man liest Sekundärliteratur.

Heutzutage sind solche Strategien immer öfter in Gebrauch. Je mehr Wissen erarbeitet wird, umso dringender wird dessen Zusammenfassung. Ein neuerer Weg zur Zusammenfassung vieler einzelner Erkenntnisse wird in einem Buch „take home principles" genannt, d. h. einfache Sätze, Prinzipien, die den Trend in der empirischen Forschung zusammenfassen, die „man nach Hause nehmen" kann (Parke & Clarke-Stewart, 2011). Man könnte auch sagen allgemeine Grundsätze, Prinzipien oder auch Heuristiken (Suchverfahren). Solche Heuristiken sollen im Folgenden in Anlehnung an Parke und Clarke-Stewart (2011, Kap. 14, S. 461ff.) und weitere Autoren in drei Kategorien zusammengefasst werden:

1. Entwicklungsverlauf des Sozial- und Gruppenverhaltens
2. Verursachung des Sozial- und Gruppenverhaltens
3. Theorien und Methoden der Untersuchung kindlichen Sozial- und Gruppenverhaltens

3.5.1 Entwicklungsverlauf des Sozial- und Gruppenverhaltens

Die soziale Entwicklung eines Kindes führt zu Ergebnissen, die zunehmend dem erwachsenen Verhalten ähnlicher werden. Kindliches Sozialverhalten ist zunächst recht einfach, wird dann immer komplizierter und gleicht sich zunehmend im Verlaufe von Kindheit und Jugend dem Verhalten der Erwachsenen an. Beispiele: zunächst können Kinder sich mit einem Erwachsenen beim Spiel so halbwegs regelkonform abwechseln, weil der Erwachsene auf die Probleme des Kindes beim Abwechseln Rücksicht nimmt, es also dem Kind einfacher macht. Später sind Kinder selbst in der Lage, das Abwechseln auch mit gleichaltrigen oder jüngeren Kindern regelkonform zu zeigen.

Das kindliche Sozialverhalten ist organisiert, es hat einen besonderen Sinn, und es ist keinesfalls zufällig. Alles, was kleine Kinder tun, führt dazu, dass sie das innere Modell der sozialen Umwelt, die Bewertung ihrer eigenen Fähigkeiten und die Wahrnehmung der anderen Kinder und Erwachsenen an die Realität anpassen. Alles ist also „Arbeit", wenn auch manchmal vorläufige, an der korrekten Erfassung der Realität.

Die Entwicklung der sozialen Fähigkeiten eines Kindes ist in eine komplexe Umwelt eingebunden und zeichnet sich durch Interaktionen, durch Beziehun-

gen, durch Handeln und Wahrnehmen in Gruppen, in sozialen Netzwerken und in der Gesellschaft bzw. Kultur aus. Mit zunehmendem Alter entwickeln Kinder nicht nur soziale Beziehungen zu den unmittelbar kontaktierten anderen Personen in ihrer Nähe, sondern auch zu Gruppen, zu Netzwerken und zur Kultur. Was sie dann in der Gruppe zeigen und wie sie sich weiterentwickeln, hängt auch von dieser komplexen sozialen Umwelt ab. Es muss dazu mehr oder weniger gut passen.

Die Entwicklung des Sozial- und Gruppenverhaltens kann sowohl allmählich und kontinuierlich wie auch plötzlich und dramatisch stattfinden. Beide Entwicklungsformen sind möglich. Kinder können von einem Tag auf den anderen etwas lernen, sie können aber auch allmählich ihr Verhalten verändern.

Die frühen Erfahrungen, die ein Kind macht, sind für seine Entwicklung wichtig, aber die Wirkungen der frühen Erfahrung können später auch überlagert und verändert werden. In der Öffentlichkeit herrscht immer noch die Meinung vor: „Was Hänschen nicht lernt, lernt Hans nimmermehr". Leider ist diese einfache und einsichtige Aussage nicht richtig. Aus einer unglücklichen Kindheit und Jugend kann noch ein glücklicher Erwachsener hervorgehen und umgekehrt.

Es gibt keinen einzigen Weg zu normaler oder unnormaler Entwicklung, vielmehr sind viele kausale Wege möglich (Albrecht, 1999). Es ist möglich, dass ein und dieselbe Ausgangsbedingung zu ganz unterschiedlichen Ergebnissen führt (Multifinalität). Beispiel: Kinder aus der bildungsnahen Mittelschicht und intakten Familien können Erfolge im späteren Leben haben, aber auch Misserfolge. Beides kann vorkommen. Andererseits ist es möglich, dass sehr unterschiedliche Ausgangsbedingungen zu ein und demselben Verhalten führen (Äquifinalität). So kann ein Kind z. B. hohe soziale Intelligenz aus sehr unterschiedlich gut geeigneten Elternhäusern entwickeln. Wenn mehrere Risikofaktoren zusammenkommen, dann ist die Gefahr einer ungünstigen Entwicklung meist größer, aber sie muss es nicht sein. Bei der Entwicklung von normalem und nicht normalem Verhalten muss man die *Entstehungsbedingungen* von den *Erhaltungsbedingungen* unterscheiden. Beispiel: Die anfängliche Aggressivität eines Kindes in der Kindergartengruppe erklärt sich aus den aktuellen Enttäuschungen, die es im Kontakt mit den anderen Kindern erlebt. Dass das Kind nun aber immer wieder aggressiv reagiert, zeigt unter Umständen, dass es Bedingungen gibt, die dieses aggressive Verhalten verstärken (zum Beispiel Anerkennung und Beifall der anderen Kinder). Die Entstehungsursache ist also eine andere als die Erhaltungsursache.

Es ist sowohl sinnvoll, Durchschnittsaussagen zum Sozial- und Gruppenverhalten zu kennen als auch gleichzeitig zu wissen, dass es individuelle Ursachen gibt, die dazu führen, dass die Entwicklung eines Kindes nicht mit dem Durchschnitt vergleichbar ist. Im Klartext heißt das: Es gibt jede Menge Ausnahmen von der Regel, deshalb sollte man auch die Regeln kennen. In der pädagogischen Öffentlichkeit gelten Normtabellen für die altersbezogene Entwicklung von Kindern als verführerisch und gefährlich, weil man schnell geneigt ist, ein nur wenig nach unten abweichendes Verhalten für krankhaft zu halten.

Entwicklung ist ein lebenslanger Prozess. Man darf nie vergessen, dass das lebenslange Schicksal eines Menschen nicht im Elementarbereich festgelegt wird, sondern dass im späteren Leben noch zahlreiche weitere positive oder negative

Entwicklungen möglich sind. Wir müssen auch akzeptieren, dass sich die Eltern durch das Kinderhaben verändern (sog. retroaktive Sozialisation). Und auch die pädagogischen Fachkräfte werden sich durch ihren Beruf und den dauernden Kontakt mit kleinen Kindern weiterentwickeln und verändern.

3.5.2 Verursachung des Sozial- und Gruppenverhaltens

Das Sozial- und Gruppenverhalten von kleinen Kindern hat immer mehrere Ursachen. Diese Ursachen beeinflussen sich gegenseitig. Die großen Gruppen von Ursachen sind: die Umwelt, das Selbst, die Anlagen und der Zufall. Diese sogenannte „multifaktorielle Genese" (s. o.) ist Konsens in nahezu allen aktuellen, empirisch gestützten Theorien. Kein Verhalten, kein Problem hat nur eine Ursache.

Alle Ursachen sind wichtig. Es gibt nicht nur eine Ursache von vielen, die wichtig wäre, sondern auch die anderen Ursachen müssen beachtet werden. Kindliche Aggressivität in Gruppen hängt von den Gleichaltrigen, den Eltern, den pädagogischen Fachkräften und dem Medienkonsum ab. Es kann aber nicht nur immer über die Medien geschimpft werden, die anderen Ursachen sind genauso wichtig (Dollase, 2010).

Alle Aspekte der Entwicklung hängen miteinander zusammen. Die Sprachentwicklung steht in engem Zusammenhang mit dem Sozialverhalten. Die kognitiven Fähigkeiten hängen eng mit den sozialen Fähigkeiten zusammen. Weiter oben in ▸**Kap. 3.2** wurde berichtet, dass alle Entwicklungsbereiche auch einen Einfluss auf das Gruppenverhalten eines Kindes haben.

Das Sozialverhalten und das Gruppenverhalten von Kindern sind durch viele soziale Agenten in sozialen Systemen beeinflusst. Nicht nur Mütter, Väter und Geschwister beeinflussen ein Kind, sondern der Kindergarten, die Schulen, die Gemeinschaft, die Medien und die Gesellschaft. Man muss das ganze System beachten, wenn man das Verhalten von Kindern erklären will.

Das Sozialverhalten und das Gruppenverhalten von Kindern können von Situation zu Situation unterschiedlich sein. In ein und derselben Situation kann das Verhalten zweier Kinder auch von individuellen Eigenschaften der Kinder abhängig sein. Die Situation und die individuellen Voraussetzungen wirken zusammen. Auch ein und dasselbe Kind kann sich in der einen Gruppe (Einrichtung) anders als in einer vergleichbaren ähnlichen Situation (im Verein) verhalten.

Die soziale Entwicklung eines Kindes geschieht in einem historischen und in einem kulturellen Kontext. Die kulturelle Gemeinschaft formt und regelt das Sozialverhalten eines Kindes und ist oft durch den Migrations- oder Schichthintergrund der Eltern bedingt. Kinder von heute haben ein anderes Sozialverhalten als Kinder von früher. Zum Beispiel: Kinder von heute sind – obwohl die Öffentlichkeit das nicht so wahrnimmt – weniger aggressiv als Kinder früher (Ridder & Dollase, 1999). Noch in den 1960er Jahren lebten Kinder im Kindergarten in wesentlich größeren Gruppen als heute, entsprechend hat sich ihr Gruppenverhalten verändert.

Einige Aspekte der sozialen Entwicklung von Kindern sind universal, d. h. sie finden in jeder Gesellschaft, in jeder Kultur und zu jeder Zeit in ähnlicher Art und Weise statt. Das betrifft zum Beispiel das Gehenlernen, das Sprechenlernen, das

Temperament oder auch das Bindungsverhalten von kleinen Kindern. Manches haben Kinder vor 100 Jahren genauso getan wie heute und werden es auch noch in 100 Jahren tun. Kinder von drei Jahren spielen meist parallel, also allein, und Sechsjährige eher in kleinen Grüppchen – früher wie heute.

Das Kind ist von Anfang an sozial kompetent. Das Kind ist von Anfang seines Lebens an in der Lage, kompetent und aktiv seine Umgebung zu beeinflussen und seine eigene Entwicklung zu steuern (vornehmlich im Kontakt zu den Bezugspersonen). Das darf aber nicht zu der Annahme verführen, dass Kinder schon von Geburt an in Gruppen kompetent agieren können, sie benötigen hierzu die enge Zusammenarbeit mit den Erwachsenen.

Die sozialen Interaktionen der Kinder mit anderen Menschen, Kindern wie Erwachsenen, sind immer wechselseitig, und Interaktionspartner beeinflussen sich über die Zeit immer gegenseitig. Das bedeutet, dass es immer auch vom Gegenüber abhängt, wie eine Interaktion verläuft. Und beim Gruppenverhalten hängt das Verhalten des Einzelnen auch davon ab, wie die Gruppe sich ihm gegenüber verhält.

3.5.3 Theorien und Methoden der Untersuchung kindlichen Gruppenverhaltens

Mit einer einzigen Forschungsmethode kann man das kindliche Sozial- und Gruppenverhalten nicht erfassen. Nur quantitative Methoden reichen nicht aus, sie müssen auch durch qualitative Methoden und eigene Erfahrungen ergänzt werden.

Eine einzige Datenquelle ist nicht ausreichend, es müssen mehrere Datenquellen benutzt werden. Die Aussagen der pädagogischen Fachkräfte reichen allein nicht, um das Verhalten der Kinder in Gruppen zu erfassen und zu erklären. Gleichzeitig müssen je nach Fragestellung die Meinungen der Eltern, der Kinder selbst und vielleicht auch die Meinungen von weiterem Personal erfragt werden oder Beobachtungen im Gruppenalltag oder Diagnoseverfahren durchgeführt werden.

Erkenntnisse, die nur an einer Stichprobe gewonnen worden sind, sind nicht ausreichend, um sie zuverlässig verallgemeinern zu können. Es müssen mehrere Stichproben untersucht werden, wünschenswert sind viele Untersuchungen zu ein und demselben Problem, die dann in Metaanalysen gewichtet und ausgewertet werden können. Auch identische Wiederholungen von Untersuchungen nach einiger Zeit sind sinnvoll, um z. B. die Sicherheit zu haben, dass die Ergebnisse wiederholbar sind (Replikationen) und nicht nur ein einmaliges Zufallsergebnis oder dem Zeitwandel unterliegen.

Eine einzige Theorie reicht nicht aus, um das kindliche Verhalten zu erklären. Es ist notwendig, dass man das in komplexe Systeme eingebettete kindliche Verhalten im Kontext vieler unterschiedlicher Überlegungen analysiert. Erst viele Theorien ergeben ein vollständiges Bild, auch weil sich viele Theorien auf einzelne Aspekte des kindlichen Gruppenverhaltens beschränken.

Kasten 7: Theorien der sozialen Entwicklung und ihre Bedeutung für das Gruppenverhalten

Theorien sind gegenüber Heuristiken und allgemeinen Modellen ein anderer Zugang zur Ordnung der empirisch bestätigten Vermutungen und der Erklärung, warum die Entwicklung so verläuft, wie die empirischen Befunde das nahelegen. Heuristiken und allgemeine Modelle stammen meist aus mehreren Theorien, wobei Theorien meist inhaltlich etwas enger gefasst sind als die allgemeinen Modelle. Die folgende Übersicht stammt aus Parke und Clarke-Stewart (2011, S. 33 ff.):

- *Tiefenpsychologie:* Diese Theorien, die maßgeblich auf die Arbeiten von z. B. Freud, Adler, Jung und Erikson zurückgehen, erklären das kindliche Sozial- und Gruppenverhalten aus dem Widerstreit zwischen grundlegenden biologischen Trieben (wie z. B. der Machttrieb bei Adler) und den Anforderungen der Realität und der gesellschaftlichen Regeln. Man möchte jemanden schädigen, weil man ihn nicht mag, darf es aber nicht und sucht sich erlaubte Wege, mit der Antipathie umzugehen, z. B. weglaufen, mit anderen spielen. Die frühkindliche Zeit ist dabei für die Prägung des Verhaltens wichtig.
- *Traditionelle Lerntheorien:* Alles Verhalten wird gelernt oder verlernt, weil es belohnt, akzeptiert oder bestraft wurde (operantes Konditionieren). Kinder, die andere schlagen, wurden evtl. von ihren Eltern ermuntert, „sich nichts gefallen zu lassen". Oder: Abneigungen gegen Gruppen basieren auf schlechten Erfahrungen mit Gruppen.
- *Sozial-kognitive Lerntheorien:* Verhalten wird oft gezeigt, weil die Person es von Modellen bzw. durch Beobachtungen von anderen gelernt hat (Modellernen nach Bandura), vor allem dann, wenn das Modellverhalten erfolgreich war, die Person sich mit dem Modell identifizieren kann und fähig ist, das Verhalten auch imitieren zu können. Kinder beobachten andere Kinder und Erwachsene, wie sie sich verhalten, und ahmen das Verhalten nach.
- *Soziale Informationsverarbeitung:* Diese Theorien beschäftigen sich mit den Entscheidungen des Kindes für soziale Verhaltensweisen aufgrund der Informationen, die dem Kind darüber zur Verfügung stehen. Wenn das Kind überlegt: „Soll ich mich wehren oder mich lieber von der Schaukel verdrängen lassen?", dann benutzt es seine ihm zugänglichen Informationen darüber, was in dem einen oder anderen Fall passieren könnte.
- *Kognitive Entwicklungstheorien:* Gemeint sind Theorien in der Nachfolge von Piaget: Kinder suchen aktiv nach neuen Erfahrungen und formen daraus (konstruieren) mentale Strukturen, Regeln und Prinzipien. Sie passen diese gedanklichen Strukturen aufgrund neuer Erfahrungen an (akkommodieren) und versuchen hin und wieder, neue Probleme mit den schon gefestigten geistigen Strukturen zu lösen (assimilieren).
- *Sozial-kognitive Bereichstheorien:* Diese Theorien konzentrieren sich im Unterschied zu den kognitiven Entwicklungstheorien speziell auf die sozialen Wahrnehmungen und Urteile von Kindern (z. B. Urteile über andere) und untersuchen, inwiefern sie bereichsspezifisch sind (z. B. kindliche soziale Urteile zu Hause fallen anders aus als in der Einrichtung).

- *Wygotskis soziokulturelle Theorie:* Diese Theorie hebt die Bedeutung sozio-kultureller Faktoren für die Entwicklung des kindlichen Sozialverhaltens hervor (z. B. gesellschaftliche Milieus). Kinder lernen in der Interaktion mit fähigeren anderen (also Gleichaltrigen und Eltern, pädagogische Fachkräfte) neue psychologische Mittel der Handlungsregulation kennen, die sie dann für sich zu nutzen lernen. Diese Mittel sind z. B. sprachlich vermittelte Instruktionen und Strategien.
- *Systemische Theorien:* Diese Theorien, die auf Bronfenbrenner zurückgehen, nehmen an, dass Faktoren aus allen Kontexten (z. B. Familie, Einrichtung, Nachbarschaft, Gesellschaft) und deren Wechselwirkungen das kindliche Sozialverhalten prägen.
- *Biologische Theorien (Ethologie):* Das kindliche Sozialverhalten ist auch ein Ergebnis der menschlichen Evolution. Man kann darin Phänomene erkennen, die auch im Tierreich vorkommen, wie z. B. Hackordnungen in der Kindergartengruppe, Ausgrenzung von Außenseitern, Durchsetzungsstrategien eigener Wünsche. Auch individuelle genetische Faktoren wie z. B. bei der Bedeutung des Temperaments (s. o.) werden im Zusammenhang damit untersucht.
- *Entwicklungspsychologie der Lebensspanne:* Sie betont die Entwicklung des Individuums über die gesamte Lebensspanne, was die frühkindlichen Erfahrungen in Gruppen relativieren kann. So zeigen Langzeitstudien z. B., dass man Probleme im Kleinkindalter in ihren Auswirkungen auf das Erwachsenenalter auch nicht überbewerten darf.

Parke und Clarke-Stewart (2011, S. 34) ziehen das Resümee, dass es oft hilfreich sei, das Verhalten von Kindern aus Bestandteilen mehrerer Theorien zu erklären.

Eine „Theorie" ist in der Psychologie (wie in den Naturwissenschaften) ein gedankliches System von Annahmen, mit denen man Tatsachen *erklären* kann. In der Pädagogik ist „Theorie" alles, was nicht Praxis ist, und sie enthält Fakten, Überlegungen, Normen, Ziele etc. – praktisch das Gesamt der Informationen, die für die pädagogische Handlungsbegründung notwendig sind.

In ▶ Kasten 7 ist eine Übersicht über die wichtigsten Theorien der Sozial- und Gruppenentwicklung und ihrer jeweiligen Leitidee gegeben. Die Leitideen klingen recht einfach, die Theorien sind jedoch deutlich komplexer. Eine Triebfeder der wissenschaftlichen Theorieentwicklung ist der Versuch, den fraglichen Sachverhalt, wie hier die Sozialentwicklung, mit Hilfe nur einer „zündenden" Idee hinreichend erklären zu können. Es ist zum Beispiel nicht so, dass die Behavioristen den Menschen tatsächlich als „black box", also auch als eine „Kiste ohne Gedanken und Gefühle", auffassten. Sie wussten schon, dass eine Person für sich im Kopf auch denken und fühlen kann. Aber es war eine wissenschaftliche Herausforderung, zu versuchen, das Verhalten von Kindern und Erwachsenen ohne die nur subjektiv und uneindeutig zu erfassenden erlebten Gefühle und Gedanken im Kopf eines Menschen zu erklären. Theoretische Einseitigkeit ist heute aber nicht mehr angemessen.

Das kindliche Sozial- und Gruppenverhalten kann nicht von einer wissenschaftlichen Disziplin allein erklärt werden. Wenn in diesem Buch die psychologische Perspektive überwiegt bzw. die einzige ist, so heißt das nicht, dass soziologische, pädagogische, biologische oder neurophysiologische Disziplinen hierbei keine Bedeutung hätten. Sie nähern sich dem Gegenstand aufgrund anderer Voraussetzungen und mit anderen Methoden. Jeder sollte die Tatsache begrüßen, dass es unterschiedliche Perspektiven auf ein und denselben Sachverhalt gibt, wie z. B. die sozialwissenschaftliche Kindheitsforschung (vgl. Andresen & Hurrelmann, 2010).

3.6 Zusammenfassung

Theorien in der Entwicklungspsychologie sollen erklären, warum sich Erleben und Verhalten eines Kindes so entwickeln, wie das die empirischen Befunde nahelegen. Sie fokussieren dabei zumeist auf *ein* Erklärungsprinzip. Entwicklungspsychologische Theorien sind nicht mit pädagogischen Theorien zu vergleichen. Letztere fassen in einer Theorie auch normative Aspekte der Begründung von Erziehungsmaßnahmen zusammen, welches Erleben und Verhalten erwünscht und damit erzogen werden soll.

Die multifaktoriellen Modelle sind im Vergleich zu den genannten Theorien allgemeiner angelegt. In ihnen wird das Gruppenverhalten kleiner Kinder als durch zahlreiche Faktoren und Erklärungsprinzipien verursacht angesehen, also durch das Zusammenwirken von kindbezogenen Faktoren und Umgebungsfaktoren wie Eltern, Gleichaltrige, Kindergarten (mit ihren Fachkräften) und Medien. Die Aufstellung von allgemeinen Heuristiken (Regeln) und der Überblick über Theorien der sozialen Entwicklung sind weitere Versuche, die Vielzahl von möglichen Erklärungsansätzen für kindliches Gruppenverhalten in einfachen Merksätzen zusammenzufassen.

3.7 Literaturtipps

Zahlreich sind die nationalen und internationalen Bücher und Lehrbücher zur Entwicklungspsychologie. Wer sich vertiefend mit diesem für den Elementarbereich zentral wichtigen Themengebiet beschäftigen möchte, sei zunächst auf den deutschen Klassiker verwiesen:

Schneider, W. & Lindenberger, U. (Hrsg.), *Entwicklungspsychologie* (7., vollst. überarb. Aufl.). Weinheim: Beltz.

Berk, L. (2010). *Entwicklungspsychologie* (4., aktual. Aufl.). München: Pearson Studium.
Das Lehrbuch ist eine Übersetzung eines internationalen Lehrbuchs, gut bebildert, didaktisch gut aufbereitet und voll mit konkreten Beispielen.

Ahnert, L. (2014). *Theorien in der Entwicklungspsychologie*. Berlin: Springer VS.
Zu den Theorien der Entwicklungspsychologie gibt es dieses spezielle Buch. Eine hervorragend geschriebene Einführung in die Theorien.

Lohaus, A., Vierhaus, M. & Maass, A. (2010). *Entwicklungspsychologie des Kindes- und Jugendalters*. Berlin: Springer.

Das Lehrbuch bietet einen aktuellen Überblick über alle Themen der Entwicklungspsychologie. Zusätzlich gibt es auch eine Kindle-Version zum elektronischen Lesen.

Bensel, J. & Haug-Schnabel, G. (2011). *Vom Säugling zum Schulkind – Entwicklungspsychologische Grundlagen*. Freiburg: Herder.

Diese kleine Broschüre ist interessant und nah an der Praxis des Elementarbereichs geschrieben.

Barth, H. D., Bernitzke, F. & Fischer, W. (2010.) *Abenteuer Erziehung. Pädagogische, psychologische und methodische Grundlagen der Erzieherinnenausbildung*. Haan-Gruiten: Europa Lehrmittel, daraus Kapitel 4.

Krenz, A. (Hrsg.). (2007). *Psychologie für Erzieherinnen und Erzieher*. Berlin: Cornelsen, daraus Kapitel 3 (Krenz & Haug-Schnabel) und Kapitel 4 (Bensel).

Für Vertiefungen sind auch die allgemeinen Lehrbücher für den psychologischen Teil der Ausbildung von Kindheitspädagoginnen/-pädagogen immer relevant und aufschlussreich.

4 Wie viel Gruppe braucht ein Kind?

Eine grundlegende Frage war, inwiefern Kinder für Gruppen die nötigen entwicklungspsychologischen Voraussetzungen mitbringen (▸ Kap. 3). Die andere wichtige Frage lautet: Sind Gruppen für ein erfolgreiches Aufwachsen überhaupt nötig bzw. wünschbar?

4.1 Ist das Gruppenverhalten von Erwachsenen ein Vorbild für Kinder?

Normalerweise lernen Kinder und Jugendliche in der Zeit ihrer Entwicklung und Sozialisation das, was sie als Erwachsene brauchen. Insofern es sich um Fähigkeiten wie Lesen und Schreiben handelt, sind die Erwachsenen ein Vorbild. Sie können diese Tätigkeiten ausführen – die Kinder noch nicht. Kinder und Jugendliche wirken im Vergleich zu Erwachsenen in diesen Fähigkeiten immer etwas zurückgeblieben. Sie müssen noch lernen, so zu werden wie die Erwachsenen.

Kann man diesen grundsätzlichen Gedankengang auch auf die Entwicklung des Gruppenverhaltens anwenden? Vermutlich nicht, denn die Erwachsenen verhalten sich in Gruppen, belegt durch die internationale empirische Gruppenforschung (Hewstone et al., 1996; Stroebe et al., 2001), keineswegs vorbildlich. Sie streiten sich in Gruppen, sie „mobben" sich, sie nutzen die anderen aus etc. – sind also selten ein Vorbild für Kinder. Offenbar können auch Erwachsene mit Gruppen nicht immer vernünftig bzw. harmonisch umgehen. Sie haben die Fähigkeiten dazu, könnten es also, aber sie tun es nicht (immer). Vielleicht sollte das unser pädagogisches Ziel für das Gruppenverhalten der Kinder sein? So problematisch zu sein wie die Erwachsenen?

Unbestritten ist, dass die Fähigkeit des Menschen, Gruppen zu bilden und in Gruppen zu leben und zu arbeiten, ein ganz entscheidender Vorteil für seinen evolutionären Erfolg ist. Ohne Arbeitsteilung wäre kein Wohlstand denkbar. Ohne ein organisiertes Zusammenwirken der einzelnen menschlichen Kräfte wären die großen Leistungen der Menschheit nicht denkbar gewesen. Letztlich ist jeder Mensch in seinem Lebenserfolg von der Arbeit der anderen abhängig.

In den Gruppen von Erwachsenen geht es nicht immer harmonisch zu. Im Unterschied zum öffentlichen Image der „Gruppe" berichtet die experimentelle Sozialpsychologie der Gruppen mehr oder weniger von denselben Nachteilen im Gruppenleben Erwachsener, die auch das Gruppenleben junger Kinder kennzeichnen (Stroebe et al., 2001). Innerhalb der soziometrischen Forschung (▸ Kap. 5) konnten weltweit nur selten Gruppen gefunden werden,

- in der es nicht eine Unterordnung unter die Mehrheitsmeinung gab,
- in der Andersartige nicht ausgegrenzt wurden,
- die keine Hack- oder Rangordnung herausgebildet hatten,
- die Konflikte nicht mit Gewinnern und Verlierern gelöst hatte,
- in der keine Aggressionen oder aggressive Emotionen aufgetaucht wären,

Kasten 8: Warum bilden Menschen Gruppen?

In den Lehrbüchern der Sozialpsychologie werden zwei Gründe angegeben, warum Menschen Gruppen bilden (vgl. McDavid & Harari, 1968, S. 5):

1. Der Mensch ist evolutionär gesehen augenscheinlich ein „Herdentier", d. h. er bringt alle biologischen Voraussetzungen mit, in Gruppen zu leben und zu arbeiten, wir haben Freude an anderen Menschen, und die meisten Menschen sind keine Einzelgänger.
2. Der Mensch hat im Laufe seiner Geschichte gelernt, wenn er etwas erreichen will, sich freiwillig oder aus der Not heraus mit anderen zu arrangieren und zu kooperieren.

Im einen Fall ist es mehr oder weniger ein Antrieb (gregarious instinct), im anderen Fall mehr oder weniger eine vernünftige Überlegung (rational, beneficial or compromising social contract).

- in der keine erstaunlichen Ungleichheiten in der wechselseitigen Beliebtheit festgestellt werden konnten (manche sind beliebt, manche abgelehnt, manche isoliert und unbeachtet, andere ambivalent und umstritten).

Der amerikanische Sozialpsychologe Forgas (1987, S. 279) hat in einem seiner Bücher geschrieben: „Wir alle machen vermutlich in Gruppen einige der schönsten und schlimmsten Erfahrungen unseres Lebens."

Man kann diese Einschätzung durch viele Umfragen illustrieren. In einer Untersuchung Ende der 1990er Jahre mit 7800 Schülerinnen und Schülern der Sekundarstufe I (Dollase, 2000) werden die Mitschüler in der Schulklasse mit ähnlich schlechten Noten beurteilt wie die Lehrkräfte – nicht aber die „Freundinnen und Freunde". Schüler der Sekundarstufe I differenzieren also ganz deutlich zwischen Freunden und Mitschülern. Freunde werden positiv bewertet – Mitschüler werden insgesamt schlecht bewertet. Die Zufriedenheit mit der Schulklasse ist gering. In einer Zeitwandelstudie konnte gezeigt werden, dass die Abneigungen innerhalb von Gruppen im Zeitvergleich von 1972 auf 1997 zunahmen (▸**Kap. 3**).

Vor einigen Jahren erschien folgendes Akronym, um Trittbrettfahrereffekte bzw. das soziale Faulenzen in Gruppen zu illustrieren (s. auch von der Oelsnitz & Busch, 2012):

*T*oll, *E*in *A*nderer *M*achts

Gruppen sind also auch für ältere Kinder, Jugendliche oder Erwachsene keineswegs der Ort ungetrübter Freude. Gruppen produzieren Probleme, die für alle unangenehm sind. Wie sollen wir kleine Kinder darauf vorbereiten?

Interessant ist auch, dass Gruppen von Erwachsenen keinesfalls zwangsläufig und immer einen Leistungsvorteil haben. Die tatsächliche Gruppenleistung ist nicht immer die Summe der Einzelleistungen, sondern man kann meist Koordinations- und Motivationsverluste feststellen (Wilke & van Knippenberg, 1992; Wilke & Wit, 2001). Typisch für die Arbeit in Gruppen ist beispielsweise, dass einige die Arbeit und den Einsatz der anderen ausnutzen, gewissermaßen „Trittbrettfahrer“ spielen. Es gibt eine allgemeine Tendenz, dass Menschen, sobald sie in Gruppen eintreten, sich immer etwas weniger anstrengen, soziales Faulenzen (social loafing) genannt. Auch können komplizierte Aufgaben und Leistungen in der Gegenwart anderer gestört und verschlechtert werden, manche einfache und gut geübte Aufgaben lassen sich allerdings besser erledigen. Gruppen neigen hin und wieder zur Verantwortungslosigkeit, und wenn man nicht die Möglichkeit hat, allein nachzudenken, dann fallen einem nicht so viele gute Lösungen einer schwierigen Aufgabe ein. Diese hier kurz berichteten Erkenntnisse sind experimentell gesichert, d. h. gegen Kontrollgruppen geprüft (Wilke & Wit, 2001).

Man kann nicht ungeprüft die Erwachsenenergebnisse zum social loafing auf Kinder übertragen. Wenn überhaupt, kämen viele der bei Erwachsenen beobachtbaren Phänomene nur in kindspezifischer Umformung vor. Der einzige große Unterschied könnte darin bestehen, dass Kinder dann, wenn sie Frustration und Ärger in der Gruppe erleben oder eine vermeintliche Schädigung aggressiv beantworten wollen, lauter und heftiger protestieren bzw. zuschlagen, schreien und weinen. Die Beherrschung des Ärgers und der Enttäuschung können Erwachsene oft (nicht immer) besser als kleine Kinder (Dollase, 2010). Ein pädagogisches Ziel im Elementarbereich könnte also sein, Gruppen und ihre Probleme ertragen zu lernen.

Kinder müssen also mehr oder weniger ein ähnlich nicht perfektes und verbesserungsfähiges Gruppenverhalten wie Erwachsene lernen. Sie müssen, wenn man möchte, dass sie ein realistisches Bild von der Welt entwickeln, eine realistische Selbsteinschätzung und die dazu passende Sozialkompetenz erlernen, sich auf ein in allen Altersstufen keineswegs vorbildliches, harmonisches Gruppenverhalten einzustellen. Gruppe ist auch problematisch, nicht nur schön, manchmal ungerecht und bitter. Lerne damit umzugehen – so würde der pädagogische Imperativ lauten.

Manchmal allerdings, wenn man sieht, wie schnell Kinder sich auch wieder vertragen können und wie herzlich sie miteinander umgehen, ist man geneigt, den Erwachsenen das kindliche Sozial- und Gruppenverhalten als Vorbild vorzuhalten.

4.2 Ist eine Gruppe für soziale und kognitive Lernprozesse von Kleinkindern von Vorteil?

Die Frage ist nur rhetorisch. Wie in den Eingangskapiteln gezeigt wurde, existieren Gruppen im Elementarbereich vor allen Dingen aus ökonomischen und fiskalischen Gründen. Sie lösen ein soziales Problem. Evaluationsuntersuchungen (▸ **Kap. 2**) zeigen, dass Kinder aus bildungsfernen Schichten in Kindertageseinrichtungen trotz des Gruppenlebens gefördert werden können, während es bei den anderen Kindern keinen wesentlichen Unterschied macht, ob sie in eine Einrichtung gehen oder nicht. Sie sollten es aber tun: Sie gewöhnen sich an die Verkollektivierung von Bilden, Betreuen und Erziehen (Dollase, 1979). Die Gruppen sind nicht eingerichtet worden, weil sie pädagogisch oder psychologisch für die Entwicklung des Kindes besser wären als ein „natürliches Lernen“, sondern weil es sozusagen nicht anders ging. Wir haben es also mit einer gezwungenermaßen rationalen Bildung von Gruppen im Elementarbereich zu tun.

Kinder könnten und hätten auch anders als in Gruppen gleichaltriger Kinder lernen können, wenn es denn möglich gewesen wäre. In einer Großfamilie mit mehreren Generationen und mehreren Geschwistern, nah an der Arbeit der Eltern, wo Kinder schon früh an die Arbeit der Eltern herangeführt werden, wo sie bei fast allen Situationen dabei sind, dort hätte ein kleines Kind alles gelernt, was es für das Überleben braucht: ein realistisches Bild der Welt, von sich selbst, es hätte sprechen gelernt, gehen, spielen und das Sozialverhalten, das in einer solchen (vermutlich agrarischen) Umwelt üblich war.

Man könnte sogar annehmen, dass der Mensch auf diese altertümliche Art des Hineinwachsens in die Gesellschaft evolutionär programmiert ist, die es heute nur noch in wenigen Teilen der Welt gibt und die bei uns früher in Handwerks- oder landwirtschaftlichen Betrieben existiert hat. Mit anderen Worten: Um seine Gruppenverhaltensweisen und sein Sozialverhalten optimal zu entwickeln, reichen bei kleinen Kindern eine Handvoll anderer Menschen, Gleichaltrige, Jüngere und Ältere. In einer solchen kleinen, fast familiären Gruppe können alle sozialen Lernprozesse, die nötig sind, stattfinden.

Interessant ist auch, dass das Sprechenlernen der Kinder genauso wie das Gehenlernen früher wie heute ohne irgendeine professionelle Belehrung einfach so nebenher im Alltag stattgefunden hat bzw. stattfinden kann (vgl. Stern & Braun, 2008). Erst in jüngster Zeit wird genauer untersucht, was eigentlich beim „natürlichen Sprechenlernen“ die Erwachsenen dazu beitragen, dass Kinder die Sprache erlernen. Was also passiert beim natürlichen, beim Alltagslernen von Sprache? Das Sprechenlernen soll hier für alle anderen Lernprozesse stellvertretend behandelt werden.

So resümiert Peterson (2004) in seinem Überblicksartikel zur Sprachentwicklung von Risikokindern, dass man in unstrukturierten Alltagssituationen sprachlich mit einem Kind wirksam interagieren kann, wenn man über das, was passiert, mit dem Kind spricht. Man hat in solchen Alltagssituationen eine gemeinsame Realität und verbalisiert diese als Erwachsener dem Kind gegenüber (incidental teaching). Des Weiteren hat man die korrekte Verbalisierung vorgemacht, am besten im Handlungsvollzug (modeling). Erwachsene haben vom Kind auch eine korrekte Verbalisierung eingefordert, d. h. sie haben gewartet oder eine Aufforderung an das Kind gerichtet, zu sagen, was es will (manding). Sie haben ihre Reaktionen verzögert, bis das Kind diese Verbalisierung auch tatsächlich geliefert hat (time delay). Und sie haben situationsorientiert und anlassbezogen gesprochen und mit dem Kind geredet, so dass es eine typische, für die jeweilige Realität angemessene Sprache erwerben konnte (milieu language). In vielen Effektivitätsstudien ist das „natürliche Lernen“ gegenüber einer Kontrollgruppe mit einem geplanten Sprachlernprogramm besser gewesen. Das „natürliche Lernen“ zeigte bessere Verallgemeinerungseffekte und mehr Transfer als eine enge und strukturierte Förderung (discrete trial).

Diese Erkenntnisse wurden auch schon in den 1970er Jahren in Deutschland verbreitet. So schreiben Baumgartner, Günther und Valtin (1978): „… einer sprachlich vermittelten Aufgabenstellung durch den Erzieher muss die tatsächliche Handlungsausführung im Zusammenhang mit der Sprechtätigkeit der Kinder folgen“ (S. 351), und an anderer Stelle: „… sprachfördernde Aktivitäten der Erwachsenen sind weitgehend unbewusste, im Prozess sozial emotionaler Interaktion mit dem Kind sich entfaltende Mechanismen“ (S. 349).

Eine gewisse Ablehnung von strukturierten Sprachförderungsprogrammen ist also empirisch gesichert. Oder anders ausgedrückt: Zum Sprechenlernen benötigt ein Kind keine Gruppe von Gleichaltrigen und schulähnlichen Programmen, sondern die sprachliche Interaktion mit Erwachsenen, die über ein vollgültiges Sprachverhalten verfügen und sich sprachlich auf das Kind einlassen. Daraus folgt zwingend, dass Kinder auch durch Zuhören und Beobachten lernen. Eine Gruppe Gleichaltriger ist hier nicht nötig, manchmal sogar gegenangezeigt (▸ **Kap. 4.4**). Am Beispiel der Sprachentwicklung kann man also zeigen, dass Sprache außerhalb von Gruppen im Elementarbereich gut gelernt werden kann – auch dann, wenn die Sprachentwicklung z. B. aus Milieugründen verzögert war.

4.3 Eine plausible Vermutung: Das Kind ist ein Cliquenwesen und kein Gruppenwesen

Das Vorschulkind ist nach dem, was man über die soziale Entwicklung von Kindern weiß, ein Cliquenwesen (vgl. die Definition von Gruppen und Cliquen in ▸ **Kap. 1**). Es ist am liebsten mit anderen zusammen, die es mag, am liebsten mit wenigen anderen, es wechselt am liebsten die Zusammensetzung in gewissen Zeitabständen, und es braucht ein Reservoir von anderen, um sein Cliquenbedürfnis zu befriedigen. Es benötigt demnach den Wechsel der Zusammensetzung von Cliquen: Wenn es mit den aktuellen Spielkameraden in der Clique Schwierigkeiten gibt, muss es die Möglichkeit haben, andere Spielkameraden zu finden. Das ist zunächst einmal eine Vermutung, die man aber mit empirischen Befunden plausibel machen, wenn auch nicht beweisen kann.

Beleg: Im Freispiel spielen Kinder in Cliquen

Solange es eine empirische Forschung zum Sozialverhalten kleiner Kinder gibt, etwa seit den 1930er Jahren in den USA, weiß man, dass Kinder in Freispielsituationen entweder allein oder zu zweit, seltener zu dritt und ganz selten in größeren Gruppen spielen (vgl. Strätz, 1992). Das hat sich von früher auf heute, von Europa nach Amerika oder Asien nicht geändert, es handelt sich um sog. anthropologische Konstanten, dass ein kleines Kind spontan zu sehr kleinen Grüppchen, die wir hier Cliquen nennen, neigt. Auch in vielen anderen empirischen Untersuchungen zeigt sich, dass Kinder im Freispiel im Alter von drei Jahren überwiegend parallel spielen mit einem Kind und sehr selten mit mehreren Kindern. Das zeigte sich in einer Untersuchung von 1933 (Green, 1933) ähnlich wie im Jahre 1977 (Schmidt-Denter, 1977). Im Jahre 1933 konnte man vor allen Dingen aufgrund der Anlage der Untersuchung sehen, dass bei den Dreijährigen das Alleinspiel noch deutlich dominierte (zum kindlichen Spiel und seinen Formen s. auch Hauser, 2013).

Eine Gruppe von 25 Kindern ist für jedes Kind mehr oder weniger eine kognitive und soziale Überforderung. Kinder können nur in kleinen Grüppchen, also in Cliquen spielen und lernen. Sie brauchen für ihre soziale Entwicklung vielleicht eine Handvoll anderer Menschen, aber keine Gruppe von 25 Kindern. Seit Jahrzehnten ist es deshalb auch üblich, dass nahezu jeder Kindergartenalltag einen recht hohen Freispielanteil hat. Warum? Man schafft durch das Freispiel Situationen, in denen Kinder ihre soziale Selbstorganisation in Cliquen auch tatsächlich realisieren können.

Beleg: Ein Spiel zu zweit ist sehr fruchtbar

Die Interaktion zu zweit ist für kleine Kinder im Kindergartenalter nicht nur die häufigste Interaktionsform, sondern zugleich auch ein starker Ansporn zur Steigerung der Soziabilität und Aufgabenorientierung. Eine Zunahme von koordinierter Interaktion ist zuerst in Zweierkontakten zu beobachten. Gruppen von fünf bis sieben Personen werden von kleinen Kindern meist nur als chaotisch erlebt, weshalb sie zugunsten kleinerer Cliquen wieder aufgelöst werden (vgl. Übersichten in Strätz, 1992, und Schmidt-Denter, 1977).

Beleg: Kinder präferieren in Befragungen Cliquen

In einer Studie von Nash (1981) konnte man erkennen, dass Kinder, wenn sie einen idealen Gruppenraum konstruieren sollen, die pädagogische Fachkraft in die Mitte platzieren und sich selbst um sie herum. Da Kinder wissen, dass auch noch andere Kinder da sind, blickt die Erzieherin/der Erzieher immer in abgetrennte Bereiche, in denen sich kleine Kindergrüppchen, also Cliquen aufhalten (▶ Kasten 9).

Kasten 9: Der ideale Gruppenraum aus der Perspektive von Kindern

Der US-Amerikaner Nash hat im Jahr 1981 zusammen mit Vorschulkindern einen idealen Gruppenraum konstruiert (▶ **Abb. 11**): Der Raum ist rund geworden, in der Mitte hält sich die pädagogische Fachkraft auf (center for the teacher), so dass sie von allen Aktivitätsabteilen gut gesehen werden kann bzw. selber gut hineinsehen kann. Die soziale Folge dieser Aufteilung sind kleine Untergruppen, Cliquen, die eine gemeinsame bzw. parallele Tätigkeit ausüben.

Beleg: Ältere Kinder präferieren ebenfalls Cliquen

Fragt man ältere Kinder, mit wie vielen sie bestimmte Tätigkeiten ausführen möchten (*N* = 1532, Sekundarstufe I; Dollase et al. 2000), dann wollen sie Folgendes (angegeben ist jeweils der Modalwert/Modus, der Wert mit der größten Häufigkeit):

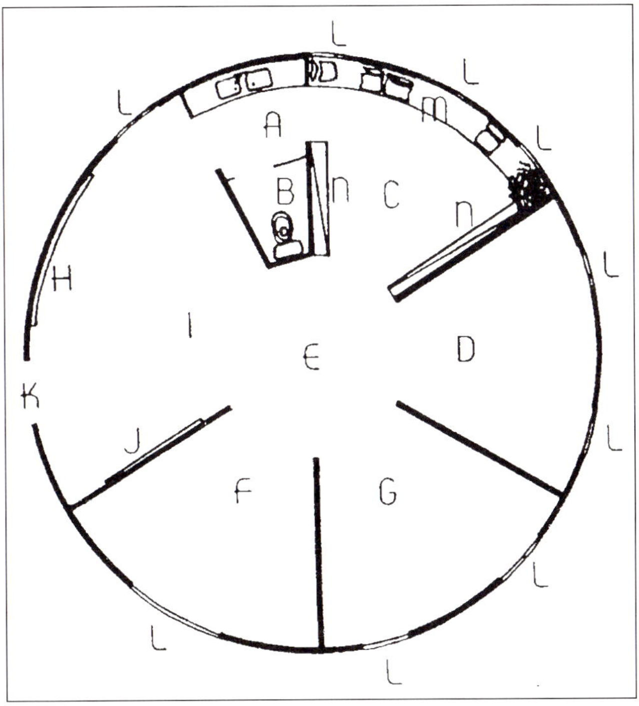

Abb. 11: Entwurf eines von Vorschulkindern zusammen mit einem Architekten entwickelten idealen Gruppenraumes (aus Nash, 1981).
A: Waschgelegenheit; B: WC/Bad; C: Bücherecke; D: Sachkundematerialien; E: Platz für pädagogische Fachkraft; F: Platz für besondere Projekte bzw. Besucher; G: Spielecke, H: Tafel; I: Gemeinschaftsecke; J: Mitteilungstafel; K: Eingang; L: Fenster; M: Kuschelecke; N: Regale für Bücher

- *Vier*: in der Pause in der Schule mit vier anderen,
- *Vier*: beim Kinobesuch mit vier anderen,
- *Vier*: bei der Gruppenarbeit in der Schule mit vier anderen zusammen sein,
- *Fünf*: fünf Freunde/Freundinnen haben und
- *Drei*: ihre Freizeit mit drei Personen verbringen.

Auch hier erkennt man die Tendenz zu kleinen Cliquen bzw. Grüppchen. Viele kleine Kinder spielen allein oder zu zweit, weniger zu dritt bis maximal zu fünfen. Diese Befunde sind seit Jahrzehnten konstant. Wenn es denn eine natürliche, eine universale Gruppengröße gibt, dann liegt diese innerhalb der Kontaktkapazität von Kindern – d. h. so gut wie nie über fünf Personen.

Beleg: Erwachsene gruppieren sich in freien Raumsituationen in Cliquen

Man könnte noch weiter gehen und fragen, ob man diese Vorliebe für kleine Cliquen auch bei Erwachsenen in frei gewählten Situationen feststellen kann. Ja, in der Tat, jeder kann das beobachten, dass etwa ein selbst organisiertes Verhalten in der Pause zu einem Konzert oder auf Plätzen oder in Gaststätten immer so aussieht, dass der Mensch in kleinen Cliquen zusammensitzt oder -steht, manchmal allein, zu zweit, zu dritt, zu viert oder zu fünft. Gruppengrößen darüber hinaus fallen in der Öffentlichkeit bereits auf (z. B. als Kegelverein auf Ausflug). Wenn der Mensch die Freiheit hat, dann wählt er sich, egal welches Alter, keine 25er-Gruppe selbst aus.

Beleg: Soziometrische Strukturen zerfallen in Cliquen

Auch die soziometrische Forschung zeigt, dass Gruppen von 25 oder mehr Kindern häufig in kleinere Cliquen zerfallen. Das tun auch Gruppen mit 12 oder 15 Personen, auch diese sind zu groß, woraus man schließen könnte, dass die Präferenzen und auch die spontanen Gesellungen von Kindern eher auf maximal eine Handvoll anderer Menschen hinweisen (Dollase, 1974; 1976). Genaue Analysen des Spiels von Kindern in KiTas zeigen auch, dass Kleinstgruppen für kleine Kinder offenbar völlig normal sind und sie auch kognitiv nicht überfordern. Viele Kinder im Kindergartenalter spielen allerdings vornehmlich allein oder mit einem anderen, bereits eine dritte Person führt zu mehr Konflikten und macht die Kompromissfindung schwieriger (Dollase, 1976).

4.4 Was Lernen und Leben in einer Gruppe des Elementarbereichs so schwer macht

4.4.1 Analyse der durch Gruppen entstehenden Anforderungen an Kinder, Eltern und pädagogische Fachkräfte

Als Ziel pädagogischer Arbeit will man erreichen, dass Kinder lernen, miteinander auszukommen, dass sie Konflikte konstruktiv lösen können; und all die wünschenswerten sozialen Tugenden, die immer wieder ausführlich beschrieben werden; zum Beispiel Konfliktbewusstsein, Frustrationstoleranz, Kompromissfähigkeit, Durchsetzungswille und -fähigkeit, Artikulationsfähigkeit, Kontaktfähigkeit, soziale Sensibilität, Akzeptieren von Andersartigem, Entschlussfähigkeit, Kooperation und Solidarität.

Diesen hochgesteckten Zielen steht die Großgruppenerziehung als Gegenspieler gegenüber, die Hindernisse und Hürden in den Weg stellt und damit sozialerzieherische Bemühungen konterkariert. Der ökonomische Zwang zur Großgruppe verursacht neue Probleme – das ist ein klassisches Beispiel für eine „problemproduzierende Problemlösung".

Für eine optimale Gruppenführung kommt es darauf an, diese Nachteile zu kennen, um entsprechend darauf zu reagieren. Deuten wir die Ergebnisse zur Entwicklung des Sozialverhaltens von Kindern so um, dass wir die spontanen Präferenzen der Kinder als Hinweis auf den Idealzustand nehmen und Konflikte und gewaltsame Auseinandersetzungen als Indikatoren für unbefriedigende Sozialformen begreifen, ergibt sich ein recht deutliches Bild:

- Kleine Kinder sind insbesondere für Kleinstgruppen, deren Mitglieder durch spontane Beziehungen miteinander verbunden sind (sogenannte Cliquen), geeignet.
- Flüchtige Interessen- und Freundschaftsgruppen müssten deshalb gefördert werden.
- Jedes einzelne Kind muss bei Konflikten oder drohender Außenseiterrolle die Möglichkeit des Ausweichens auf andere Kinder haben.
- Ein jederzeit möglicher Kontakt zur erwachsenen Bezugsperson ist bei Vorschulkindern pädagogisch und psychologisch notwendig.
- Raum und Material müssen in weitaus höherem Ausmaß als heute üblich zur Verfügung gestellt werden, damit die „Pferchungsnachteile" und „Verknappungskonflikte" der Großgruppe gemindert werden. Die ökopsychologische Forschung zeigt allerdings in der Regel keine übermäßig dramatischen Verschlechterungseffekte in Bezug auf Dichte, Enge und Materialverknappung (Dollase, 1979; Schultz-Gambard, 1978).

4.4.2 Ein Gedankenexperiment: Der Unterschied zwischen Bildung, Betreuung und Erziehung von zwei Kindern gegenüber einem Kind

Zur Verdeutlichung der Anforderungen der Gruppe an die Fähigkeiten der pädagogischen Fachkraft zur Gruppenführung sei ein Gedankenexperiment (vgl. Dollase, 2012) angeregt: Was ändert sich, wenn man statt nur einem Kind auf einmal zwei simultan betreuen und erziehen soll? Wir nehmen zunächst einmal die Perspektive der erwachsenen Bezugsperson ein:

1. Die individuelle Aufmerksamkeit und Zuwendung der pädagogischen Fachkraft muss geteilt werden: Pro Kind bleibt weniger Zeit für den individuellen Kontakt zur Bezugsperson.
2. Ansprache und Erziehungsmethoden können von Kind zu Kind unterschiedlich sein: Was beim einen Kind wirksam ist, versagt beim anderen.
3. Für gleiche Erziehungs- und Betreuungsergebnisse muss bei zwei Kindern entsprechend mehr Zeit aufgewendet werden.
4. Es muss mehr Material zur Verfügung stehen, damit zwei Kinder so intensiv wie eines spielen können.
5. Die individuelle Rücksichtnahme wird erschwert: Bei einem Kind kann man pädagogische Ausnahmen machen, ab zwei tritt ein Zwang zur Gerechtigkeit auf, d.h. das einzelne Kind kann nicht so optimal behandelt werden, wie es unter Umständen nötig wäre. Alle Maßnahmen und Regeln müssen für beide gelten.
6. Das Verhalten einem Kind gegenüber wird vom anderen beobachtet. Dadurch kann es zu unbeabsichtigten Nebenwirkungen kommen. Der Tadel einem Kind gegenüber kann das Verhältnis zu einem anderen trüben, obwohl dieses Kind gar nicht angesprochen wurde, sich aber angesprochen fühlt.
7. Die Kinder vergleichen sich untereinander, sie werden neidisch aufeinander, erkennen ihre Unter- oder Überlegenheit, verändern ihr Selbstkonzept (nicht immer nur zum Vorteil), Unarten werden vom anderen nachgeahmt usw.

8. Die Kinder entwickeln Beziehungen zueinander, sie mögen sich oder auch nicht. Sie haben miteinander Konflikte, die sie längst nicht alle allein oder gar in der pädagogisch erwünschten Art lösen können, weshalb die pädagogische Fachkraft Hilfen anbieten muss.
9. Je nach Art der Beziehung der Kinder untereinander wirken erzieherische Methoden anders. Zum Beispiel ist Lob an beide, wenn sie sich nicht leiden können, nur halb so wirksam, weil das andere Kind auch gelobt wurde.

Diese Auflistung erhebt keinen Anspruch auf Vollständigkeit. Ganz allgemein wird jedoch deutlich: Die Komplexität und die Eigendynamik der Situation nimmt bereits zu, wenn man statt einem Kind nun zwei zu erziehen hat. Je mehr Kinder hinzukommen, umso deutlicher und verschärfter treten die oben genannten Herausforderungen und Probleme auf.

Aus diesem Gedankenexperiment für eine Zweiergruppe kann man eine Reihe von erhöhten Anforderungen, die mit der Leitung oder Betreuung von Gruppen im Elementarbereich verbunden sind, ableiten:

1. Es gibt viele simultane Prozesse, die sowohl genau beobachtet werden müssen als auch gesteuert werden sollten.
2. Es gibt komplizierte Beziehungsstrukturen zwischen den Mitgliedern einer Gruppe. Kinder können sich untereinander nicht leiden oder empfinden eine besondere Sympathie füreinander. Die Gruppe teilt sich auf in kleinere Sympathie-Cliquen.
3. Alles, was eine pädagogische Fachkraft macht und einem Kind gegenüber tut, muss verallgemeinerbar sein, sonst erwecken die Regeln, die sie setzt, den Eindruck, subjektiv und ungerecht zu sein.
4. Leerlauf und Unachtsamkeit steigen mit zunehmender Gruppengröße.
5. Die gegenseitigen Störungen und Konflikte zwischen den Kindern werden mit zunehmender Gruppengröße häufiger. Es fehlt möglicherweise an Spielzeug und Spielgerät, und die Knappheit dieser Beschäftigungsmittel führt mit großer Wahrscheinlichkeit zu mehr Konflikten.
6. Eine Gruppe zwingt den Erwachsenen zu Kurzkontakten, da er sich mit vielen gleichzeitig beschäftigen muss.
7. Eine bedürfnisgerechte und auf das einzelne Kind zugeschnittene individualisierte Reaktion ist in einer Gruppe schwieriger.

Natürlich kann die Situation mit mehreren Kindern auch Vorteile für den betreuenden Erwachsenen haben:

1. Vielen Kindern macht es Spaß, unter ihresgleichen zu sein. Das gemeinsame Spiel macht den meisten Kindern große Freude, und für die pädagogische Fachkraft ist die Rolle als Erwachsener weniger gefragt, das entlastet sie.
2. Die Zweiergruppe kann auch wünschenswerte Entwicklungen fördern, stecken doch in der Gemeinsamkeit Chancen, die man zur Bewältigung von Konflikten und zur Erreichung pädagogischer Ziele nutzen kann. Die pädagogische Fachkraft wird als Erwachsene durch Prozesse zwischen Kindern in ihrer Arbeit unterstützt.

3. Kinder können sich untereinander helfen, etwas erklären und sich gegenseitig pädagogisch positiv beeinflussen und motivieren. Das ist wiederum eine Entlastung des Erwachsenen.
4. Sie können bestimmte soziale Erfahrungen machen, die man ihnen als Erwachsener nicht beibringen kann wie z. B. Verhandlungen unter Gleichrangigen. Das ist ebenfalls eine Unterstützung der pädagogischen Arbeit.
5. Sie gewöhnen sich an das Kollektiv. Später, in der Schule, haben sie dann schon Erfahrungen mit bestimmten Verhaltensformen und Enttäuschungsquellen und leiden dann weniger darunter.
6. Die Kinder könnten zu zweit ein Gemeinschaftsgefühl entwickeln und sich gegen den betreuenden Erwachsenen solidarisieren, gemeinschaftlich ihre Interessen vertreten – ein wichtiges soziales Lernziel wird dadurch erreicht, auch wenn es nicht jedem Erwachsenen recht wäre.

Entscheidend für die Argumentation ist aber, dass die Vor- und Nachteile der Gruppe schon in Kleinstgruppen wie einer Zweiergruppe wirksam werden und dort von einer erwachsenen Bezugsperson noch leicht bewältigt werden können. Großgruppen von 25 Kindern jedoch potenzieren die Probleme derart, dass der sozialerzieherische Anspruch oft nicht mehr eingelöst werden kann.

4.4.3 Komplexität belastet – die Perspektive der Kinder

Gruppen – auch Zweiergruppen – stellen eine Art Komplexitätserhöhung für Kinder und Erwachsene dar. Aus der Sicht der Kinder ist die Komplexitätserhöhung von Spiel und Arbeit durch die Anwesenheit einer größeren Zahl anderer Kinder ebenfalls erheblich:

1. Kinder müssen Einschränkungen in der Wahl ihrer Beschäftigung und der freien Beweglichkeit im Raum verarbeiten.
2. Sie werden durch Materialmangel und durch Konflikte mit anderen frustriert.
3. Sie müssen Bedürfnisbefriedigungen aufschieben können, oft sogar darauf verzichten.
4. Lärm und Konflikte müssen als Begleiterscheinung ausgehalten und verarbeitet werden.
5. Einige Kinder müssen zu einem erheblichen Teil ungünstige soziale Positionen, dauerndes Verlieren und Außenseiterrollen erdulden.
6. Sie müssen erhebliche Leerlaufzeiten ertragen, die durch Unterforderung, Mangel an interessanter Tätigkeit, Behinderung durch andere Kinder, Unachtsamkeit der pädagogischen Fachkraft usw. entstehen.

In großen Gruppen geht die „Signalkontinuität" für die Kinder häufiger verloren, d. h. die kontinuierliche Führung eines Kindes durch angemessene Beschäftigungssignale und -impulse, die von Material, anderen Kindern oder der pädagogischen Fachkraft ausgehen. Die fehlende Signalkontinuität ist die gravierendste Ursache für Fehlverhalten und mangelnde Mitarbeit von Kindern und wird eindeutig durch die zu großen Gruppen erzeugt (Kounin & Gump, 1974).

Schon in der zweiten Hälfte des 20. Jahrhunderts gab es Analysen der spezifischen Nachteile von Gruppen. So haben etwa die Autoren Jackson und Wolfson (1968) von verschiedenen Frustrationsquellen in Gruppen des Elementarbereichs berichtet, sogenannten Umwelteinschränkungen (*environmental force units* (EFU); vgl. Berk, 1971):

1. Der Wunsch eines Kindes wird durch den Wunsch eines anderen Kindes beeinträchtigt. Beide wünschen zum Beispiel, auf der Schaukel zu sitzen, und nur ein Kind kann dort schaukeln.
2. Der Wunsch eines Kindes wird frustriert durch die Erwartung der pädagogischen Fachkraft. Diese erwartet Aufmerksamkeit oder einen Wechsel der Beschäftigung, was das Kind im Augenblick nicht möchte.
3. Die Gruppe kann den Wunsch eines Kindes ohne Absicht behindern. Weil es so viele Kinder sind, muss man hin und wieder warten, einen Wunsch nach Tätigkeiten zurückstecken, den Ärger über Gedränge ertragen etc.
4. Der Wunsch eines Kindes kann mit den institutionellen Regeln und Vorschriften in Konflikt geraten und frustriert werden. Man kann die Einrichtung nicht verlassen, man möchte gerne bei der Großmutter bleiben, aber das ist jetzt nicht möglich, das Kind muss warten, bis es abgeholt wird.
5. Der Wunsch eines Kindes kann auch an der eigenen Inkompetenz scheitern. Ein Kind möchte im Sandkasten eine U-Bahn bauen, aber der Sand fällt in sich zusammen, und der begonnene Tunnel kann nicht fertiggestellt werden.
6. Der Wunsch eines Kindes nach Beantwortung einer Frage wird dadurch frustriert, dass die pädagogische Fachkraft nicht bemerkt, dass das Kind eine wichtige Frage hat. Die pädagogische Fachkraft kann es nicht merken, weil es so viele Kinder in der Gruppe gibt, die alle einen besonderen Wunsch haben.
7. Der Wunsch eines Kindes kann dadurch frustriert werden, dass es Umweltbegrenzungen gibt, d.h. zum Beispiel einen Bereich, in dem das Kind nicht spielen darf.

Diese Enttäuschungsquellen sind nicht alle direkt auf die Gruppe bezogen, sondern auch auf die Umwelt der Einrichtung im weitesten Sinne. Das verweist darauf, dass Kinder auch im Elementarbereich von Anfang an eine Menge nichtsozialer Frustrationen ertragen müssen. Ohne Frustration ist Leben und Entwicklung nicht möglich.

Das Ertragen von Frustrationen ist in der Natur übrigens genauso typisch wie im menschlichen Leben. Auch hier gilt: Tiere generell müssen eine erhebliche Frustrationstoleranz entwickeln, um ihre Existenz sichern zu können. Nicht jeder Versuch, eine Fliege zu fangen, gelingt dem Vogel, nicht jedes Scharren fördert Körner zutage. Dieser Hinweis ist notwendig, damit nicht der falsche Glaube genährt wird, als sei ein Leben ohne Enttäuschung, Herausforderungen und Frustrationen denkbar. Die Frage ist: Wie viel davon darf man einem kleinen Kind zumuten? Auch in der Natur opfern sich die Elterntiere bei Nesthockern erheblich für ihren Nachwuchs auf und versuchen, allzu starke Frustrationen vom Nachwuchs fernzuhalten.

Gemeinhin bemitleidet man Eltern, die Zwillinge bekommen haben, weil sie jetzt alles doppelt machen müssen. Niemand bemitleidet etwa pädagogische

Fachkräfte, die für 25 Kinder gleichzeitig Bezugsperson sein müssen. Männliche Kollegen fühlen sich gestresst, wenn zu Hause Kindergeburtstag ist (wo sechs bis sieben verschiedene Kinder auf einmal in der Wohnung feiern), weil sie das nicht aushalten, und sie flüchten dann in dienstliche Konferenzen. Eine Milderung der Nachteile der kollektiven Erziehung, Bildung und Betreuung ist dringend notwendig.

4.4.4 Die wünschenswerten Gruppengrößen und Erzieherin-Kind-Relationen

Nachteile zu großer Gruppen sind so lange in der Wissenschaft bekannt, dass es schon vor vielen Jahren Vorstellungen gab, wie die ideale Gruppengröße beschaffen sein sollte. Ich zitiere aus einer Zusammenstellung, die Voelker (1973) gemacht hat und die ich selbst (Dollase, 1979) um einige Angaben aus der Literatur ergänzt habe.

Zunächst ein Beispiel aus den 1970er Jahren: In der Erzieherumfrage der Projektgruppe Kleinkindforschung (Schmalohr et al., 1974, S. 39ff.) wurde sowohl nach der idealen, nach der höchsten bzw. niedrigsten Gruppengröße im Elementarbereich gefragt. Die in der Praxis tätigen Kindergarten- bzw. Vorklassenerzieher sahen als ideale Gruppengröße mit überwiegender Mehrheit (über Dreiviertel) eine Größe von 15 Kindern und darunter an. Als geringste sinnvolle Größe 10 und weniger (von rund zwei Dritteln genannt) und als maximale Gruppengröße den Wert von 20 und weniger Kindern an (ebenfalls von rund zwei Dritteln genannt). Diese Ergebnisse lassen sich wie folgt zusammenfassen: Viel weniger als zehn Kinder sollten es nicht sein, ideal sind 15 Kinder, mehr als 20 sind schlecht. Diese Ergebnisse wurden bereits 1971 ermittelt.

Die idealen Gruppengrößen gelten auch unter Berücksichtigung der Tatsache, dass nicht alle Kinder gleichzeitig in der Gruppe sind. Es gibt nämlich tageszeitliche und wöchentliche Schwankungen der Präsenz der Kinder in der Einrichtung (vgl. Milbach & Dollase, 1981). Es ist sinnvoll, auch wenn man nur eine 10er-Gruppe hätte, dass manchmal auch weniger da sind, weil man dann gerade individualisiert arbeiten kann. Anfang der 1970er Jahre haben z. B. die Gewerkschaft die Gruppengröße auf 16, die Caritas auf 12, der Deutsche Bildungsrat auf 12 bis 15, die UNESCO auf 8, der Freiburger Modellkindergarten auf 15 festgelegt. In der Literatur galt 1966 bei Hut und Vaizey (1966) eine Gruppengröße von 6 als klein, eine von 15 als groß, genauso wie bei McGrew (1970): 8 bis 10 Kinder in einer Gruppe galt als kleine Gruppe, 16 bis 20 als große Gruppe. Alle, die sich jemals damit beschäftigt haben, haben niedrige Gruppengrößen gefordert.

Schweinhart und Weikart (1986) haben im Anschluss an eine Evaluation der Langzeitergebnisse des Head-Start-Programms gefordert, dass die Erzieherin-Kind-Relation 1 : 10 betragen sollte, dass maximal aber 20 Kinder in einer Gruppe sein sollen. Noch peinlicher für die bundesdeutsche Bildungslandschaft ist, dass ein internationales Gremium, darunter auch Fachleute aus Entwicklungsländern, die WHO-Kriterien für qualifizierte Vorschuleinrichtungen (1991) u. a. wie folgt festgelegt haben: Unabhängig vom Erzieherin-Kind-Verhältnis sollte die

Gruppengröße nicht größer als 24 sein, und unabhängig von der Gruppengröße sollte das Erzieherin-Kind-Verhältnis nicht größer als 1 : 15 sein. Wenn man beide Empfehlungen zusammenfasst, ergibt das 2 Personen für 24 Kinder und ein Erzieherin-Kind-Verhältnis von 1 : 12. Das sind Standards, die auch für Entwicklungsländer gelten sollten.

Heute pendeln sich die Größen international bei rund 20 bis 25 ein, was allerdings ebenfalls keine natürliche Grenze darstellt, sondern einen Kompromiss aus finanziellen Möglichkeiten und Erfordernissen kleiner Kinder darstellt. Größe und Organisation von Kindergartengruppen, ebenso wie von Schulklassen, wurden ständig in Abhängigkeit von den ökonomischen Möglichkeiten variiert. Die Frage der Eignung einer bestimmten Gruppengröße für die soziale Entwicklung von Kindern wurde dabei nicht gestellt. Man könnte auch die Ansicht vertreten, dass eine Gruppe von 40 oder gar 100 Kindern noch mehr Möglichkeiten zum sozialen Lernen bietet als eine Gruppe von 20 oder 15. Es fehlt Forschung zur „Naturkonstanten" der Gruppengröße, die einen sozialen Schutzfaktor darstellen könnte.

Ein Ausweg aus dem Dilemma geringer finanzieller Mittel für die Erfüllung pädagogischer Standards kann natürlich darin bestehen, dass man die Gruppengrößen weiterhin senkt. Allerdings wären Senkungen um ein bis zwei Personen viel zu gering, um wirkliche Vorteile zu bemerken. Wenn, dann müssten die Gruppen so stark verkleinert werden, dass sie nicht mehr finanzierbar wären. Folgerichtig haben auch Ingenkamp, Petillon und Weiß (1985) für Schulklassen nachgewiesen, dass eine Senkung der Gruppengröße im finanzierbaren Rahmen zu kaum messbaren Effekten in den Leistungen von Kindern und Jugendlichen führen. Dieses Ergebnis ist teilweise fehlinterpretiert worden, dass eine Senkung der Gruppengröße generell keine Effekte ergeben würde. Ingenkamp und Kollegen (1985) haben aufgrund einer Zusammenschau internationaler Literatur gezeigt, dass bei einer Schulklassengröße zwischen 20 und 30 Kindern nicht viel passiert, d.h. die Kinder, die in Klassen mit 20 beschult werden, sind vergleichbar gut oder schlecht wie Kinder, die in Schulklassen mit 30 unterrichtet werden. Wer das Buch genauer liest, entdeckt allerdings, dass sich die Vorteile einer Reduzierung der Gruppengröße erst unterhalb dessen bewegen oder entfalten, was kein Staat finanzieren will: etwa 15 Kinder und weniger. Wer Qualität will, muss die Gruppengröße derartig verkleinern, damit die pädagogische Qualität einer pädagogischen Fachkraft überhaupt erst richtig wirksam werden kann. In Hattie (2009; 2011) wird die Effektstärke (▶**Kap. 2**) für die Klassengröße im üblichen Rahmen allerdings doch mit $d = 0.21$ angegeben, etwa so stark oder schwach wie die Methode des „team teaching" mit $d = 0.19$, aber weit unter dem „hinge point" von $d = 0.40$. Das ist die Größe von Effekten, die auch durch den normalen Entwicklungsprozess und durch Unterschiede im Lehrerverhalten, also durch keine besondere pädagogische Maßnahme erreicht werden kann. Das muss aber nicht davon abhalten, kleinere Gruppen zu fordern: Die drastische Reduzierung (und nicht eine kosmetische) ist wirksam. Ein oder zwei Kinder mehr oder weniger machen für die Qualität nichts aus.

Wenn durch eine Verkleinerung ein positiver Effekt entstehen soll, so muss die Reduzierung der Gruppengröße drastischer ausfallen, d.h. es dürften am Ende

Gruppen in der Größe von sieben bis acht Personen übrig bleiben. Doch dieser Weg ist durch die knappen Kassen versperrt bzw. durch den Unwillen der Gesellschaft, noch weitere Finanzen in die Ausbildung ihrer Kinder und Jugendlichen zu investieren. Darüber hinaus dient der internationale Vergleich als letztendliche Maßstabsgröße. Daher bleibt als Ausweg nur, einen geschickten Umgang mit den zu großen Gruppen zu fordern.

Widmen wir uns zunächst dem ersten Punkt. Eine OECD-Studie zum Elementarbereich (2004) hat gezeigt, dass Deutschland zusammen mit England weit überdurchschnittliche Gruppengrößen hat (bezogen auf pädagogische Fachkraft-Vollzeitäquivalente).

Auch eine Studie, die in Deutschland wenig bekannt ist, die sog. Tennessee-Studie (Mosteller, 1995), hat auf angemessene wissenschaftliche Weise verdeutlicht, dass dringend eine Verringerung der Gruppengröße erforderlich ist. In dieser Studie wurde der Einfluss kleiner (14 bis 17 Kinder) und großer (22 bis 27 Kinder) Gruppen im Verlauf von drei Jahren (letztes Kindergartenjahr, erstes und zweites Schuljahr) unter drei Experimentalbedingungen untersucht: 1) Gruppen von 14 bis 17 Kindern, 2) Gruppen von 22 bis 27 Kindern mit *einer* Erzieherin/Lehrerin, 3) Gruppen von 22 bis 27 Kindern mit einer Erzieherin/Lehrerin *und* einer Zweitkraft. Das Ergebnis ist dramatisch und sollte möglichst bald auch in Deutschland zu einem radikalen Umdenken führen: Noch nach neun Jahren zeigten die Kinder, die in einer 14er- bis 17er-Gruppe betreut wurden, deutliche Vorsprünge in den Leistungsfächern (Mathematik, Lesen und Schreiben) vor den Kindern der beiden anderen Gruppen. Interessant ist, dass sich die beiden anderen Experimentalgruppen (22 bis 26 mit *einer* Lehrkraft im Vergleich zu 22 bis 26 mit *zwei* Personen) in der Leistung *nicht* unterschieden.

An den Ergebnissen ist eigentlich nicht überraschend, dass man noch nach Jahren für die Kinder aus den kleinen Gruppen deutliche schulische Leistungsvorsprünge feststellen konnte. Überraschend ist, dass die beiden Kontrollgruppen sich in den langfristigen Auswirkungen nicht unterschieden. Obwohl in der einen Kontrollgruppe zwei Erwachsene mit 25 Kindern ein sogenanntes „Team Teaching“ machten, hat dies nicht zu Leistungsvorsprüngen geführt. Was muss man daraus schließen? Augenscheinlich, dass für die Kinder *die Größe der Gruppe entscheidend* ist und nicht unbedingt die Zahl der Erwachsenen, die in einer großen Gruppe gemeinsam arbeiten. Gruppenteilung bei zwei pädagogischen Fachkräften ist also zu wünschen (wenn es die Raumsituation zulässt).

Wichtig ist also, dass die Gruppen klein werden. Jeder, der eigene praktische Erfahrungen im Elementarbereich hat, weiß, wie segensreich kleine Gruppen sein können. Es ist fast müßig, darauf hinzuweisen, was alles besser werden kann: Man kann besser individualisieren, man kann eine bessere Bindung zu den Kindern aufbauen, man weiß besser über sie Bescheid, man kann mehr Kindern Impulse geben, es wird kein Kind übersehen usw.

Wenn kein Geld da ist, um die Gruppen zu verkleinern, hilft der internationale Vergleich bzw. die internationale Vereinbarung. Das Kinderbetreuungsnetzwerk der Europäischen Union hat 1996 folgende Richtlinien als Standard vorgegeben.

Tab. 4: Bekannte und immer wieder geforderte Gruppengrößen im Elementarbereich (u. a. European Commission Network on Childcare and Other Measures to Reconcile the Employment and Family Responsibilities of Men and Women, 1996, paper 3, S. C 27)

Pädagogische Standards für die Gruppengröße	Alter der Kinder	Gruppengröße
US-amerikanische Standards (1992)	unter 12 Monate	6 Kinder
	13 bis 30 Monate	8 Kinder
	31 bis 35 Monate	10 Kinder
	36 bis 48 Monate	14 Kinder
	49 bis 60 Monate	16 Kinder
Kinderbetreuungsnetzwerk der EU (1996)	unter 12 Monate	4 Kinder
	13 bis 23 Monate	6 Kinder
	24 bis 35 Monate	8 Kinder
	36 bis 71 Monate	15 Kinder

Viernickel und Kolleginnen (2013) machen darauf aufmerksam, dass die Politik mit unterschiedlichen Zahlen für den „Erzieherin-Kind-Schlüssel", den „Personalschlüssel" und die „Fachkraft-Kind-Relation" operiert. So kann man beispielsweise darüber streiten, ob die letzten beiden Werte (Personalschlüssel und Fachkraft-Kind-Relation) auf den Erzieherin-Kind-Schlüssel angerechnet werden. Ein Teil des Personals ist nämlich vom Kontakt mit dem Kind direkt freigestellt, weil Verfügungszeiten, Beratungs- und Führungszeiten dem pädagogischen Kontakt mit dem Kind verlorengehen.

Man kann diese Relativierung noch weiter treiben. In einer eigenen Untersuchung in einem niedersächsischen und einem nordrhein-westfälischen Landkreis wurden die Erzieherinnen danach gefragt, wie sich ihre Arbeitszeit auf verschiedene Aufgabenbereiche verteilt: Kinder, Eltern, Organisation und Verwaltung, Themen und Leitung, Träger. Die Ergebnisse sind in ▸ **Abb. 12** dargestellt.

Nur rund 46 % der Zeit verwendeten die Erzieherinnen nach eigenem Eindruck für die Kinder. Elternarbeit ist pädagogisch sehr wichtig, aber ob rund 14 % für Organisation und Verwaltung verwendet werden müssen, dürfte fraglich sein. Man könnte sich auch vorstellen, dass Erzieherinnen von Verwaltungsaufgaben freigestellt werden, damit sie ihre Arbeitszeit vollständig den Kindern widmen können. Auch die Frage, ob man für „Team und Leitung" ebenfalls rund 15 % der Zeit verwenden muss, könnte man anzweifeln.

Wer anspruchsvolle Ziele für die Arbeit in den KiTas einfordert, wie das zum Teil nach PISA in der Bundesrepublik geschieht, der muss zuallererst die Rahmenbedingungen für das Erreichen dieser anspruchsvollen Ziele schaffen. Dazu gehört neben der drastischen Reduzierung der Gruppenstärke in den KiTas die Verbesserung des Erzieherin-Kind-Schlüssels. Wer eine qualifizierte Erziehung und Bildung mit kleinen Kindern haben will, muss auch die Vorbereitungszeit auf die pädagogische Arbeit in Rechnung stellen. Des Weiteren muss er auch einen administrativen Anteil für eine hochqualifizierte Arbeit berücksichtigen. Jeder Büromensch

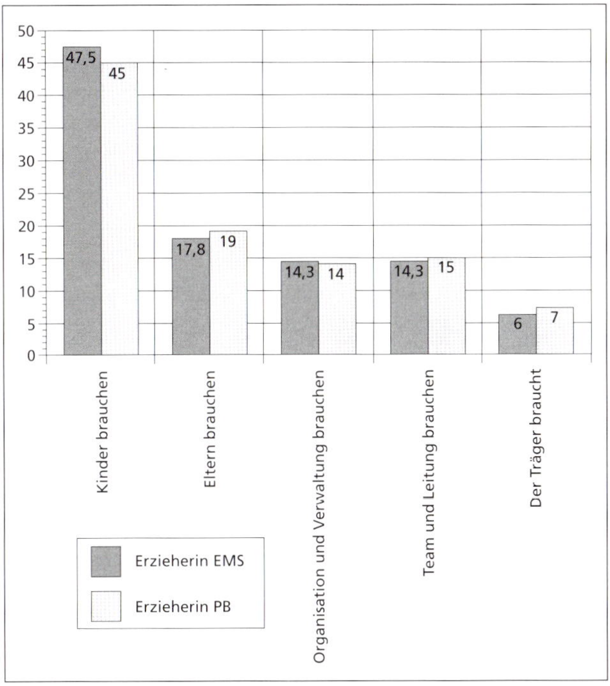

Abb. 12: Subjektive Prozentschätzung von Erziehern/Erzieherinnen im Emsland ($N = 155$ im Jahr 2010) und im Kreis Paderborn ($N = 153$ im Jahr 2011) zur Frage „Von Ihrer gesamten beruflichen Anstrengung und Energie – wie viel davon verbrauchen Kinder, Eltern, Organisation und Verwaltung, Team und Leitung, Träger und Öffentlichkeit?"

würde *während* seiner Arbeitszeit dafür Sorge tragen, dass er genügend Papier hat, dass sein Computer mit der neuesten Software läuft usw. Aber bei Lehrerinnen/Lehrern oder Erzieherinnen/Erziehern kommt offenbar keiner auf die Idee, dass solche administrativen Arbeiten oder Vorbereitungszeiten Teil der Arbeitszeit sind. Aus diesen Gründen folgt, dass eine pädagogische Fachkraft nicht während ihrer gesamten Arbeitszeit mit qualitativ hochwertiger Erziehung, Bildung und Betreuung beschäftigt sein kann. Sie braucht auch ausreichend Vorbereitungszeit und Administrationszeit.

Die Vorbereitung einer Kreativaktion in der KiTa
Ein kleines absurdes Beispiel: Für das Gestalten bzw. Malen der Kinder möchte eine Erzieherin ein Gipsbild machen. Hierzu braucht sie Gips, sie braucht Dachlatten, die zu Rahmen zusammengeschraubt werden, sie braucht bunte Steinchen und Scherben usw., die man in das Gipsbett einlegen kann, aus dem man Muster formen kann. Das ganze „Projekt" ist eine fachdidaktisch etablierte Idee zur Anregung von Phantasie, Förderung von handwerklichem Geschick usw. Selbst wenn diese Erzieherin die Kinder maximal intensiv in die Vorbereitung einspannt: Die Dachlatten zu

besorgen, die Dachlatten zu sägen und zusammenzuschrauben, die Materialien umsichtig bereitzustellen, das ist eine Aufgabe, die ein Erwachsener machen muss und erheblich Zeit kostet.

Entscheidend ist also, dass offizielle Zahlen oftmals mit der Realität vor Ort nicht übereinstimmen. Pädagogische Fachkräfte verwenden ihre Zeit nicht nur für die Kinder, sondern auch für Verwaltung und Teambesprechung, für Eltern etc., so dass von einer weiteren Personalaufstockung genauso geredet werden muss wie von einer Verkleinerung der Gruppen, damit die rein pädagogische Zeit größer wird. Es gibt also viele Gründe, darüber nachzudenken, warum große Gruppen für kleine Kinder offenbar nicht optimal sind.

4.4.5 Besondere Vorkehrungen für die Gruppenbetreuung von Krippenkindern

Von besonderer Brisanz ist die Gruppengröße und der Erzieherin-Kind-Schlüssel in Kinderkrippen, d.h. bei Kindern unter drei Jahren. Aus den Erkenntnissen der Entwicklungspsychologie zum sozialen Verhalten kleiner Kinder (▸ **Kap. 3**) wissen wir, dass deren Gruppenverhalten noch weniger entwickelt ist und die Kinder noch in einer Entwicklungsphase sind, in der sie eine sichere Bindung an erwachsene Bezugspersonen suchen und brauchen. Die sehr kleinen Kinder müssen also allmählich an die ungewohnte Situation gewöhnt werden.

Wie das aussehen kann, liest man z.B. in einem Faltblatt von Kindergärten und Krippen in Hannover. Die pädagogischen Fachkräfte dort haben die Eingewöhnungsphasen der kleinen Kinder wie folgt (in Anlehnung an das Berliner Eingewöhnungsmodell, ▸ Kasten 10) beschrieben:

1. Grundphase (Beobachtung und Kontaktphase): Mutter und Vater verbringen jeweils nur eine Stunde in der Einrichtung (ca. drei Tage).
2. Kooperationsphase: Sie beginnt, wenn das Kind kontinuierlichen Kontakt von der Bezugspädagogin einfordert, erste Trennung von familiärer Bezugsperson.
3. Stabilisierungsphase: Mutter, Vater und Kind akzeptieren die Betreuung durch die Bezugspädagogin.
4. Schlussphase: In dieser Zeit verfestigt sich die Beziehung zwischen Kind und Bezugspädagogin.

Man merkt an dieser Schilderung der Eingewöhnungsphase, dass es für die Kleinkinder in erster Linie darauf ankommt, mit der pädagogischen Fachkraft, die man hier mit Recht als „Bezugspädagogin" bezeichnet, eine Bindung einzugehen, weil dadurch dem entwicklungspsychologischen Bedürfnis nach erwachsenen Bezugspersonen Rechnung getragen wird. Die Orientierung an den Gleichaltrigen wird sich erst nach einer Eingewöhnungsphase an die erwachsene Bezugsperson allmählich und sehr langsam entwickeln.

Bekannt geworden und bewährt ist das „Berliner Eingewöhnungsmodell" vom Institut „infans" (Laewen, Andres & Hedervari, 1990; 2009). Gut daran ist, dass dabei die Bindungsbedürfnisse der kleinen Kinder ebenso berücksichtigt werden wie die individuellen Unterschiede und von vornherein damit gerechnet wird, dass einige Kinder sich mit der Anpassung an die Gruppe schwerer tun werden als andere.

Kasten 10: Das Berliner Eingewöhnungsmodell

Das Modell stammt vom „infans Institut" in Berlin, daher der Name. Das Programm nimmt auch die Erfahrungen der Krippenerziehung in der ehemaligen DDR auf. Dort hat man erhebliche Anpassungsstörungen der Kinder, die in eine Krippe oder einen Kindergarten eingetreten waren, festgestellt, wie z. B. erhöhte Erkrankungsraten, Gewichtsverlust und langanhaltende Entwicklungsverlangsamung. Auch neuere Studien konnten zeigen, dass durch die Begleitung von Bezugspersonen der Übergang und die Eingewöhnung in die Krippe bzw. Tageseinrichtung verbessert werden kann. Es empfiehlt sich unbedingt, die Originalliteratur zu lesen bzw. lieferbare DVDs anzuschauen (s. Laewen, Andres & Hédervári-Heller, 2007; 2011). Das Eingewöhnungsmodell besteht aus fünf Phasen und ist insgesamt von einer sehr großen Sensibilität für die Probleme der kleinen Kinder gekennzeichnet:

1. *Rechtzeitige Information der Eltern.* Hierzu gehört, dass den Eltern Einzelheiten des Eingewöhnungsprozesses deutlich und auch die Probleme verständlich gemacht werden, die ein Kind damit haben kann. Gleichzeitig soll vermittelt werden, dass die Eltern die Hauptbezugspersonen bleiben. Auch soll den Eltern eine eventuell vorhandene Trennungsangst genommen werden.
2. *Dreitägige Grundphase der Eingewöhnung.* In dieser Phase begleitet ein Elternteil das Kind in die Krippe und hält sich dort zusammen mit ihm für ein oder zwei Stunden auf. Die Eltern sollen sich in dieser Zeit eher passiv verhalten, also weder versuchen, das Kind zu unterhalten, noch mit anderen Kindern spielen und nach Möglichkeit auch nicht lesen oder stricken. Sie sollen auf keinen Fall das Kind drängen, sich von ihnen zu entfernen. Sie sollen es immer akzeptieren, wenn das Kind ihre Nähe sucht. Die Bezugsperson ist ein „sicherer Hafen" für das Kind. Während dieser Zeit kann die Erzieherin oder Tagesmutter versuchen, dem Kind Spielangebote zu machen. Eine Trennung in dieser Phase findet nicht statt.
3. *Vorläufige Entscheidung über die Dauer der Eingewöhnungszeit.* Diese fällt am vierten Tag. Der begleitende Elternteil unternimmt einen ersten Trennungsversuch, bleibt aber in der Nähe der Tür, nachdem er sich vom Kind verabschiedet hat. Falls dem Kind das nichts ausmacht, kann diese Trennungsepisode auf maximal 30 Minuten ausgedehnt werden. Falls das Kind tiefgreifende Verstörung zeigt, kehrt der begleitende Elternteil nach längstens drei Minuten in den Gruppenraum zurück. Je nach Reaktion des Kindes kann die begleitende Eingewöhnungszeit bis zu drei Wochen dauern. Hier kommt es auf sorgfältige Beobachtung des Kindes und Schulung der Erzieherinnen an, um den tatsächlich geleisteten Eingewöhnungsprozess des Kindes präzise zu diagnostizieren.
4. *Stabilisierungsphase.* Diese beginnt mit dem vierten Tag, und hier übernimmt die Erzieherin bzw. Tagesmutter zunächst im Beisein des Elternteils in zuneh-

mendem Maße die Versorgung des Kindes (füttern, wickeln usw.) und bietet sich als Spielpartnerin an. Allmählich wird die Eingewöhnungszeit verlängert, auch wird ein Abschiedsritual vereinbart, was dem Kind zumeist bei der Eingewöhnung hilft. Falls das Kind in dieser Phase die Trennung nicht akzeptiert und sich nicht beruhigen lässt, wird mit weiteren Trennungsversuchen bis zur zweiten Woche gewartet.

5. *Schlussphase.* In dieser Phase sind die Eltern jederzeit erreichbar, halten sich aber nicht beim Kind auf, aber z. B. auf dem Gelände der Einrichtung. Der Eingewöhnungsprozess kann abgeschlossen werden, wenn die Erzieherin als sichere Basis und Bezugsperson akzeptiert wird. Das merkt man daran, dass sich das Kind durch die „neuen" Bezugspersonen auch in kritischen Situationen beruhigen lässt.

In den ersten Wochen des Krippenbesuchs ist es notwendig, dass die Kinder nur halbtags die Einrichtung besuchen.

Wenn ein Kind nicht mehr protestiert oder nicht mehr weint, so bedeutet es nicht, dass es sich an die Gruppe gewöhnt hat. Weil von Seiten vieler Eltern, der Praxis und der Wissenschaft gewisse Vorbehalte gegenüber einer Krippenbetreuung formuliert wurden, gibt es mittlerweile eine Vielzahl von Untersuchungen, die den methodischen Ansprüchen an wissenschaftlichen Evaluationsstudien genügen, aus denen man einiges über das Erleben der Kleinkinder schließen kann.

Zu diesen Vorbehalten haben auch Studien etwa aus Frankreich beigetragen, in denen das Verhalten eines Kindes zu Hause mit dem Verhalten in der Krippe verglichen wurde (vgl. Bensel, 1991). Wie man in Tabelle 5 sehen kann, ist das Kind in der Krippe deutlich weniger expressiv, es äußert seine Gefühle nicht, sondern es ist stumm und lässt vieles mit sich geschehen. Die Frage ist dann, ob das Kind in solchen Zeiten, in denen es deutlich anders ist als zu Hause, nicht so etwas wie Stress erlebt.

In Tabelle 5 wird ein erstaunlicher Zusammenhang zwischen Verhaltensweisen zu Hause und in der Krippe deutlich. Man erkennt, dass das kleine Kind in der Einrichtung weniger Emotionen, Protest und Ungeduld zeigt als zu Hause. Das ist ein nicht unbekannter Zusammenhang auch im späteren Lebensalter: In der Gegenwart von freundlichen, nachgiebigen und liebevollen Menschen äußern auch ältere Kinder häufiger ihre Gefühle als in der Gegenwart von vielen anderen oder von Menschen, die diese Gefühle nicht wahrnehmen (können). Auch hier ist die pädagogische Bewertung sicherlich zwiespältig: Zeigen Kinder in der Krippe nur weniger Emotionen, oder haben sie auch weniger Emotionen? Lernen die Kinder in der Krippe, sich zu beherrschen, oder werden ihre Gefühle unterdrückt bzw. nicht beachtet, und was hätte das für Folgen? Und: Welche Bedeutung hätte es, wenn sie wie das Familienkind ihre Gefühle freimütig äußern würden, dadurch zwar als weniger „gut erzogen" erscheinen, aber dafür ihren Unmut und ihren Frust nicht unterdrücken müssten? Wichtig ist, noch einmal darauf

Tab. 5: Verhaltensweisen eines neunmonatigen Kindes zu Hause und in der Krippe

Alltagssituation	Verhalten zu Hause	Verhalten in der Krippe
Aufwachen	ruft	spielt für sich
Essenszeit	unruhig	keine Reaktion
Unterbrechung der Mahlzeit	weint	keine Reaktion
Bezugsperson kommt vorbei	schaut sie an	keine Reaktion
wird angezogen	nörgelt	lässt es über sich ergehen
Bezugsperson weigert sich, sie aufzunehmen	weint	akzeptiert es
Bezugsperson hindert sie daran, etwas zu nehmen	weint	akzeptiert es
Mutter bzw. Erzieher begrüßt sie	lacht	ist gleichgültig
Bruder bzw. anderes Krippenkind nimmt Kontakt auf	lacht	ist gleichgültig
zu Bett gehen	versucht, sich aufzurichten	keine Reaktion

Anmerkungen: Mit „Bezugsperson" ist in der Krippe die Erzieherin und zu Hause die Mutter gemeint. Wiederabdruck mit freundlicher Genehmigung aus Bensel (1991, S. 46).

hinzuweisen, dass es sich bei den beobachteten Verhaltensweisen in Tabelle 5 um *dasselbe* Kind handelt, d.h. wenn die Anforderungen durch Gruppe und Institution wegfallen, verhielt sich dieses Kind in einem privaten Kontext auch wieder anders.

In der Tat scheinen kleine Kinder, vor allen Dingen solche, die jünger als 25 Lebensmonate sind, Stress in der Krippe zu erleben. In der sogenannten „Wiener Kinderkrippenstudie" und der „Stendaler Tagesbetreuungsstudie" hat die renommierte Krippenforscherin Liselotte Ahnert (z.B. Ahnert, 2004; 2005) den Nachweis führen können, dass je mehr Krippenbetreuung ein Kind im Laufe einer Woche schon hinter sich gebracht hat, desto schlechter seine Stressverarbeitung wird. Insbesondere freitags – nach einer ganzen Woche in der Krippe – ist die Stressverarbeitung der Kleinkinder besonders ungünstig. Ein wichtiger stressrelevanter Einflussfaktor ist natürlich das Betreuungsverhältnis. Ein vorteilhafter Betreuungsschlüssel ging auch mit einem niedrigen Cortisolspiegel einher, ein Hormon, das als Indikator für Stress gilt. Deutlich günstigere Stressverarbeitung zeigten auch Kinder, die nur halbtags eine öffentliche Einrichtung besuchten. Man sollte diese Ergebnisse zunächst einmal unkommentiert lassen, bis weitere Replikationen und Ergebnisse zum Stresserleben von Krippenkindern vorliegen. Aber deutlich ist, dass für die Betreuung von Kindern unter drei Jahren auf einen günstigen

Betreuungsschlüssel geachtet werden muss, weil diese Kinder sich nicht an die Gruppe binden, sondern an die erwachsene Bezugsperson.

Kasten 11: Die NICHD Studie – die international bedeutendste Krippenstudie

Schon seit 1991 geistert eine amerikanische Studie durch die Diskussion um die Krippenerziehung: die sogenannte NICHD-Studie. Genaugenommen bedeutet das Akronym nur die Institution, die die Studie durchgeführt hat, nämlich das „National Institute of Child Health and Development". Zunächst hieß die Studie SECC („Study of Early Child Care") und dann bis heute SECCYD („Study of Early Child Care and Youth Development"). Es handelt sich um die vom Umfang her größte Studie zur längsschnittlichen Entwicklung von Krippenkindern. Zu Beginn der Untersuchung wurden 1364 Kinder und ihre Eltern untersucht, während der vier Phasen bis zum neunten Schuljahr reduzierte sich die Zahl der teilnehmenden Kinder auf 1009.

In Phase I wurden die Kinder von der Geburt bis zum dritten Lebensjahr, in Phase II vom Alter von 54 Monaten bis zum ersten Schuljahr, in Phase III vom zweiten bis zum sechsten Schuljahr und in Phase IV vom siebten bis zum neunten Schuljahr untersucht.

Erstaunlich ist die große Zahl von untersuchten Kenngrößen und Einflussfaktoren: In der ersten Phase wurden rund 50, in der zweiten rund 60, in der dritten rund 100 und in der vierten rund 70 verschiedene Variablen erfasst. Die Untersuchungen fanden mit Fragebögen und telefonischen Interviews, im Labor, zu Hause und zum Teil auch in der Klinik statt. Interessant ist auch, dass sowohl Befürworter als auch Gegner der Krippenbetreuung an dieser Studie mitgewirkt haben und alle Ergebnisse mit beiden Gruppen diskutiert und kommuniziert wurden. Es handelt sich also um eine methodisch sehr aufwändig und umsichtig gestaltete Studie. Die Finanzierung der Studie endete im Jahr 2009, die Daten werden aber interessierten Forschungsteams immer noch zur Verfügung gestellt, die spezifische Auswertungen damit durchführen dürfen. Exemplarische Ergebnisse werden im Text erläutert.

In gewisser Weise ist es bedauerlich, dass die Finanzierung nur bis zum Jahr 2009 gesichert war, in dem Jahr, in dem man zum ersten Mal auch Nachteile der Krippenbetreuung gefunden hatte, nämlich ein häufigeres Auftreten externalisierender Verhaltensauffälligkeiten bei den ehemaligen Krippenkindern im Vergleich zu den Nicht-Krippenkindern.

Wenn auch die NICHD-Studie besondere Aufmerksamkeit verdient, so dürfen auch andere Studien wie etwa EPPE („Effective Provision of Preschool Education") oder REBEY („Research in Effective Pedagogy in the Early Years") oder SPEEL („Study of Pedagogical Effectiveness in Early Learning") nicht vergessen werden. In diesen Studien konnten ebenfalls Belege für die Effektivität des sogenannten Alltagslernens gefunden werden. Dabei halten pädagogische Fachkräfte im freien Spiel kontinuierlich Ausschau nach Gelegenheiten, das Lernen der Kinder anzuregen und zu lenken, und sie nutzen Alltagsgelegenheiten, um das Kind zu fördern und zu bilden.

Für die alles entscheidende Frage nach den möglichen Schäden durch einen frühen Krippenbesuch ist vor allen Dingen ein Resultat wichtig: Sowohl die Familie

und die Qualität der familiären Betreuung als auch die Qualität der öffentlichen Kindertageseinrichtungen sind dafür wichtig. Familien oder Einrichtungen mit einer schlechten erzieherischen Qualität sind für kleine Kinder auf jeden Fall von Nachteil.

Seit einigen Jahren gibt es in den USA eine vielbeachtete Studie mit dem Akronym „NICHD" (▶ Kasten 11). In dieser haben Gegner und Befürworter eines weiteren Ausbaus der Krippenbetreuung gemeinsam eine umfangreiche Längsschnittstudie geplant und durchgeführt, bei der man die ehemaligen Krippenkinder mittlerweile schon bis in die Schulzeit hinein verfolgen kann. Ein fast selbstverständliches Ergebnis ist, dass Krippenbetreuung dann unschädlich ist, wenn sie qualitativ gut ist und wenn gleichzeitig auch das familiäre Umfeld günstig gestaltet ist. Kinder müssen gute Eltern und gute Krippen haben, dann macht die Gruppe keine Probleme. Ein Ergebnis irritiert allerdings und ist auch häufig zitiert worden: Erhöhte Werte an Aggressivität und Störungen im Unterricht werden im statistischen Mittel nur noch bei ehemaligen Krippenkindern festgestellt, nicht mehr bei Kindern, die durch Verwandte oder Tagesmütter individuell betreut wurden. Bei dieser Berechnung hat man andere relevante Einflussfaktoren statistisch kontrolliert. Wenn sich die Ergebnisse auch weiterhin bestätigten, wäre das ein ernst zu nehmendes Argument gegen eine zu lange wöchentliche Aufenthaltsdauer in einer Krippe. Es wirkt sich offenbar günstiger für Kleinkinder aus, wenn sie nur halbtags in Krippen betreut werden (vgl. auch Ahnert et al., 2004). Unabhängig von der familienpolitischen Positionierung für oder gegen eine Krippenerziehung sind sich alle Wissenschaftler einig: Zu einem positiven Entwicklungsabschnitt wird die Zeit in der Krippe nur, wenn die Qualitätsstandards rigoros eingehalten werden. Und damit eine Bezugspädagogin arbeiten kann, muss sie sich z. B. auch mit ihren Urlaubszeiten an den Urlaubszeiten des betreuten Kindes orientieren. Nur halbtags beschäftigte pädagogische Fachkräfte sind organisatorisch ein gewisses Problem für die kleinen Kinder, die auf personale Kontinuität angewiesen sind.

4.4.6 Die Schwierigkeit der Bindungsherstellung in Gruppen erschwert das Lernen

Nach allem, was man bislang aus der Bindungsforschung weiß, führen prompte und angemessene Reaktionen einer Bezugsperson auf die Bedürfnisse des Kindes auch zu einer sicheren Bindung (▶ **Kap. 3**). Die sichere Bindung eines Kindes an eine Bezugsperson ermöglicht eine sicherheitsmotivierte Loslösung von der Bezugsperson, die zu einer selbstständigen Erkundung der Umwelt und zu sozialem wie kognitivem Lernen führt und die bis zum achten Lebensjahr als Satellitenbeziehung bestehen bleibt. Satellitenbeziehung (Ausubel & Sullivan, 1974) heißt: Das Kind bewegt sich relativ lose um seine Bezugsperson wie ein Satellit um seinen Planeten, erkundet selbstständig die Umgebung, hält aber immer noch Kontakt zu seiner Bezugsperson. Eine sichere Bindung führt zu Neophilie, d. h. zu Neugier und Erkundungsfreude (Grossmann, 1977). Neophilie ist die Voraussetzung für Lernfreude in der Bildungseinrichtung, dafür, dass ein Kind sich auf dem Laufenden hält und auch das Lernen selbst lernen will. Ein unsicher gebundenes Kind tut dies eindeutig später, wenn überhaupt. Die Bindung ist also für die Entwicklung eines Kindes ganz wesentlich, weil durch Bindung auch Lernen geschieht.

4.4.7 Die Sprach- und Denkentwicklung ist in der Gruppe erschwert

Kleine Kinder suchen neben ihren Cliquenbeziehungen natürlich im Rahmen der Satellitenbeziehung immer auch Kontakt zu den Erwachsenen. Das ist u.a. auch für die Sprach- und Denkentwicklung der Kinder notwendig. Zwei Dreijährige können sich kaum gegenseitig sprachlich weiterentwickeln. Schon vor Jahren haben Untersuchungen gezeigt, dass Kinder, die wenig Möglichkeiten hatten, mit Erwachsenen zu reden und sich zu unterhalten, eine verzögerte Sprachentwicklung durchliefen. Auf der anderen Seite weiß man, dass Kinder, die sehr viel Umgang mit Erwachsenen pflegen, in der Sprachentwicklung meistens weiter sind als Kinder, die weniger Kontakt zu Erwachsenen haben. Unabhängig davon, ob man eine umwelt- oder reifungsorientierte Theorie dem Spracherwerb zu Grunde legt, in jedem Fall ist der intensive sprachliche Kontakt mit einem vollständigen sprachlichen Modell, also meist einem Erwachsenen, notwendig.

Nicht nur für die Sprach- und die Denkentwicklung ist der Kontakt zu Erwachsenen unverzichtbar, sondern sicherlich auch für das Sozialverhalten.

Dass Kinder wie Erwachsene auf diesen Generationenkontakt angewiesen sind, zeigen im Übrigen viele Untersuchungen (Überblicke in Rubin, Bukowski & Parker, 1998; Smith & Hart, 2011). Kinder wünschen sich bis in die Pubertät hinein mehr Kontakt mit ihren Eltern, mehr gemeinsames Spiel, und sie fühlen sich ihren Eltern als Bezugspersonen immer noch verpflichtet. Darüber hinaus zeigte sich, dass Kinder 65 % ihrer Kontakte nicht mit Gleichaltrigen verbringen und dass der Kontakt zu anderen Kindern vom zweiten bis elften Lebensjahr von 10 % auf 50 % steigt. Eine andere Studie ergab, dass 52 % der Kontakte nicht zu Altersgleichen, sondern zu Älteren gemacht werden. Das hängt damit zusammen, dass kleine Kinder sich denjenigen zuwenden, von denen sie eine Lösung ihrer Lebens- und Weltprobleme erwarten. Und das sind meistens ältere Menschen, von denen sie wahrnehmen, dass sie die Anforderungen der Umwelt besser beherrschen als die Gleichaltrigen. Diese Hinwendung zu den kompetenteren Personen ist im Übrigen auch die Ursache für das Bindungsverhalten der Kinder, und es ist ganz natürlich, wenn man als Erwachsener darauf eingeht. Für die Lebensbewältigung unserer Kinder ist also der intensive Kontakt zu Erwachsenen lebensnotwendig. Das heißt natürlich nicht, dass der Kontakt zu Gleichaltrigen unsinnig wäre. Kinder lernen im Kontakt mit Gleichaltrigen die Welt der Gleichaltrigen kennen (Ahnert, 2003).

Daher muss man sich bei der Optimierung der öffentlichen Kleinkinderziehung fragen, wie dieser intensive Kontakt mit Erwachsenen, den das Kind für seine kognitive und sprachliche Entwicklung braucht, auch in den KiTas ermöglicht werden kann.

Studie: Kontaktdauer zu Erwachsenen und Gleichaltrigen und ihr Zusammenhang zu Lese- und Rechenleistungen

In einer US-amerikanischen Längsschnittstudie von Harper und Huie (1987) mit Zwei- bis Fünfjährigen wurde deutlich, dass jene Kinder, die vornehmlich Kontakte mit Gleichaltrigen hatten und zu wenig mit den Erwachsenen, in ihrer sprachlichen und mathematischen Entwicklung deutlich zurückgeblieben waren (▶**Tab. 6**). Die ungünstigste Bedingung war natürlich, wenn sie nur wenig Kontakt sowohl mit Gleichaltrigen als auch mit Erwachsenen hatten; aber die besten Leistungen traten dann auf, wenn sie wenig Kontakt mit Gleichaltrigen, aber viel Kontakt mit Erwachsenen hatten. Die Studie ist allerdings an relativ wenigen Kindern ermittelt worden, so dass man vorsichtig mit der Verallgemeinerung der Ergebnisse sein muss.

Tab. 6: Lese- und Rechenleistungen von Kindern in der dritten Klasse mit viel vs. wenig Kontakt zu Erwachsenen und Gleichaltrigen in Alltagssituationen während des Vorschulalters (Harper & Huie, 1987)

	Kontakt mit Erwachsenen im Vorschulalter		**Kontakt mit Erwachsenen im Vorschulalter**	
	viel	wenig	viel	wenig
hohe Leseleistung	19	9	12	16
niedrige Leseleistung	7	15	14	8
hohe Mathematikleistung	18	8	14	12
niedrige Mathematikleistung	8	16	12	12
	Leistung im Lesen in der dritten Klasse		**Leistung in Mathematik in der dritten Klasse**	
Kontakt mit Gleichaltrigen/Erwachsenen	hoch	niedrig	hoch	niedrig
wenig/wenig	5	5	4	6
viel/viel	8	4	9	3
wenig/viel	11	3	9	5
viel/wenig	4	10	4	10

Anmerkung: Grau unterlegte Felder weichen von einer zufallsbedingten Verteilung signifikant ab.

Die NICHD-Studie hat letztlich nur gezeigt, dass es auf die Qualität der Einrichtung ankommt. Also muss in der Einrichtung darauf geachtet werden, dass die Kinder einen ausreichend häufigen Sprachkontakt mit Erwachsenen haben. In diesem Zusammenhang ist eine vieldiskutierte Studie von Hart und Risley (1995) von Interesse. Die Ergebnisse dieser Studie beantworten die Frage, warum Kinder von bildungsnahen Familien so viel besser sprechen als Kinder aus bildungsfernen Familien. Die Autoren stellen fest, dass der Wortschatz der Kinder aus bildungsnahen Familien im Alter von drei Jahren über 1100 Wörter umfasste. Kinder aus Wohlfahrtsfamilien beherrschten hingegen durchschnittlich nur 500 Wörter. Bei vergleichenden Beobachtungen stellten sie fest, dass die Kinder aus bildungsnahen Familien etwa 2100 Wörter pro Stunde hörten, die Kinder aus bildungsfernen Familien aber nur rund 616. Man erkennt an den Ergebnissen, so kritisch man sie auch beurteilen mag, dass das Eintauchen in eine vollständige, wortschatzgroße, erwachsene Sprache offenbar günstiger ist als die Sprachwelt einer Familie mit geringer Sprechhäufigkeit oder einer Gruppe von Gleichaltrigen mit reduziertem Wortschatz.

Warum sprechen manche Eltern, aber auch Erzieherinnen und Erzieher vergleichsweise wenig mit Kindern? Bedauerlicherweise halten manche das „viele Reden" für „uncool", aber auch für anstrengend. Gewisse kulturelle Normen verhindern also ein ausführliches Sprechen mit Kindern. Manchen ist es aber auch lästig. Sie sind nur dann zufrieden, wenn Kinder sie möglichst wenig in Anspruch nehmen, also „selbstständig" sind, und sie sich „gar nicht mehr um das Kind kümmern müssen".

Die wichtigste Schlussfolgerung aus den bestehenden Studien zur Sprachentwicklung ist demnach: Es muss ausreichend häufig und viel mit den Kindern in einer Gruppe gesprochen werden. Daraus folgt eine weitere unmittelbar einleuchtende Schlussfolgerung: Je mehr Kinder in einer Gruppe zu betreuen sind, desto weniger Zeit und Gelegenheit haben die pädagogischen Fachkräfte pro Kind, mit ihm im Handlungsvollzug, so wie es gewünscht und erforderlich ist, zu sprechen.

4.4.8 Individuelle Unterschiede bezüglich der Gewöhnung an Gruppen

Die neuere Temperamentsforschung (vgl. Zentner, 2012, ein sehr empfehlenswertes englischsprachiges Handbuch) macht deutlich, dass Kinder in sehr unterschiedlichem Maße für den Stress einer zu großen Gruppe geeignet sind.

Wichtig für die Gewöhnung an Gruppen ist z. B. die Anpassungsfähigkeit an etwas Neues, seien es fremde Menschen oder fremde Umgebungen und die damit verbundene (soziale) Gehemmtheit bzw. Aufgeschlossenheit. Hier kann es so gravierende Unterschiede geben, dass für einige Kinder die Unterbringung in einer Gruppe eine sehr starke Stresssituation darstellt. Temperamentsforscher schätzen diesen Anteil auf 10–15 % der Kinder. Der US-Amerikaner Kagan (1987) hat gezeigt, dass physiologische Stressreaktionen in Form von Pupillen-, Herzschlag- und Blutdruckveränderungen bei kleinen Kindern stattfinden, die aufgrund ihres Temperaments für das soziale Gewimmel einer zu großen Gruppe überhaupt nicht geeignet sind. Das Schlagwort vom „Recht auf einen Kindergartenplatz" verschweigt unseren „Kunden" also, dass rund 10–15 % überhaupt nicht für eine Unterbringung in zu großen Gruppen geeignet sind bzw. dass sie erhebliche Schwierigkeiten und Probleme damit haben werden.

Temperamentseigenschaften sind erziehungsresistent. Daher ist es mit der bequemen Ausrede, „dann müssen sie es halt lernen", nicht getan. So hat Kagan (1987) u. a. auch gezeigt, dass die kindwidrige Erziehung in zu großen Gruppen zu eher aggressivem Verhalten bei den betreffenden Kindern führt. Die einzig sinnvolle pädagogische Aufgabe muss also völlig anders lauten, nämlich: Wir sind verpflichtet, Rahmenbedingungen zu schaffen, in denen es jedem Kind ganz unabhängig von seiner Temperamentsausstattung möglich wird, dass es dort eine ihm angemessene Betreuung, Bildung und Erziehung erfahren kann. Daher müssen in KiTas Möglichkeiten zur Individualisierung geschaffen werden. Es ist selbstredend, dass eine zu große Gruppe auch gegen diese Forderung eklatant verstößt.

4.4.9 Nachteile von Großgruppen für das Sozialverhalten

Das gewichtigste Argument gegen die Großgruppe im Kleinkindalter ist die Tatsache, dass solche Gruppen auch ein Entwicklungsrisiko für Kinder darstellen können. An dieser Stelle soll nur auf zwei bekannte und empirisch gesicherte Nachteile von Großgruppen eingegangen werden: Große Gruppen im Bereich der Kindertageseinrichtungen fördern gerade nicht positives Sozialverhalten, sondern vielmehr Aggressivität und Gewalt.

Weltweit ist keine Untersuchung bekannt, in der nachgewiesen wurde, dass der Besuch einer KiTa zu einem besonders positiven Sozialverhalten führt. Diese Aussage mag überraschen, ist aber nachlesbar etwa bei Ausubel und Sullivan (1974) oder Strätz (1992) oder auch in Dollase (1979) in den aktuellen Ergebnissen der „Head Start Impact study“ (▸ **Kap. 1**). Vergleicht man das Sozialverhalten von Kindern mit und ohne Besuch einer Vorschuleinrichtung am Beginn der Grundschulzeit, dann gibt es keine Unterschiede im Sozialverhalten, im Einfühlungsvermögen, bei Höflichkeit, Fairness, Hilfsbereitschaft, Kooperationsfähigkeit, Beliebtheit, Kameradschaftlichkeit, solidarischem Verhalten, Rücksichtnahme, Toleranz, Mitgefühl, Kompromissbereitschaft, Aufrichtigkeit, Kontaktfähigkeit, Einsatz für die Gruppe. Es gibt auch keine Unterschiede in der soziometrischen Position gegenüber Kontrollkindern. Das heißt, KiTas (oder auch Vorschulklassen) erbringen keinen Startvorteil im Sozialverhalten gegenüber Kindern, die keine solche Einrichtung besucht haben.

Viele Erwachsene heute werden sich sicherlich daran erinnern, dass sie keine vorschulische Einrichtung besucht haben und dennoch mit ihren Mitmenschen ganz gut auskommen. Das liegt daran, dass ein Kind für die Entwicklung positiven Sozialverhaltens keine Gruppe von 20 Kindern braucht. Eine Handvoll anderer Menschen reicht dafür vermutlich völlig aus.

Gravierender ist die Tatsache, dass Kinder, die eine KiTa besucht haben, offenbar etwas stärker zu Aggressivität und Gewalt neigen. Mario von Cranach (zit. in Grammer, 1988) hat in Videoanalysen gezeigt, dass aufgrund der zu großen Gruppen, die eine Erzieherin allein überhaupt nicht vollständig überwachen und kontrollieren kann, in vielen Situationen das Recht des Stärkeren oder Raffinierteren vorherrscht. Das heißt, es bildet sich sehr schnell eine Hackordnung unter den Kindern aus, unter der dann die zu leiden haben, die keine Spitzenposition in dieser Hackordnung einnehmen. Kinder müssen „drohen“, „protestieren“ und „wegnehmen“ können, um in diesem Daseinskampf im Kindergarten bestehen zu können (▸ Kasten 12). Hält man das für soziales Verhalten? Will man, dass Kinder möglichst frühzeitig das Protestieren, Wegnehmen und Drohen erlernen? Soll man Kindern „Protestieren“ und „Drohen“ beibringen? Wenn alle gleich gut drohen

Kasten 12: Verhaltensweisen von Siegern und Verlierern in Gruppenkonflikten in Kindergartengruppen

Die ▶ **Abb. 13** stammt aus einer Veröffentlichung von Mario von Cranach aus dem Jahre 1980. Sie zeigt von links nach rechts Verhaltensabfolgen in Konflikten zwischen Kindern, welches Verhalten mit welchen nachfolgenden Reaktionen die Sieger bzw. Verlierer des Konflikts gezeigt haben. So folgt z. B. beim Sieger auf die erste Verhaltensweise „benutzen" die Verhaltensweise „Protest" oder „Zuwendung zu P (der Konfliktpartner)" und auf Letzteres wiederum „Kämpfen gegen P" oder „Protest".

Der Autor hat nun einige typische Verhaltensabfolgen gefunden, die die späteren Sieger von den Verlierern in Konflikten um Gegenstände unterscheiden. Danach drohen Sieger mehr, kämpfen mehr, setzen häufiger Greifen und Wegnehmen, Protest, Anspruch und Befehl ein. Verlierer weichen häufiger zurück, lassen

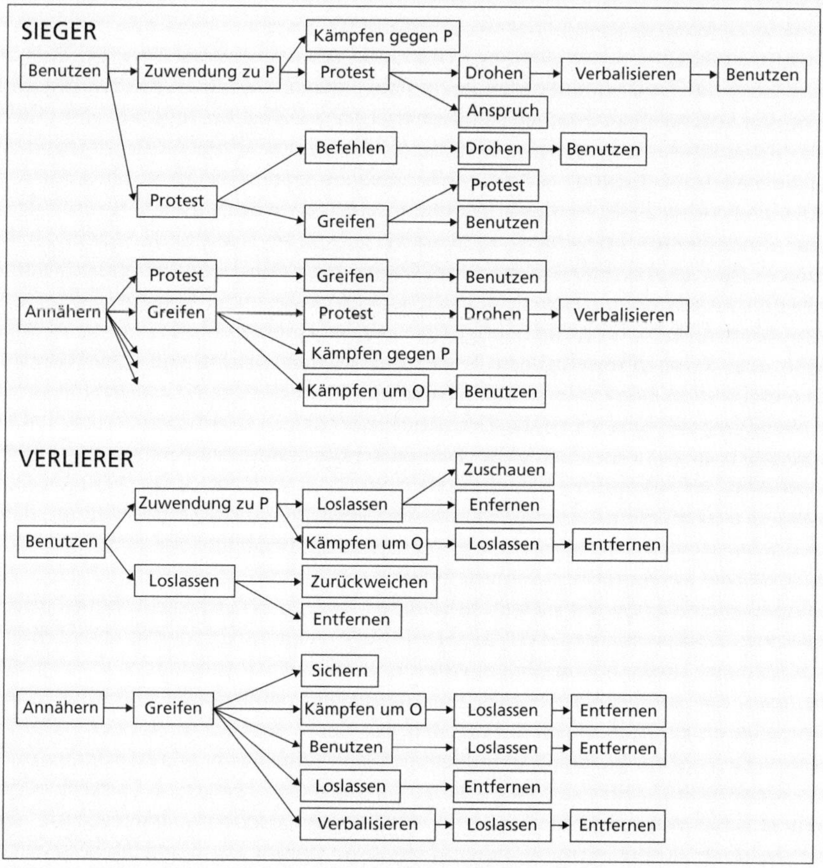

Abb. 13: Verhaltensabfolgen bei sozialen Konflikten in Kindergartengruppen, getrennt nach Siegern und Verlierern (aus Grammer, 1988)

das Objekt los und entfernen sich. Verlierer zeigen insgesamt mehr reaktive Schritte als die Sieger, d. h. sie reagieren nur, aber sie agieren nicht.

Bei einer pädagogischen Bewertung solcher Verhaltensweisen ist die Frage unausweichlich, ob man Verhaltensweisen wie Protest, Drohen, Erheben von Ansprüchen oder Befehlen dulden möchte bzw. sich sogar darüber freuen will, wenn Kinder diese Verhaltensweisen beherrschen.

und protestieren können, werden einzelne Kinder zu anderen Mitteln greifen, um ihre Interessen in Konflikten durchzusetzen.

Die Konflikthäufigkeit in Kindergartengruppen ist in den einzelnen empirischen Untersuchungen zwar unterschiedlich, aber insgesamt doch erheblich hoch eingeschätzt worden. Mal heißt es „höher als im späteren Lebensalter" oder „ein Konflikt pro 5 Minuten und Kind" oder „alle 8.2 Minuten ein Konflikt" oder „im Schnitt 2.9 Konflikte pro 35 Minuten bei einer Spannbreite von 0 bis 9" (vgl. Schmidt-Denter, 1977; Strätz, 1992). Das heißt also, in alten wie neuen Untersuchungen stellt es sich immer wieder heraus, dass im Kindergarten der Pegel der Aggressivität und der Auseinandersetzungen um Spielzeug und Spielplätze besonders hoch ist. Dieses Konfliktpotenzial kann man nach Grammer (1988) durch mehr Material, durch Vergrößerung der Spielfläche und vor allen Dingen durch eine Verkleinerung auch der Gruppengröße reduzieren.

Darüber hinaus weiß man seit der Studie von Asher und Coie (1990), dass Gruppen für manche Kinder ein realistisches Entwicklungsrisiko darstellen können, und zwar durch die „peer rejection" (▸**Kap. 5**). Das hat auch Judith Rich Harris (2000) mit ihrem Buch über die Frage „Ist Erziehung sinnlos?" dargestellt und belegt, dass solche Entwicklungsrisiken als Mobbing im Kleinkindalter häufig vorkommen und relativ stabil bleiben. Durch dauerndes Verlieren kann ein Kind Schaden davontragen und durch fortgesetztes Mobbing ebenfalls. Auch das naheliegende Argument, dass ein Kind zwar heute verloren haben mag, aber dafür morgen wieder gewinnen würde, stimmt nicht für alle Kinder. Empirische Untersuchungen haben gezeigt: Je häufiger ein Kind bereits Verlierer gewesen ist, desto wahrscheinlicher wird es, dass es auch weiterhin Verlierer sein wird. Man kann die segensreiche Wirkung eines KiTa-Besuches nicht an denjenigen messen, die es geschafft haben, sich gegen die Ansprüche der anderen durchzusetzen; und wenn man Durchsetzungsfähigkeit als pädagogisches Ziel fördert, fördert man immer auch das notorische Verlieren als Entwicklungsrisiko.

Untersuchungen zur Art und Weise von Aggressionen im Kindergarten haben eine lange Tradition. In seinem Buch „Die Kindergartengruppe" hat Strätz (1992) eine Reihe von Studien zusammengestellt, die deutlich zeigen, dass kleine Kinder sich überwiegend über Besitz stritten und darüber in Konflikt gerieten, bei Störungen der eigenen Tätigkeit oder auch dann, wenn Kinder versuchten, einen Ausgleich oder ein Abwechseln z. B. der Schaukelnutzung zu erreichen (S. 52). In einer anderen Studie wurde gezeigt, dass die meisten Konflikte beim Spiel im Sandkasten oder mit Bauklötzen und Bausteinen, beim Spiel mit Spielzeug, auch bei Inaktivitätsphasen und bei destruktivem Spiel vorkamen; am wenigsten tauchten

Konflikte bei ruhiger Beschäftigung, bei Bewegung, bei ruhigem Spielen ohne unvermeidliche Regel- und Besitzverhandlungen und beim Aufräumen auf (S. 55). Die verbalen Aggressionen nahmen im Alter zwischen zwei und fünf Jahren von 4 % auf 14 % zu. Die körperlichen Aggressionen stiegen zunächst bis zum vierten Lebensjahr leicht an, nahmen dann aber auch wieder ab.

Eine Studie von Hurlock (1970, S. 277) zeigt, dass zwischen drei und sechs Jahren die Häufigkeit von aggressivem Verhalten bei Jungen und Mädchen am höchsten war. Danach sank sie sowohl bei Jungen als auch bei Mädchen. Allerdings blieben im Grundschulalter die Jungen immer noch aggressiver als die Mädchen. Die hohe Quote von Aggressivität in Gruppen im Elementarbereich sollte Anlass geben, zu überlegen, inwiefern kleine Kinder für Gruppen geeignet sind bzw. welche Maßnahmen man ergreifen muss, um das Leben und Lernen in Gruppen angenehmer zu machen.

Man muss gerechterweise auch erwähnen, dass freundliche Verhaltensweisen unter Kindern im Alter zwischen zwei und fünf Jahren offenbar auch zunehmen (Strätz, 1992). Daher kann man den Eindruck gewinnen, dass Kinder in einer Gruppe im Elementarbereich auch die Vermeidung von Aggressivität erlernen. Den Verzicht auf körperliche Gewalt lernt man aber wohl eher nicht in der Gruppe, wie eine Studie von Dollase (1979, S. 131) zeigt: Kinder, die eine Vorschuleinrichtung besucht hatten, gaben später im Grundschulalter zu 50 % zu, schon „mal jemanden geschubst, gestoßen oder geschlagen" zu haben. Von den Kindern, die in der Familie groß geworden waren und keine Vorschuleinrichtung besucht hatten, sagten nur 20 %, dass sie schon einmal ein Kind geschubst, gestoßen oder geschlagen hätten.

4.5 Was kann man realistischerweise erreichen? Ziele für die Förderung des Gruppenverhaltens

Wiederholt wurde in diesem Text darauf hingewiesen, dass kleine Kinder den Umgang mit Gruppen lernen müssen. Manchmal ist das ein schmerzlicher Prozess, manchmal ein erfreulicher. Um jedem Kind gerecht zu werden, ist Realismus wünschenswert. Manchmal versuchen Politik und Verbände, auch ideologisch vorgeprägte Zeitgenossen, die Betreuung, Bildung und Erziehung in Kollektiven schönzureden und Probleme zu verschweigen. In Internetforen kann man allerdings häufig die Hilferufe gestresster Eltern lesen (▸ **Kasten 13**).

Kasten 13: Eltern schreiben im Internet über die Eingewöhnungsprobleme in Krippen

Die folgenden Passagen sind wörtliche Zitate aus den jeweiligen Internetforen zu den Eingewöhnungsproblemen von Kindern in Krippen

> *„Kurz und bündig: Sollte man ein Kind, das hysterisch schreit und brüllt und sich auch nicht von den Erzieherinnen beruhigen oder ablenken läßt,*

trotzdem in der Krippe lassen und das Ganze unter ‚Eingewöhnung' verbuchen? Meine Tochter (2 ½) macht dieses Theater seit Anfang Sept. und es wird eher schlechter als besser. Es ist auch nicht dieses 10-Minuten-Weinen, wenn Mama geht, sondern sie hört auch nach einer Stunde noch nicht auf (das war ein einmaliger Versuch der Erzieherin, die mich dann nach 1 Stunde angerufen hat, damit ich sie wieder abhole). Ich habe jetzt letzte Woche die Segel gestrichen und zusammen mit meinem Mann beschlossen – gegen den Rat der Erzieherin, die meinte, man sollte es doch noch weiterhin probieren und zur Not das Gebrüll auch mal ignorieren und sie eben weinen lassen (was ich NIE IM LEBEN machen würde ... nicht wenn sie SO weint!) –, das Ganze abzubrechen und sie eben wieder rauszunehmen. Man muß dazu sagen, daß ich immer auch meine 6 Monate alte Tochter im Schlepptau habe, die an diesen Tagen auch völlig durch den Wind ist, da ihr jeglicher Rhythmus bzgl. essen, schlafen, etc. fehlt. Es ist beileibe nicht so, daß meine größere Tochter keine sozialen Kontakte hätte, wir gehen in eine Krabbelgruppe, ich bin Trainerin im Sportverein und nehme sie 3x die Woche mit zum Kinderturnen, sie hat noch 2 große Brüder, die auch immer ein paar Freunde dabei haben ... also man kann echt nicht sagen, daß sie an andere Kinder nicht gewöhnt ist. Wie seht ihr das??? Hätte ich doch ‚hart' bleiben und die Krippe durchziehen sollen??? Ich weiß echt nicht mehr ..." (Quelle: http://forum.gofeminin.de/forum/matern2/__f7781_matern2-Meine-Tochter-2-1-2-gewohnt-sich-partout-nicht-in-der-Krippe-ein.html am 18.10.2009)

In einem anderen Fall schwieriger Eingewöhnung erreichte die gestresste Mutter folgender Ratschlag:

„Hallo! Ich kann dir nur raten hart zu bleiben und auch deiner Tochter gegenüber kein großes Mitleid zu haben. Sie versucht so lange, bis sie ihren Willen bekommt. Gehe selbstverständlich damit um und damit du nicht zu spät zur Arbeit kommst, plane alles ein wenig früher. Stehe 20 min. früher auf und frühstücke früher und dann wird sie sich auch schon daran gewöhnen." (Quelle: http://www.talkteria.de/forum/topic-59986.html)

„... Aber bleibe hart und lasse sie nicht einfach zu Hause. Dann wird sie es immer wieder machen und gewöhnt sich nie an diese Regel und den geregelten Ablauf. Du musst dabei zeigen dass du dich durchsetzt." (Quelle: http://forum.gofeminin.de/forum/matern2/__f7781_matern2-Meine-Tochter-2-1-2-gewohnt-sich-partout-nicht-in-der-Krippe-ein.html)

Es macht durchaus Sinn, darüber nachzudenken, welche Gruppenverhaltensweisen man bei kleinen Kindern vom ersten Lebensjahr an bis zum Eintritt in die Grundschule erreichen kann. Die Ziele müssen bescheiden ausfallen. Voraussetzung ist, dass die Einrichtung soziale Regeln etabliert hat, also alle wissen, was erlaubt ist und was nicht.

Gewöhnung über Bezugspersonen meistern

Zuallererst ist es notwendig, dass sich ein Kind an die völlig andere Umgebung (im Vergleich zur Familie) mit vielen anderen Menschen gewöhnt. Die Berliner Eingewöhnungsprogramme wurden bereits erwähnt. Dabei wurde deutlich, dass die wichtigste Aufgabe zunächst einmal sein muss, dass das Kind zu der Erzieherin Vertrautheit und eine sichere Bindung aufbaut. Weil Kinder, vor allen Dingen kleinere Kinder, sich zunächst an erwachsene Bezugspersonen binden, ist es sowohl nötig, dass sie mit der neuen Umgebung (zusammen mit ihrer alten Bezugsperson (Elternteil, Großeltern) und mit der neuen Bezugsperson (pädagogische Fachkraft)) ein einigermaßen vertrautes Verhältnis erreichen können. Über Bezugspersonen kann die Gewöhnung am besten gelingen.

Bezugskind finden

Das nächste Ziel sollte sein, das Kind mit einem anderen Kind vertraut zu machen bzw. zu befreunden. Das kann schon vor Eintritt in die Einrichtung geschehen. Wenn z.B. ein Nachbarskind, das etwas älter ist, schon im Kindergarten ist, so kann sich eine Patenschaft zwischen dem älteren und dem „neuen" Kind bilden. Auch im weiteren Verlauf in der KiTa ist es wünschenswert, dass jedes Kind mindestens ein Bezugskind hat (Freund, Freundin oder einen guten „Bekannten").

Spielen und aktiv sein können in Anwesenheit anderer Kinder

Das kleinkindliche Spiel besteht zunächst zu großen Teilen aus Zuschauen und aus einem Parallelspiel. Kinder ahmen sich dabei gegenseitig nach. Mitspielen heißt bei kleinen Kindern mehr oder weniger Parallelspiel. Ein kompliziertes Rollenspiel ist bei kleineren Kindern selten möglich. Die bevorzugte Sozialform des Spielens sind kleine Grüppchen von zwei bis drei Personen. Es kann auch sein, dass alle Kinder draußen bei Hitze im Wasser planschen – das wäre ein „Gesamtgruppen-Parallelspiel". Es ist nicht pathologisch, wenn ein Kind auch längere Zeit allein spielt. Auch Erwachsene müssen nicht immer mit anderen zusammen etwas machen.

Miteinander spielen können

Wenn Kinder das Rollenspiel „Vater, Mutter, Kind" spielen, dann sind sie schon in der Lage, unterschiedliche Rollen mit mehreren Kindern in einem Spiel einzunehmen. Es ist wünschenswert, dass Kinder zwischen drei und sechs Jahren diese Form des Spiels in der Einrichtung lernen. Aber auch in dieser Zeit kann sich das „Alleinspiel" oder das „Parallelspiel" immer wieder einstellen – auch das ist kein Grund, um pädagogisch einzugreifen.

Schwierige soziale Situationen, Konflikte und Probleme ertragen und lösen lernen

Die Konflikthäufigkeit im Elementarbereich ist höher als im Primarbereich, wenn man den Untersuchungen hierzu trauen darf. Eine Möglichkeit für Kinder ist es, diesen Konflikten aus dem Weg zu gehen. Eine andere Möglichkeit wäre, diese Konflikte mit den in einer Einrichtung geltenden sozialen Regeln zu lösen (z.B. nicht schlagen, sagen, was man will, Vorschlag zum Abwechseln machen). Kindern, die sich an die Einrichtung gewöhnt haben und schon mit anderen spielen können, kann und soll man soziale Tugenden beibringen – Tugenden, von denen wir genau wissen, dass sie auch bei Erwachsenen, bei Politikern oder Wissenschaftlern, nicht immer vorhanden sind. Positives Sozialverhalten lernen Kinder (▸ **Kap. 3** zur moralischen Entwicklung), weil sie ein „gutes Kind" sein wollen bzw. weil sie wissen wollen, was erlaubt und was verboten ist und was besonders anerkannt wird (z.B. helfen, trösten, friedlich sein).

Soziales Wissen erwerben

Kinder lernen im Kollektiv, dass andere Kinder anders sind, unterschiedlich reich oder arm, unterschiedliche Familien haben, unterschiedlich wohnen, unterschiedlich viel Spielzeug haben und Eltern, die ihre Kinder jeweils anders behandeln. Kinder lernen auch, dass Kinder anders sind als Erwachsene (Ahnert, 2004). Hierüber Wissen zu erwerben, ist auch ein Beitrag dazu, das Einfühlungsvermögen in andere zu verbessern und damit Gruppenverhalten zu gestalten.

Manchem mag diese Auflistung als wenig anspruchsvoll erscheinen, und das ist auch gut so. KiTas erfüllen ihren Zweck voll und ganz, wenn es gelingt, dass Kinder sich an die kollektive Erziehung, Betreuung und Bildung gewöhnen und sich in dieser Situation auch individuell entfalten können.

Der hier vorgestellte kurze und bescheidene Katalog von sozialerzieherischen Zielen zum Gruppenverhalten, die man bei Kindern in KiTas erreichen sollte, unterscheidet sich nicht wesentlich von anderen Autoren. In Rubin et al. (2005) wird unter anderem über Fine (1987) und Brown (1990) berichtet. Rubin ist der Meinung, dass im Elementarbereich noch keine echte Gleichaltrigengruppe (peer group) entsteht, sondern dass wir es mit einer Gruppe von Gleichaltrigen (group of peers) zu tun haben, also eher mit einer additiven Anhäufung von individuellen Verhaltensweisen, die ihre jeweils eigene Logik haben, aber noch keinerlei gemeinsame Synchronisation erkennen lassen. Fine (1987) führt fünf Lernprozesse an, die man in Gruppen im Elementarbereich trainieren und üben kann (vgl. auch Ahnert, 2003):

1. Kinder nehmen an Kooperationen teil und können sich dadurch auch mit gemeinsamen Zielen identifizieren, z.B. bauen Kinder im Sandkasten eine Burg und kooperieren dabei.
2. Kinder lernen, interpersonelle Beziehungen einzugehen, d.h. Freundschaften zu schließen bzw. auch abzulehnen.
3. Kinder lernen, anderen Kindern zu folgen bzw. andere Kinder zu veranlassen, ihren Vorschlägen zu folgen.
4. Kinder lernen, die feindlichen und antipathischen Gefühle gegen Mitglieder der eigenen Gruppe zu kontrollieren und sie z.B. zurückzustellen, weil sie ein gemeinsames Ziel erreichen wollen.

5. Kinder lernen, aggressive Emotionen gegen Feinde der Gruppe zu mobilisieren, z. B. gegen die andere Kleingruppe, die auch im Sandkasten eine Burg bauen will.

Auch bei dieser Aufzählung fragt man sich, ob all diese Lernprozesse pädagogisch erwünscht sind. Wenn man zu der Antwort „nein" kommt, dann müsste man dagegen etwas tun. Auch im Erwachsenenalter ist die Mobilisierung von Antipathien gegenüber Feinden der eigenen Mannschaft, wie jeder etwa aus der Fußballszene weiß, hin und wieder problematisch und kann entgleisen.

Alles in allem lernen Kinder in Gruppen etwas über sich selbst im Verhältnis zu den anderen und auch über die anderen im Verhältnis zu anderen Kindern. Die Erfahrung, wie sich Menschen schwierig, zickig, aggressiv, unwillig, unangenehm verhalten können, ist ein notwendiger Schritt zur Herausbildung eines erwachsenen Sozialverhaltens. Man weiß aber nicht immer, ob sich einzelne Kinder wegen dieser Schwierigkeiten in die Einsamkeit oder Antisozialität flüchten, weil die Verletzungen durch Konflikte und Mobbing in der Gruppe zu stark sind. Ein positives soziales Lernen stellt sich nicht automatisch ein, sondern alle Probleme müssen auch pädagogisch reflektiert und mit den Kindern diskutiert werden.

4.6 Zusammenfassung

Die Gruppen im Leben der Erwachsenen haben nicht nur Vorteile. In Erwachsenengruppen treten Leistungsverluste genauso auf wie Konflikte, Aggressionen, Mobbing, Außenseiterbildung und ähnliches. Wir Erwachsene sind in unserem Gruppenverhalten nicht nur vorbildlich, sondern wir können offenbar die in Gruppen zwangsläufig auftauchenden Probleme selbst auch nicht viel besser lösen, als das Kinder manchmal in ihrer offenen und expressiven Art tun. Wir lassen uns oft den Ärger nicht anmerken und schreien nicht so herum wie die Kinder.

Das spontane Sozialverhalten von kleinen Kindern kann man als Cliquenverhalten bezeichnen: Kinder suchen sich andere Menschen unterschiedlichen Alters, um mit ihnen in flüchtigen, gemeinsamen Aktivitäten zu spielen und zu lernen. Eine organisierte Gruppe von 25 und mehr Kindern ist für die Entwicklung eines Kindes offenbar nicht notwendig. Eine formale Identifikation mit der Gruppe findet erst im späten Kindergartenalter in Teilen der Fünf- und Sechsjährigen statt.

Angesichts der Betreuungsnotwendigkeit und Unausweichlichkeit der Betreuung, Bildung und Erziehung von kleinen Kindern in Tageseinrichtungen, um die Erwerbstätigkeit von beiden Elternteilen zu ermöglichen, mutet die Frage nach den Vorteilen etwas antiquiert an. Wichtig ist, dass die Kinder dort keinen Schaden nehmen. Ob sie von der Gruppenbetreuung Vorteile haben, die über eine normale oder gute außerinstitutionelle Betreuung, Bildung und Erziehung hinausgehen, ist mehr als fraglich. Am Beispiel des Sprachlernens durch intensiven Kontakt und gemeinsames Leben mit Erwachsenen lässt sich zeigen, dass man auf jeden

Fall auch außerhalb von Institutionen des Elementarbereichs ein Kind optimal fördern kann. Für die soziale Entwicklung benötigt ein Kind nur eine kleine Anzahl anderer Menschen unterschiedlichen Alters, jedenfalls keine Gruppe von 20 bis 25 Kindern.

In diesem Kapitel wurden die Schwierigkeiten des Lernens und Lebens in einer Gruppe für ein kleines Kind und auch für die Fachkräfte dargestellt. Es gibt zahlreiche Schwierigkeiten in einer Gruppe, die auch damit zusammenhängen, dass man nicht jedem Kind gerecht werden kann, sondern auch die Interessen anderer Kinder immer parallel berücksichtigen muss. Kleine Kinder brauchen die Bindung an eine Bezugsperson; sie können nur mit Kleingruppen umgehen; ihre Sprach- und Denkentwicklung macht sie auf die Erwachsenen angewiesen; und die Temperamentseigenschaften mancher Kinder sind nicht so ausgelegt, dass sie sich problemlos in eine Großgruppe einfügen können. Darüber hinaus gibt es schwerwiegende Nachteile einer Großgruppe, die sich etwa in zunehmender Aggressivität und in der fehlenden Förderung positiver sozialer Verhaltensweisen zeigen kann. Diese Aussagen gelten nicht in jedem Fall, sondern es sind Wahrscheinlichkeitsaussagen zum durchschnittlichen Verhalten, aber die Tendenz dieser Durchschnittsaussagen ist eindeutig.

Auf jeden Fall darf man angesichts der vielen Schwierigkeiten, die das Bilden, Betreuen und Erziehen in kleinen Gruppen hervorbringt, nicht an dieser notwendigen gesellschaftlichen Aufgabe verzweifeln. Eine Anpassung an die Schwierigkeiten der Gruppen im Elementarbereich besteht darin, dass man sich Gedanken darüber macht, was kleine Kinder realistischerweise unter diesen Schwierigkeiten noch Positives erreichen können. Als eine wesentliche Erfahrung wird hervorgehoben, dass sich die meisten kleinen Kinder an ein Kollektiv von Gleichaltrigen gewöhnen und dass es ihnen zunehmend möglich ist, sich im Kollektiv angemessen zu verhalten. Denn auch die spätere Kinder- und Jugendzeit wird wiederum in Schulklassen und damit in Großgruppen von 20 bis 30 Kindern verbracht. Die Erreichung dieses Ziels sollte man nicht geringschätzen. Auch sollte man nicht vergessen, dass Kinder nur einen kleinen Teil ihrer wöchentlichen Wachzeit, nämlich maximal 40 Stunden, in einer KiTa verbringen (darüber hinausgehende Zeiten sind nachteilig für die Entwicklung der Kinder). Den längeren Teil ihrer Wachzeit verbringen sie in ihrer Familie. Daher kommt der Pädagogik der familiären Erziehung von Kindern ebenfalls eine große pädagogische Bedeutung zu, wie es z. B. die SECCYD-Untersuchungen zeigen.

4.7 Literaturtipps

Stroebe, W., Jonas, K. & Hewstone, M. (Hrsg.). (2001). *Sozialpsychologie. Eine Einführung.* Berlin: Springer.

Wilke, H. & Wit, A. (2001). Gruppenleistung. In W. Stroebe, K. Jonas & M. Hewstone (Hrsg.), *Sozialpsychologie. Eine Einführung* (S. 497–536). Berlin: Springer.

Zur Vertiefung werden ein Artikel aus dem Lehrbuch zur Sozialpsychologie und dieses Buch selbst empfohlen. Die empirischen Befunde zur Psychologie der Gruppe zur Kenntnis zu nehmen, hilft, „der Gruppe" ihren Heiligenschein zu nehmen und zu einer realistischen Einschätzung zu kommen. Dazu sind diese beiden Quellen geeignet.

Hansen, R., Knauer, R. & Sturzenhecker, B. (2011). *Partizipation in Kindertageseinrichtungen. So gelingt Demokratiebildung mit Kindern*! Berlin: Verlag das Netz.
Dass man die vielen Querelen und Konflikte in Gruppen als Chance für Partizipation und Demokratiebildung mit Kindern nutzen kann, zeigt dieses Buch sehr eindringlich und praxisnah

5 Gruppenstrukturen im Elementarbereich – Die Gruppe als soziometrisches Risiko

Das kleine Kind kommt, gesellschaftlich bedingt, in den ersten Lebensjahren mit Gruppen im Elementarbereich zusammen. In dieser Begegnung können Kinder lernen, Beziehungen mit anderen Kindern im gleichen Alter zu bilden. Die Beziehungen der kleinen Kinder untereinander sind von gänzlich anderer Qualität als die Beziehungen des Kindes zum Erwachsenen (Ahnert, 2003).

Im Verhältnis zum Erwachsenen gehorcht das Kind meist, es weiß, dass die erwachsene Bezugsperson für sein Überleben sorgen kann, weshalb sich eine in hohem Maße asymmetrische Beziehung ausbildet. Beim Zusammentreffen mit Gleichaltrigen ist hingegen alles möglich: Es gibt keine Hierarchie und keine gegenseitige Angewiesenheit aufeinander, Gleichaltrige sorgen sich meist nicht umeinander, weshalb sich ganz andere symmetrische Verbindungen anbahnen. Im vorigen Kapitel wurde darüber berichtet.

Die Voraussetzung, um in Gruppen Beziehungen anknüpfen zu können, sind folgende Fähigkeiten: entwickelte Kommunikation, Emotionsregulation (Holodynski, 2006; Holodynski & Friedlmeier, 2012), Konfliktlösefähigkeit, Kooperationsfähigkeit. Alle Voraussetzungen sind im Elementarbereich nur schwach entwickelt. Dennoch ist eine der wichtigsten Entwicklungsaufgaben im Vorschulalter, Freundinnen/Freunde zu finden und zu halten.

Auch kleinste Kinder können Probleme dabei haben, Freundinnen/Freunde zu gewinnen bzw. Beziehungen zu Gleichaltrigen zu gestalten. Es ist keineswegs so, dass Kontakte zufällig wären und nebensächlich, es also nicht darauf ankäme, dass sie gelingen würden. Kinder leiden auch daran, wenn es mit den Beziehungen nicht klappt. Ungefähr 5–10 % der Kinder erfahren im Kontakt mit Gleichaltrigen Probleme. Sie werden ausgeschlossen oder gemobbt (Asher & Coie, 1990; Biermann, 2004). Die Schwierigkeiten, die kleine Kinder mit Gleichaltrigen in den ersten Jahren ihres Lebens haben, sind ein Prädiktor für spätere emotionale und soziale Probleme. Unter emotionalen Problemen werden Angst, Gefühl von Einsamkeit und Depression sowie internalisierte Probleme verstanden. Als soziale Probleme oder Verhaltensprobleme gelten z. B. Aggression, Hyperaktivität, oppositionelles Verhalten und externalisierte Probleme.

5.1 Was sind soziometrische Beziehungen in Gruppen?

Der Begriff „Soziometrie" geht auf den österreichisch-ungarischen Psychiater Jacob Levy Moreno (1989–1974) zurück (Dollase, 1976; Moreno, 1934; 1953; 1996). Gegenstand der Soziometrie sind die interpersonellen Beziehungen in Gruppen. Unter interpersonellen Beziehungen versteht man hauptsächlich Sympathie-, Antipathie- und Indifferenzbeziehungen – und den ganzen Kosmos anderer Kriterien, mit denen man seine Gruppenmitglieder beschreiben, bewerten oder wahrnehmen könnte.

Auch wenn die Voraussetzungen der Kinder im Elementarbereich für ein vollgültiges Gruppenleben noch nicht weit entwickelt sind, so ist es den Kindern doch schon im 1. und 2. Lebensjahr möglich, manche Menschen zu mögen und andere weniger. Das gilt nicht nur für die Zu- und Abneigungen gegenüber Erwachsenen (so werden ab dem 8. Monat etwa fremde Erwachsene von kleinen Kindern meistens abgelehnt – das sog. „Fremdeln") –, sondern auch für gleichaltrige Kinder.

Wenn mehrere Kinder in Gruppen zusammengefasst werden und täglich miteinander interagieren, dann bilden sich folglich für jedes andere Kind Sympathien bzw. Antipathien oder Gleichgültigkeit aus. Die Sympathien und Antipathien sind nun in keiner Gruppe der Welt gleich verteilt, d. h. alle hätten gleich viele Sympathien oder Antipathien bei den anderen. Bislang hat noch keine Untersuchung weltweit eine Gleichverteilung der Sympathie- und Antipathiebeziehungen gefunden. Im Gegenteil: Die Anzahlen der Sympathien und Antipathien verteilen sich so wie das „Kapital in kapitalistischen Gesellschaften". Einige haben viele Sympathien, manchmal weit überdurchschnittlich viele, sind quasi die Sympathiestars, und andere haben kaum welche. Andere wiederum ziehen nur Ablehnungen der anderen Kinder auf sich, sind also die Außenseiter.

Die Frage ist, warum das so ist und weshalb Kinder Sympathien und Antipathien entwickeln. Man könnte natürlich kleine Kinder fragen, warum sie bestimmte andere Kinder mögen. Die Antworten der Kinder auf solche gut gemeinten Fragen sind für alle, die das einmal versucht haben, recht nichtssagend bzw. tautologisch. Kinder sagen zur Begründung von Sympathie: „weil ich den mag" oder „weil er mein Freund ist", „weil er lieb ist" etc. Irgendwelche tiefergehenden Gründe erhält man weder von Kleinkindern noch von Schulkindern, kaum auch von Erwachsenen. Seien wir ehrlich: So ganz genau weiß man es auch als Erwachsener nicht, warum die Kollegin Meyer sympathischer ist als die ebenfalls freundliche Kollegin Schulze. In der Forschung werden diese Antworten in zwei Kategorien eingeteilt:

- „Monadische" Wahlgründe sind Gründe, die Eigenschaften des gemochten oder abgelehnten Kindes beinhalten.
- Die „dyadischen" Gründe sind solche, in denen ein gemeinsames positives oder negatives Erlebnis als Ursache für das Mögen bzw. Nichtmögen angegeben werden.

In eigenen Untersuchungen konnte ich zeigen, dass mit zunehmendem Alter dyadische Wahlgründe zunehmen (Dollase, 1979).

Das muss allerdings nicht bis ins Jugendalter so bleiben. Vorurteile gegen Menschen mit Zuwanderungshintergrund zum Beispiel sind überwiegend monadisch, d. h. man mag sie nicht aufgrund von angenommenen oder beobachteten Eigenschaften und nicht, weil man mit ihnen ein negatives oder positives Erlebnis gehabt hat.

Es gibt selbstverständlich Korrelate aus der soziologischen und psychologischen Forschung für die Frage, welche Kinder welche anderen Kinder mögen. Meist ist es so, dass man Kinder mag, die einen gleichen oder ähnlichen kulturellen Hintergrund haben, das gleiche Geschlecht, das gleiche Alter haben, in einer ähnlichen Wohngegend leben etc. Da diese Kriterien aber oft auf viele Kinder in einem Kindergarten zutreffen, erklären sie immer noch nicht, warum sich bestimmte Zuneigungen oder Abneigungen zwischen Kind A und Kind B entwickeln. Die Ähnlichkeit in sozialstatistischen Daten bei Freundschaften ist oft auch nur darum so frappant, weil die Kinder auch aus einem ähnlichen Einzugsbereich stammen: Sie lernen gar keine anderen Kinder kennen.

Diese individuellen Sympathien und Antipathien werden dann in einer soziometrischen Struktur sichtbar, wenn man alle Zuneigungen und Abneigungen, die in einer Gruppe vorkommen, in einem sogenannten „Soziogramm“ oder einer „Soziomatrix“ darstellt. Darüber wird im ▸Kapitel 5.2 informiert.

Die Betrachtung der Gleichaltrigen-Beziehungen im Kindesalter fallen jeweils anders aus, je nachdem, ob man einer Gruppe und die soziometrische Struktur der interpersonellen Zu- und Abneigungen analysiert oder ob man Kinder nach ihren Freundschaften beforscht. Die Freundschaftsforschung beispielsweise kommt zu anderen Ergebnissen als etwa die soziometrische Forschung. In der soziometrischen Forschung hat man es mit einer Vielfalt von Beziehungen zu tun, mit einer komplexen Struktur, und in der Freundschaftsforschung mit einer Dyade, d. h. mit zwei Personen, die sich gegenseitig mögen.

In der frühen Kindheit haben Freundschaften die Funktion, den Spaß, den Unterhaltungswert und die Freude durch gemeinsames Spiel zu verstärken. Ziel ist das Erlernen von Koordination, das Eskalieren und Deeskalieren der Spielaktivitäten, das Sprechen über Aktivitäten und die Lösung von Konflikten. Kinder lernen in dieser Zeit durch die Freundschaften, ihre wandelnde und wechselnde Erregung während einer Interaktion zu kontrollieren und zu „managen“. Das ändert sich in der mittleren Kindheit, ab etwa acht Jahren. Dann spielt es eine große Rolle, dass man nicht von den anderen abgelehnt wird, dass man in die Gemeinschaft aufgenommen wird und man sich den anderen gegenüber positiv darstellt. Man redet in der Kommunikation auch über die anderen, die nicht dazugehören – meist negativ. Kinder lernen in der mittleren Kindheit Regeln für das Zeigen von Gefühlen.

Generell kann man sagen: Im Vorschulbereich überwiegen das konkrete Geschehen und konkrete Gründe für die Freundschaft (Spaß am Spiel haben). Später werden diese Gründe abstrakter und orientieren sich an einer größeren sozialen Bedeutung (z. B. in der Gruppe akzeptiert werden).

Übrigens: Was sich liebt, das neckt sich. Freundliche und unfreundliche Kontakte gibt es auch zu denen, die man eigentlich mag (vgl. Strätz, 1992).

5.2 Wie kann man soziometrische Beziehungen in Kleinkindgruppen erfassen?

Die interpersonellen Beziehungen in Kindergruppen werden ebenso wie bei Erwachsenen überwiegend mit soziometrischen Verfahren erfasst, meist Fragebögen mit bestimmten Auswahlfragen („Mit wem aus deiner Gruppe spielst du am liebsten?“). Hin und wieder haben diese Verfahren auch einen anderen Namen: Manche sprechen von „sozialer Netzwerkanalyse“ oder von „sozial-kognitiven Landkarten“ oder einem soziometrischen „Ratingverfahren“ (Beurteilungsverfahren). Generell sind alle Verfahren, die relationale Daten (also Beziehungsdaten) liefern, „soziometrische“ Verfahren (vgl. Dollase, 1973; 1976), wenn

- jedes Gruppenmitglied Sender und Empfänger sein kann und auch
- als Absender oder Empfänger identifiziert wird und
- beide zu einer Gruppe gehören.

Wenn man also die Frage stellt: „Wen kannst du gut leiden?", und jedes Gruppenmitglied darauf die Personen nennen kann, die es innerhalb einer Gruppe mag, so handelt es sich dabei um ein „soziometrisches" Verfahren.

Wie geht man bei einer soziometrischen Untersuchung in einer Gruppe des Elementarbereichs vor? Zunächst einmal müssen die Kinder in der Lage sein, dass man mit ihnen über soziale Beziehungen sprechen kann. Das ist nach unseren Erfahrungen bereits bei dreijährigen Kindern möglich. Bei Kindern, die jünger sind, empfiehlt sich ein soziometrisches Beobachtungsverfahren, d.h. man beobachtet einzelne Kinder über eine gewisse Zeit und registriert, mit welchen anderen Kindern sie zusammen spielen bzw. zu welchen anderen Kindern Sympathie- oder auch Antipathieäußerungen vorkommen. In diesem Kapitel stellen wir weiter unten eine soziometrische Testbatterie mit zwölf Erhebungsmöglichkeiten vor, wie man soziometrische Beziehungen in Gruppen des Elementarbereichs bei Kindern von drei bis sechs Jahren erfassen könnte.

Alle Verfahren basieren darauf, dass man ein Foto des Kindes und der anderen Kinder in der Gruppe vorliegen hat – entweder auf einem Gruppenfoto oder als Einzelfotos. Dann kann man Kinder fragen, mit welchen anderen Kindern sie

Abb. 14: Bildsoziometrisches Verfahren für kleine Kinder (Bildergänzung) zur Erfassung von angreifendem und angegriffenem Kind (aus Dollase, 1979; Zeichnung: Harald Grosskopf).
Textinstruktion im Einzelversuch:
(Frage nach dem Angreifer) „Hier siehst du zwei Kinder. Eins spielt gerade mit Bauklötzen, und da kommt ein anderes Kind und tritt mit dem Fuß dagegen."
VL legt Foto des befragten Kindes erst auf das angegriffene Kind und fragt: „Das bist du, und wer ist jetzt das andere Kind?" (Zeigen!)
„Leg das Bild von dem anderen Kind dazu."
(Frage nach dem angegriffenen Kind) VL legt das Bild des befragten Kindes auf den Angreifer und fragt: „Und wer ist jetzt das andere Kind? Leg das Bild von dem anderen Kind dazu."

gerne spielen. Sie sollen auf das Bild zeigen bzw. das Bild in die Hand nehmen oder auf einem Gruppenfoto auf das Kind zeigen. Auch komplexere soziale Situationen können gezeichnet werden, und man legt das Foto des befragten Kindes in eine Zeichnung hinein. In ▸ **Abb. 14** kann man das Foto des Kindes einmal als Angreifer, einmal als angegriffenes Kind legen und dann fragen, wer das andere Kind ist.

5.2.1 Soziogramm und Soziomatrix

In der Gruppe der Kinder A, B, C, D, E und F wurde ein soziometrischer Test durchgeführt (▸ **Abb. 15**). Die Frage lautete: „Mit wem möchtest du spielen?". Im Soziogramm der Abbildung ist jedes Kind durch einen Kreis mit seinem Namen

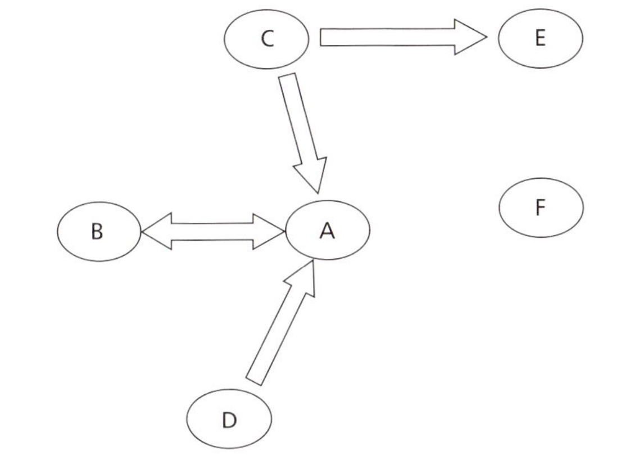

Gewählte Kinder	Wählende Kinder							
	A	B	C	D	E	F	Summe Wahlen	% der Wahlen
A	-	1	1	1	0	0	3	60
B	1	-	0	0	0	0	1	20
C	0	0	-	0	0	0	0	0
D	0	0	0	-	0	0	0	0
E	0	0	1	0	-	0	1	20
F	0	0	0	0	0	-	0	0

Abb. 15: Soziogramm und Soziomatrix (Erläuterung im Text)

(Buchstaben) darin gekennzeichnet, und die Pfeile zeigen an, welches andere Kind auf die Frage gewählt wurde. Wir erkennen, dass das Kind F weder eine Wahl getätigt hat noch von den anderen Kindern gewählt wurde. Wir erkennen, dass das Kind A von den Kindern B, C und D gewählt wurde und dass das Kind A eine wechselseitige Freundschaft mit dem Kind B hat. Das Kind C wählt zwei Kinder, wird aber nicht gewählt.

In ▶ **Abb. 15** ist unter dem Soziogramm eine Soziomatrix abgebildet, also eine Tabelle mit den Kindern am oberen Rand als Wähler und am linken Rand in derselben Reihenfolge als Gewählte. Nun kann man von oben ausgehend durch eine Eins in einem Kästchen dieser Tabelle markieren, welches Kind das Kind A gewählt hat, nämlich B usw. Am rechten Rand der Soziomatrix kann man nun die erhaltenen positiven Wahlen zusammenzählen und erkennen, dass die Person A drei Wahlen dieser Gruppe erhalten hat, auch „soziometrischer Status" genannt. Man kann nun diese drei Wahlen noch als Prozentsatz an der um eins verminderten Gruppengröße (A kann sich nicht selbst wählen) angeben. Am rechten Rand dieser Soziomatrix ist der sogenannte soziometrische Status bzw. der Popularitätsstatus angegeben (SS und SS %). Er gibt an, welche Kinder wie viele Wahlen erhalten haben. Man sieht, dass es drei Kinder mit drei bzw. einer erhaltenen Wahl und drei weitere Kinder ohne eine erhaltene Wahl gibt.

Dreischritt: Erhebung, Darstellung, Auswertung

Neben der Erhebung der soziometrischen Daten (s. u. Testbatterie), bei der man ein „Erhebungsverfahren" (Fragebogen, Beobachtung etc.) anwenden muss, folgt anschließend eine „Darstellung" der soziometrischen Daten in einem Soziogramm oder einer Soziomatrix. Als dritten Schritt kann man die „soziometrische Auswertung" anschließen, die in dem obigen Beispiel darin bestand, dass man den soziometrischen Status ausgerechnet hat. Eine weitere Analyse wäre, die soziometrischen Wahlen zu anderen gleichzeitig erhobenen Kriterien darzustellen und auszuwerten. Man könnte innerhalb eines Soziogramms die gegenseitigen Wahlen, also Freundschaften oder Feindschaften, zusammenzählen und an der Gruppengröße relativieren etc. Die soziometrische Auswertung kann bis hin zu ganz komplizierten mathematischen Verfahren getrieben werden (vgl. Dollase, 1976).

Interpretation eines Soziogramms

Auf jeden Fall sollte man ein Soziogramm genau interpretieren. Ein Soziogramm mit den Kindern A, B, C, D, F, G und I ist in ▶ **Abb. 16** dargestellt.

Bei genauer Betrachtung des Soziogramms in Abbildung 16 sieht man, dass es drei wechselseitige Freundschaftspaare gibt: DG, BC und AB. Die Problematik des Kindes B liegt unter Umständen darin, dass es zwei wechselseitige Freundschaften hat, aber die beiden Freunde A und C sich gegenseitig nicht wählen. Möglicherweise gibt es eine Konkurrenz zwischen A und C. B könnte der Adressat von Eifersucht von A oder C sein, je nachdem mit wem B gerade spielt. Die Situation von B ist, obwohl es zwei gegenseitige Freundschaften hat, keineswegs

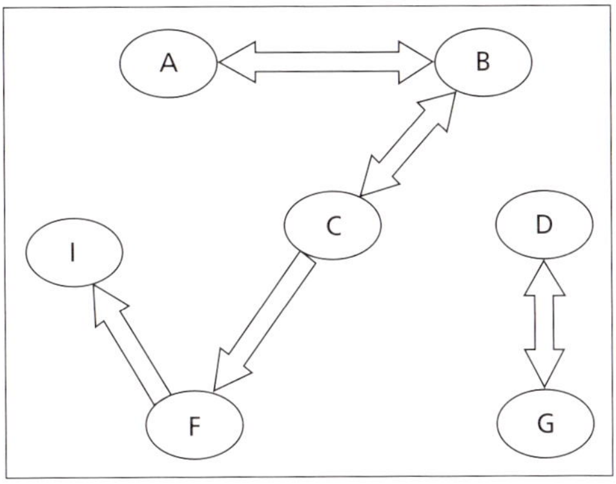

Abb. 16: Interpretation eines Soziogramms (Erläuterung im Text)

rosig. Auch B kann in Schwierigkeiten kommen, wenn es sich für einen der beiden Freunde – und wenn auch nur vorübergehend – entscheidet. Für A und C ist die Konkurrenz um die Gunst von B ein emotionales Problem, dass die beiden überwinden müssen, was sicherlich nicht ganz einfach ist. C ist insofern noch in einer besseren Situation als B, weil es gleichzeitig das Kind F mag, das aber es selbst nicht wählt, sondern ein anderes Kind, nämlich I. Insofern ist es für das Kind C eine nicht ganz so interessante Alternative, aber immerhin hätte es noch, wenn I mit F z. B. nicht spielen will, noch eine Auswahlmöglichkeit. Die Kinder D und G sind ein Paar, das keine weiteren positiven Beziehungen zu anderen hat. Solange diese Freundschaft hält, kann man davon ausgehen, dass es keine strukturellen Auffälligkeiten gibt.

Was hier an einem einfachen Beispiel diskutiert wurde, ist natürlich in einer größeren Kindergartengruppe wesentlich komplexer. Die Darstellung von Soziogrammen muss dann vereinfacht werden. Damit ein Soziogramm nicht unübersichtlich wird, sollte man z. B. geschlechtsspezifische Soziogramme zeichnen, weil in vielen Fällen die soziometrischen Beziehungen nur innerhalb der eigenen Geschlechtsgruppe getätigt werden, da auch schon bei kleinen Kindern gilt: Jungen wählen Jungen, Mädchen wählen Mädchen. Oder man greift sich eine Untergruppe, eine Clique oder nur die gegenseitigen Wahlen heraus, oder man analysiert die soziometrische Situation von einzelnen Kindern, die aus irgendwelchen Gründen auffällig sind bzw. ein auffälliges Sozialverhalten zeigen.

5.2.2 Eine soziometrische Testbatterie für Kinder im Vorschulalter

Die hier vorgeschlagenen Erhebungsverfahren sind aus bestehenden Verfahren der soziometrischen Forschung entwickelt worden, die hinsichtlich ihrer Zuverlässigkeit und Gültigkeit bereits erprobt worden sind (Dollase, 1979). Die soziometrische Testbatterie enthält insgesamt zwölf verschiedene soziometrische Fragen. Alle Fragen setzen das Vorliegen von Fotografien aller Gruppenmitglieder voraus, die durch Einsatz von Sofortbildkameras gewonnen wurden. Alle Kinder wurden in Einzelsitzungen befragt, d. h. sie mussten unter Zuhilfenahme der Fotos ihre Antworten abgeben. Das ist einerseits notwendig, um sicherzugehen, dass die Kinder keine anderen Gruppenmitglieder vergessen oder übersehen, und andererseits unerlässlich, weil Kinder im Vorschulalter nicht immer Vor- oder Nachnamen eines Gruppenmitglieds präsent haben. Durch die Vorlage von Fotos ist die Nennung auch der Kinder möglich, von denen das befragte Kind weder Vor- oder Nachnamen noch irgendeinen Spitznamen weiß.

Der erste Untertest besteht in einer sogenannten „Fotowahl". Hierbei werden die Kinder aufgefordert, sich zwecks Herstellung der für die Durchführung der soziometrischen Testbatterie notwendigen Sofortbildfotos jemanden auszusuchen, mit dem zusammen sie gern fotografiert werden möchten. Dieser Untertest stellt somit eine tatsächliche Verhaltenswahl der Kinder dar und kann somit eine besondere Realitätsnähe beanspruchen.

Im zweiten Untertest „Partnerkenntnis" geht es um die Erfragung der Namenskenntnis der anderen Gruppenmitglieder. Die Kinder werden gefragt, ob sie die auf den Fotos abgebildeten Kinder alle kennen, und wenn ja, ob sie den Vornamen, den Nachnamen oder beides wissen. Dies kann man bei Kleinkindern keineswegs voraussetzen, und es zeigte sich auch in dieser Untersuchung, dass noch nach neun Monaten längst nicht alle Kinder alle anderen mit Vor- oder Nachnamen kannten (Dollase, 1979). Einerseits gibt der Untertest „Partnerkenntnis" Auskunft darüber, inwiefern die Gruppenmitglieder miteinander vertraut sind, womit eine durchaus sozial relevante Tatsache ermittelt wird. Zum anderen dient er einer möglichen methodischen Relativierung, da es für die Bewertung der positiven oder negativen sozialen Orientierung der Vorschulkinder durchaus relevant ist, ob sie bestimmte andere Gruppenmitglieder kennen oder nicht. Wer seinem Spielkameraden unbekannt ist, hat unter Umständen auch seltener die Chance, von diesem positiv oder negativ gewählt zu werden.

Der Untertest „Bildwahl – lieb" gilt im Rahmen der soziometrischen Testbatterie als die wichtigste Frage nach der sozialen Anpassung der anderen Gruppenmitglieder. Eine an diesen Untertest angeschlossene Frage nach den Gründen für die Wahl soll unter anderem auch Aufschluss über die Ursachen einer solchen Bewertung geben. In diesem Untertest nennen die Kinder auf der Grundlage der vorliegenden Sofortbilder diejenigen anderen, die sie für „lieb" halten. Sowohl die Wahlbegründungen als auch die Korrelationen des soziometrischen Status aus dieser Frage mit anderen Variablen der Untersuchung zeigen, dass mit diesem Untertest wohl noch am ehesten das informelle Sozialprestige der einzelnen Kinder erfasst worden ist. Im Untertest „Bildwahl – böse" (ebenfalls mit freier Wahlbegründung) ist zur weiteren Absicherung die besonders schlechte Anpassung an die vorherrschenden – und von den Kindern meist internalisierten – Normen erfragt worden.

Eher strukturelle Aspekte der Anpassung sollten die drei nächsten Untertests „Bildergänzung Freund", „Bildergänzung – passive Aggression" und „Bildergänzung – aktive Aggression" erfassen (▸ **Abb. 14**). Bei diesen drei Untertests werden bildliche Situationen vorgegeben, in denen Kinder in unterschiedlicher Interaktion zueinander zu sehen sind. Auf das Gesicht eines der Kinder wird stets das Foto des befragten Kindes gelegt, und dies muss nun angeben, durch Auflegen des Fotos eines anderen Gruppenmitgliedes, welches das andere Kind in dieser Zeichnung sein könne. Mit diesen letztgenannten drei Untertests ist also stets eine Wahlbegrenzung verbunden (wie auch bei der Fotowahl). Beim Untertest „Bildergänzung – Freund" handelt es sich um zwei Kinder, die sich gegenseitig umarmen, bei der „Bildergänzung Aggression" um Situationen, in denen ein Turm aus Bauklötzen durch ein anderes Kind zerstört wird (▶ **Abb. 14**).

Im Untertest „Bildgratifikation" muss das befragte Kind eine Anzahl von Muggelsteinen (halbierte Murmeln) an die Fotos aller anderen Gruppenmitglieder verschenken. Hinsichtlich des Verteilungsschlüssels der Muggelsteine werden keinerlei Auflagen gemacht, so dass das Kind im Extremfall alle Muggelsteine einem einzigen anderen Kind oder jedem Gruppenmitglied einen einzigen Muggelstein geben könnte. Selbstverständlich ist es auch möglich, dass das Kind alle Muggelsteine sich selbst zuordnen könnte. Auch dieser Untertest dient der Erfassung eines informellen Status, jedoch hier stärker akzentuiert auf die Wirksamkeit einer Verteilungsnorm. Ähnlich provozierend ist auch der Untertest „Bildsortierung" konstruiert, bei dem durch jedes Kind alle Fotos in zwei verschiedene Häuser sortiert werden müssen. Das eine Haus enthält zahlreiches Spielmaterial, das andere überhaupt kein Spielmaterial. Auch hier wird also wieder ein normorientierter Gesichtspunkt in die Aufgabengestaltung eingebracht. Das erlaubt, abzuschätzen, inwiefern Zuneigung und Ablehnung bei der Zubemessung von Vorteilen bedeutend sind.

In unmittelbarem zeitlichen Anschluss an die letztgenannten Untertests werden die beiden Untertests „Bildwahl – lieb" und „Bildwahl – böse" wiederholt. Diese Wiederholung hat den Sinn, das Ausmaß der Stabilität dieser beiden Fragen zu sichern, dient also der Abschätzung der Zuverlässigkeit des Erhebungsinstruments. Diese Form der Zuverlässigkeitsbestimmung ist noch relativ ungebräuchlich, wenngleich sie schon in den 1930er Jahren durch Koskenniemi (1936) zur Demonstration der hohen Fluktuation interpersoneller Orientierungen eingesetzt wurde. Häufig kommt es auch vor, dass die Kinder bei einer unmittelbaren Wiederholung einer Frage ihre vorher gemachten Äußerungen erweitern, weshalb es unter Umständen auch sinnvoll sein kann, wenn man die Antworten aus der ersten und zweiten Erhebung zusammenfasst.

In einem letzten Untertest werden Sitzplatzwahlen der Kinder mehrfach registriert. Auch dieser Untertest ähnlich wie der Untertest „Fotowahl" stellt eine Verhaltenswahl dar und wurde in konkreten Situationen während der Frühstückszeit in den Kindertageseinrichtungen erhoben. Die Registrierungen der Sitzplatzwahl an verschiedenen Tagen werden allerdings nicht im herkömmlichen Sinne „soziometrisch" ausgewertet, sondern lediglich dazu benutzt, die Vermischung der Kinder in der Sitzordnung nach verschiedenen Merkmalen (Schicht, Geschlecht und im Kindergarten: Alter) zu ermitteln. Das Ausmaß dieser Vermischung kann Hinweise auf die Friktion bzw. auf die Integration der Gruppe unter Berücksichtigung der genannten Merkmale geben.

Die beschriebenen Erhebungsverfahren sind aus bestehenden Verfahren der soziometrischen Forschung entwickelt worden, die hinsichtlich ihrer Zuverlässigkeit und Gültigkeit bereits erprobt worden sind. Die auf Hagmann (1933) zurückgehende Bildgratifikation korrelierte in einer Untersuchung von Starkweather

(1962) an elf Kindern einer Kindergartengruppe im Alter von 3;8 bis 5;6 mit $r = .70$ bzw. $r = .83$ mit dem soziometrischen Status. Letzterer wurde mit einer Paarvergleichsmethode erfasst, bei der jedem Kind alle möglichen Zweierpaarungen seiner Gruppe vorgelegt wurden und es von den Paaren jeweils das sympathischere Kind auswählen sollte.

Das Verfahren der Bildwahl wurde von McCandless und Marshall (1957) an 48 Kindern in drei Gruppen hinsichtlich Stabilität und Übereinstimmung mit dem Erzieherurteil überprüft. Die Kinder waren zwischen 3;4 und 5;7 Jahre alt. Die Zwanzig-Tage-Stabilität schwankte zwischen $r = .45$ und $r = .71$, das Erzieherurteil schwankte zwischen $r = .50$ bis $r = .72$, und die Korrelation zwischen dem soziometrischen Status aus dem Bildwahlverfahren und dem Lehrerurteil lag zwischen $r = .16$ und $r = .71$.

Die Technik der Bildergänzung wurde von Biehler (1954) entwickelt und an 25 Kindern erprobt, wobei die Vier-Wochen-Stabilität als die stabile Abgabe von Erstwahlen definiert wurde. 14 von 25 Kindern gaben nach vier Wochen dieselben Erstwahlen ab. Moore und Updegraff (1964) bestimmten an drei Kleinkindergruppen im Alter von 3;2 bis 5;6 die Stabilität des Bildwahlverfahrens und erhielten Zwei-Wochen-Stabilitäten zwischen $r = .52$ und $r = .78$. Die genannten Korrelationskoeffizienten stellen bis auf die Untersuchung von Biehler (1954) Korrelationen der soziometrischen Statusrangreihe zu verschiedenen Zeitpunkten dar. In Übereinstimmung mit Befunden an älteren Kindern kann angenommen werden, dass die Stabilität der einzelnen Wahl und somit auch die Stabilität der Struktur weitaus geringer ist als die des soziometrischen Status. Die Gültigkeit der in der soziometrischen Testbatterie eingesetzten Verfahren ist vornehmlich im Hinblick auf die Statusvariable zu beurteilen, weil nur hierüber genügend Untersuchungen vorliegen. Ganz allgemein hat sich in einer Reihe von Untersuchungen gezeigt, dass der soziometrische Status mit den Eigenschaften positiv korreliert ist, die in der Gruppe als sozial erwünscht gelten (vgl. etwa Lindzey & Byrne, 1968). Dabei kommt es allerdings je nach Gruppe, Erzieherin und gesellschaftlichen Wertvorstellungen zu unterschiedlich hohen Korrelationen.

Im Rahmen einer Längsschnittuntersuchung sind auch zahlreiche Zuverlässigkeits- und Gültigkeitsinformationen zu den o.g. Fragen ermittelt worden, die in Dollase (1979) ausführlich referiert werden. Dabei lagen die Höchstwerte der Neun-Monate-Stabilität bei $r = .88$. Insgesamt hat sich die soziometrische Testbatterie als ein zuverlässiges und gültiges Verfahren erwiesen.

Wahrgenommene und reale Beziehungen

Neuerdings macht die soziometrische Forschung in den angloamerikanischen Ländern auf einen schon seit rund 100 Jahren bekannten Unterschied aufmerksam, tut aber so, als ob das eine neue Entdeckung sei. So schreiben Rubin, Coplan, Chen, Buskirk und Wojslawowicz (2005, S. 485), dass es einen Unterschied ausmacht, ob man die Beliebtheit auf Grundlage einer direkten soziometrischen Frage – „Wen kannst du gut leiden?“ – bestimmt oder ob man fragt: „Wer gilt bei den anderen als beliebt?“. Im ersteren Fall spricht man von „soziometrischer

Popularität" und im zweiten Fall von „wahrgenommener Popularität" (perceived popularity). Die Entdeckung, dass die Wahrnehmung der soziometrischen Beziehungen anders aussehen kann, als wenn man direkte Fragen stellt, ist seit Moreno und seinen frühen Mitarbeiterinnen/Mitarbeitern (Tagiuri, Criswell) bekannt. In einer eigenen Arbeit (Dollase, 1974, S. 69 ff.) habe ich mit der „multikriterialen Strukturerfragung" auch nichts anderes getan als in den aktuellen US-amerikanischen Arbeiten.

5.3 Welche Bedeutung haben soziometrische Beziehungen in Gruppen?

Die soziometrischen Beziehungen der kleinen Kinder in Gruppen haben für das Erleben der Kinder, für ihre Freude am Kindergarten eine herausragende Bedeutung. Wenn man sich jeden Morgen darauf freuen kann, von den anderen akzeptiert zu werden, wenn man erwarten kann, dass die anderen freundlich mit einem umgehen, dass man gemocht wird, dann ist das auch für kleine Kinder im Vorschulalter ein sehr schönes Erlebnis, auch wenn ihre soziale Wahrnehmung vielleicht nicht ganz so korrekt ist wie die von Erwachsenen. Es leuchtet unmittelbar ein, dass Kinder, die von den anderen Kindern abgelehnt werden, natürlich mit weniger Freude in die KiTa gehen. Insofern haben soziometrische Beziehungen in Gruppen im Elementarbereich eine große Bedeutung. Kann die Wissenschaft diese pragmatische Ansicht teilen? Die folgenden Ausführungen über die psychischen Folgen des soziometrischen Status basieren auf Parke und Stewart (2011, ▸**Kap. 8**) sowie auf Lehrbuchartikeln von Hymel, Closson, Caravita und Vaillancourt (2011), Cillessen und Bellmore (2011) und Rubin, Coplan, Bowker und Menzer (2011).

5.3.1 Der soziometrische Status: Mobbing, Ablehnung und Akzeptanz

Den soziometrischen Status kann man auch als eine Rangreihe der erhaltenen Wahlen zu einem Sympathiekriterium auffassen. Die internationale Forschung geht heute aber einen anderen Weg. Sie teilt den soziometrischen Status in „Statusgruppen" ein und benutzt dazu sowohl die positiven wie auch die negativen Wahlen, also Vorlieben und Abneigungen. Die vier untersuchten Gruppen lauten meist (vgl. Asher & Coie, 1990; Parke & Stewart, 2011):

1. *populäre* Kinder (sie haben viele positive Wahlen und nur wenige negative erhalten)
2. *kontroverse* Kinder (sie haben viele positive, aber auch viele negative Wahlen erhalten)
3. *abgelehnte* Kinder (sie haben wenige positive Wahlen, erhalten dafür aber sehr viele negative)
4. *vernachlässigte* Kinder (sie haben sowohl wenige positive Wahlen wie auch wenige Abneigungen erhalten)

Es gibt noch eine fünfte Gruppe, die „Durchschnitt“ genannt wird und in der alle Kinder zusammengefasst sind, die nicht in die oberen vier Gruppen passen. Zugleich wird, wie schon im vorigen Kapitel angedeutet, zwischen der „soziometrischen Popularität“ und der „wahrgenommenen Popularität“ unterschieden. Beides erfasst man mit unterschiedlichem soziometrischen Fragen: die soziometrische Popularität mit einer direkten Frage nach der Sympathie, die wahrgenommene Popularität mit einer Wahrnehmungsfrage wie z. B.: „Was meinst du, wer ist beliebt bei den anderen?“, oder: „Wen mögen die meisten Kinder gut leiden?“

Ob Kinder von ihren Gruppenmitgliedern abgelehnt werden oder nicht, kann man von außen nicht immer sicher beobachten. Spielt ein Kind alleine, dann kann es drei Gründe haben:

1. Das Kind ist schüchtern und hat sich selbst zurückgezogen und möchte gern alleine spielen, weil ihm das Spielen mit anderen unangenehm ist, oder
2. das Kind zieht sich aus der Gemeinschaft zurück, ohne dass es schüchtern wäre. Es macht es selbst, weil es überreizt ist oder selbst etwas ausprobieren will oder sich für eine Sache interessiert, die die anderen nicht interessiert, oder aber
3. es wird von den anderen ausgegrenzt und gezwungenermaßen ins Alleinspiel gedrängt.

Man kann demnach eine „aktive Isolierung“ durch die Gruppenmitglieder von einem „sozialen Rückzug“ (withdrawal) unterscheiden. Die Ausgrenzung ist ein soziales Problem, das mit unterschiedlichen Maßnahmen (s. u.) gelöst werden kann. Der soziale Rückzug kann mit Schüchternheit zusammenhängen oder aber damit, dass das betreffende Kind alleine spielen möchte, wie bereits erläutert.

Ob Schüchternheit therapiebedürftig ist, wird von Kultur zu Kultur unterschiedlich beantwortet. In den USA und mittlerweile auch in Deutschland gilt Schüchternheit als großes Problem, aber auch ein freiwilliger Rückzug aus der Gemeinschaft wird gerne pathologisiert. Hier sollte man vorsichtig sein. Für ein Kind ist es sicher schlimm, wenn es gerne Kontakt haben möchte, aber sich nicht traut. In einem solchen Fall braucht das Kind Hilfe. Wenn es aber mit seiner Situation zufrieden ist, muss man schüchterne Kinder nicht mit aller Gewalt in die Geselligkeit drängen. Manche Kinder sind auch sehr misstrauisch gegenüber anderen Kindern, weil sie schlechte Erfahrungen gemacht haben – auch hier muss die Hilfe anders aussehen und auf die jeweiligen Gründe der Kinder zugeschnitten sein. Die empirische Forschung zeigt, dass die unterschiedlichen Formen von sozialem Rückzug unterschiedliche Gründe und auch unterschiedlich schwere Folgen haben. Insofern ist Differenzierung vonnöten.

5.3.2 Korrelationen, Ursachen und Folgen der Zurückweisung durch Gleichaltrige

Kinder, die erfolgreich sind, die bei ihren Gleichaltrigen beliebt sind, haben – nach Untersuchungen zu urteilen – die Fähigkeit, Kontakte effektiv zu knüpfen, mit den anderen zu sprechen, in angemessener Art und Weise auf die Interessen und das Verhalten anderer Kinder einzugehen und mit diesen in Aktivitäten zu kooperieren. „Populäre Kinder" zeigen sogenanntes „prosoziales Verhalten" und helfen anderen Kindern öfter. Sie können andere Kinder besser verstehen und diese korrekt wahrnehmen. Den „abgelehnten Kindern" und den „zurückgewiesenen Kindern" fehlt es oft an sozialen Fähigkeiten, die aggressiven, abgelehnten Kinder haben eine geringe Selbstkontrolle ihrer Emotionen und ihres Ärgers. Die „vernachlässigten Kinder" sind eher schüchtern und ängstlich. Die „kontroversen Kinder" werden von einigen gemocht, von anderen nicht und verhalten sich offenbar auch unterschiedlich gegenüber anderen Kindern. Die „beliebten Kinder" haben positive Ziele und Strategien, sie haben mehr Selbstvertrauen und Ausdauer, sie können verschiedene Handlungswege einschlagen, wenn sie mit einer Strategie nicht erfolgreich sind. Sie sind insgesamt attraktiver für andere Kinder als die „unbeliebten". Die beliebten Kinder besitzen viele soziale Fähigkeiten, um auch Konflikte konstruktiv zu lösen und einfühlsam mit den anderen zu spielen. Wichtig ist auch die Fähigkeit einer korrekten interpersonellen Wahrnehmung. Solche Kinder können die Kompetenzen der anderen und ihre eigenen besser wahrnehmen und merken auch eher, ob sie gemocht oder abgelehnt werden.

Wenn man immer unpopulär ist, kann das kurzzeitige und langzeitige Folgen haben: zum Beispiel depressive Stimmungen. Wenn man aber mindestens einen Freund oder eine Freundin hat, dann wird dies Einsamkeit und Depressivität reduzieren.

Ein weitverbreitetes Vorurteil lautet: Die kleinen Kinder haben keine stabilen soziometrischen Beziehungen. Das ist nicht richtig. Selbst über einen Zeitraum von neun Monaten sind der positive soziometrische Status und der Ablehnungsstatus bei drei- bis fünfjährigen Kindern relativ stabil (Dollase, 1979), wie weiter oben schon erläutert wurde.

Interessant ist, dass die Kinder mit „wahrgenommener Popularität" (statt tatsächlicher Beliebtheit bzw. Popularität) öfter aggressiv sind und durchaus etwas zwiespältig beurteilt werden. Die wahrgenommene Popularität ist nicht identisch mit der soziometrischen Popularität (gewonnen aus direkten Sympathiewahlen). Die sozialen Strategien der wahrgenommenen populären Kinder kann man als „bistrategisch" bezeichnen. Sie verbinden prosoziale Verhaltensweisen mit aggressiven und antisozialen Verhaltensweisen, zum Beispiel mit sogenannten „relationalen Aggressionen", d. h. mit einem Angriff auf die Beziehungen anderer Kinder, etwa durch „anschwärzen", „petzen" oder durch bewusste Verbreitung falscher Gerüchte wie z. B.: „Dein Freund hat mir erzählt, dass er dich nicht mehr mag … ."

Bei der Untersuchung der „schüchternen" oder „zurückgezogenen" Kinder, die zum Teil freiwillig oder gezwungen sozial isoliert sind, findet man eine Reihe von Unterschieden zu den beliebten Kindern. Schüchterne Kinder leiden meistens an ihrem Temperament, wobei Temperamentsunterschiede zwischen Kindern zu großen Anteilen genetisch determiniert sind. Eine unsichere Bindung an die Eltern und das Vorbild elterlichen Sozialverhaltens können ebenfalls auffällig sein. Die Reaktion der Eltern auf die Schüchternheit ihres Kindes kann eine Art Überbehütung erzeugen (weil man das schüchterne Kind vor Stress bewahren will), die dann wiederum für die weitere soziale Entwicklung des Kindes nicht unbedingt günstig ist.

Die „isolierten Kinder“ haben im Unterschied zu den nicht schüchternen Kindern weniger Lösungen für soziale Konflikte parat und sind eher erwachsenenfixiert, weil sie wenig soziale Fantasie haben und offenbar nicht über die notwendigen sozialen Kompetenzen verfügen. Sie haben eine anspruchslose Erwartungshaltung an andere, besitzen keine Durchsetzungsstrategien und verlieren Konflikte in aller Regel – eigentlich sehr bedauerlich.

Mario von Cranach und Mitarbeiter (1980) haben in einer Videostudie gezeigt (s. o.), dass diejenigen Kinder sich durchsetzen, die über Verhaltensmuster des Drohens und Protestierens verfügen. Wenn ein Kind das nicht kann, verliert es Konflikte häufiger – es ist bedauerlich, dass Kinder auf solche Strategien angewiesen sind, um ihre Interessen durchzusetzen.

Die Folgen für die Selbstwahrnehmung der schüchternen und sozial isolierten Kinder sind risikoreich, können aber durch die Qualität der Kindergarten- und Gruppenarbeit kompensiert werden. Häufig folgt auf die Schüchternheit und auf den Rückzug auch noch die aktive Ablehnung durch andere Kinder. Wenn ein zurückgezogenes Kind ein anderes zurückgezogenes Kind als Freund hat, ist das auch nicht immer günstig, weil dieses andere Kind keine anders gearteten Kompetenzen vormachen kann als das zurückgezogene Kind selbst schon besitzt. Die Langzeiteffekte des Rückzugs sind oft Angst und Depression, die bis ins Erwachsenenalter hineinreichen können. Für Mädchen ist Zurückgezogenheit offenbar langfristig nicht ganz so schlimm wie für Jungen.

Nach Asher et al. (2001) gibt es sehr unterschiedliche Reaktionen, wie kleine Kinder auf Ablehnung reagieren:

- Wenn das abgelehnte Kind zum Beispiel Freunde hat, kann es mit der Ablehnung leichter zurechtkommen.
- Wenn ein Kind häufiger Ablehnung erfährt, ist das schlimmer, als wenn es nur gelegentlich passiert.
- Wenn es einem abgelehnten Kind gelingen sollte, humorvoll auf die Ablehnung zu reagieren oder eine passende Antwort zu finden, kann der Effekt auch gemildert werden.
- Wenn das abgelehnte Kind ein gesundes Selbstbewusstsein hat und weiß, was es selbst kann, kommt es meist auch mit den Ablehnungen besser zurecht.
- Wenn die Ablehnung von engen Freunden oder Verwandten erfahren wird, dann ist es oft schlimmer, als wenn nur ein flüchtiger Bekannter das Kind ablehnt.
- Wenn die Ablehnung milde und einigermaßen höflich formuliert wird, ist es nicht so gravierend wie eine heftige und beleidigende Zurückweisung.

Die empirische soziometrische Forschung hat eine Vielzahl von Ergebnissen zu den soziometrischen Statusgruppen (Beliebte, Abgelehnte, Kontroverse, Unbeachtete, Durchschnitt) ermittelt, über die im Folgenden berichtet wird.

Zunächst einmal: Wirkliche substanzielle Probleme haben nur abgelehnte und kontroverse Kinder (Rubin et al., 2005, S. 493). Bei den abgelehnten Kindern kann man zwei Typen unterscheiden:

1. Die *„aggressiv abgelehnten"* Kinder, die feindliches Verhalten zeigen, die keine adäquaten Konfliktlösungsmöglichkeiten beherrschen, die glauben, dass sie sich mit Aggressivität besser durchsetzen können, und die meist nicht wissen, dass sie sich dadurch sehr unbeliebt machen.
2. Die *„submissiv unterwürfigen"* Kinder sind zurückhaltend, verschlossen, oft auch misstrauisch und vorsichtig. Sie haben zumeist ein geringes Selbstwertgefühl und leiden unter ihrer Isolation und Gefühlen der Einsamkeit.

Die Frage ist nun, ob die Kinder abgelehnt werden, weil sie so sind, oder werden sie durch die Ablehnung so, wie sie sind. Ist Ablehnung also die Ursache oder die Folge der Charaktereigenschaften. Denn zumeist handelt es sich bei den Beschreibungen um korrelative Beziehungen und nicht um kausale. Mithilfe neuer statistischer Techniken kann man allerdings aus Längsschnittuntersuchungen deutliche Hinweise dafür gewinnen (Rubin et al., 2005, S. 493), wonach die Ablehnung tatsächlich spätere Fehlanpassung erzeugt.

Bei den langfristigen Folgen handelt es sich wiederum um „externalisierte" oder „internalisierte" Probleme. Zu den externalisierten gehören z. B. aggressive Ablehnung anderer Kinder bzw. Jugendlicher, die später zu Delinquenz, zu Drogenkonsum und vielfältigen Anpassungsproblemen führen. Die Ablehnung im Alter von sechs Jahren etwa kann bis ins Erwachsenenalter mit den Folgen externalisierter Probleme nachgewiesen werden (Rubin et al., 2005). Der kausale Beweis geschieht dadurch, dass man alle anderen Störvariablen ausblenden und statistisch herausrechnen kann. Aufgrund der Ablehnung durch die Gleichaltrigen bleibt dann ein Zuwachs an aggressiven Verhaltensweisen auch noch im späteren Lebensalter messbar. Die „internalisierten" Langzeitprobleme betreffen überwiegend die zurückgezogenen und isolierten Kinder. Diese behalten ein geringes Selbstwertgefühl, leiden häufiger unter Angst und depressiven Symptomen. Rubin et al. (2005) konnten die Stabilität der Wirkung der vorschulischen Ablehnung auf internalisierte Probleme bis zum elften Lebensjahr nachweisen: Die Elfjährigen hatten häufigere Einsamkeitsdepression, geringe soziale Kompetenz und ein negatives Selbstwertgefühl.

Was sind die Ursachen für die geringe Akzeptanz bei den Gleichaltrigen in Gruppen des Elementarbereichs? Wie hier schon mehrfach betont, ist geringe Akzeptanz ...

1. möglicherweise abhängig vom Temperament des Kindes,
2. von der Bindungsqualität zu den Eltern und
3. vom elterlichen Erziehungsverhalten bezogen auf die soziale Entwicklung, z. B. ob Eltern etwa die soziale Kompetenz bewusst fördern, dem Kind frühzeitig Gelegenheit geben, mit Gleichaltrigen Kontakt aufzunehmen und ihm bei Schwierigkeiten helfen, und
4. auch vom elterlichen Erziehungsstil insgesamt – hier ist der „autoritative" Erziehungsstil als Mischung zwischen Lenkung und Wärme am günstigsten. In dieser Konstellation dürften auch die richtigen Ideen zur Hilfe für das Kind entstehen.

Keineswegs sind aber damit alle Ursachen genannt. Es ist sicher auch möglich, dass ein Kind einfach in der falschen Gruppe ist, weil es von den Kindern seiner

Gruppe abgelehnt wird. Wenn Vorurteile in der aktuellen Gruppe verbreitet sind, dann kann es eine einzelne Person, die nicht in das Muster und in die Normen und Regeln der Gruppe passt, schon schwer haben. Das ist bei kleinen Kindern genauso wie bei Erwachsenen.

5.4 Gibt es wirksame pädagogische Maßnahmen gegen eine Ablehnung durch Gleichaltrige?

Wenn zwei Menschen sich nicht verstehen, dann gibt es eine typisch pädagogische oder therapeutische Antwort auf diesen Umstand. Entweder beide „müssen" lernen, miteinander auszukommen, oder man versucht, die Persönlichkeiten zu verändern (also Beziehungs- oder Persönlichkeitsentwicklung). Aus dem „Heiligenbeispiel" (s. u.) nach Moreno (1996, Vorwort Dollase) könnte man auch schließen, dass Anziehungen oder Abstoßungen zwischen Menschen kein Defizit sind und dass es dafür keine pathologische Ursache gibt. Also wäre für die Verbesserung der Beziehung kein Lernprogramm nötig oder wirksam. Die Zuneigung oder Abneigung gegenüber anderen Menschen ist ein Vorgang, der auch den Heiligen passieren könnte. Moreno schreibt:

> *„Jeder Mensch folgt seiner inneren Sehnsucht, jeder ist guten Willens, und dennoch scheitert die Gemeinschaft als Ganzes. Selbst wenn jedes Mitglied unserer Gesellschaft die Vollkommenheit eines Heiligen erreichte, wären die Interaktionen der Heiligen vielleicht immer noch unvollkommen. Zwei Heilige müssen miteinander harmonieren und mehrere auch als Gruppe segensreich wirken können." (Moreno, 1954, S. 396)*

Heilige haben kein Defizit – Anziehungen und Abstoßungen haben keine änderbare (trainierbare, therapierbare) Ursache. Deshalb war Morenos Ratschlag: Menschen, die sich nicht mögen, gehen sich aus dem Wege und gesellen sich zu denjenigen, die sie mögen und von denen sie gemocht werden.

Was bedeutet das für die soziometrischen Beziehungen von kleinen Kindern? Die internationale Forschung berichtet nur von Inkonsistenzen bei der Prävention und Förderung von Ablehnung durch gleichaltrige Kinder. Das bedeutet, dass ein Teil der Programme und Maßnahmen offenbar hilft, dass die Hilfe aber nicht in allen Fällen günstig und positiv ist, dass Programme auch versagen können. Morenos Idee des Ausweichens wird kaum aufgegriffen.

Vom „Center of Excellence for Child Development" werden beispielsweise folgende Tipps für die Unterstützung von Kindern, die von ihren Gleichaltrigen abgelehnt werden, empfohlen. Die Eltern sollen zum Beispiel

- die Geschwisterkonflikte nutzen, um wichtige soziale Fähigkeiten und friedliche Konfliktlösung einzuüben (insofern Geschwister vorhanden sind).
- Den Erzieherinnen wird davon abgeraten, zu viele Kinder mit aggressiven Eigenschaften zusammen in eine Gruppe zu bringen.
- Es wird empfohlen, soziale Trainingsprogramme auch in den Vorschuljahren einzuführen.

Diese Programme sollten mit Eltern, mit pädagogischen Fachkräften und den Gleichaltrigen zusammen gemacht werden. Einschlägige Programme zur Förderung des sozialen Verhaltens auch im Vorschulalter gibt es überall (z. B. DUSO – Developing of Understanding of Self and Other, nach Don Dinkmeyer, 1982). Programme wirken nicht durch punktuelle und zeitlich begrenzte Anwendung, sondern sie müssen insgesamt zu einer Veränderung und Verbesserung des sozialen Klimas aller am Elementarbereich beteiligten Personen (also KiTa-Leitungen, pädagogische Fachkräfte, Kinder und Eltern) führen. Alle müssen ihr Verhalten nachhaltig ändern. Allein kann ein Programm, das nur gelegentlich angewendet wird, nichts bewirken. Im Allgemeinen hat man folgende Strategien zur Verfügung, um den abgelehnten Kindern zu helfen:

1. Man fördert die sozialen Kompetenzen des Kindes oder der Kinder, die von den anderen abgelehnt werden.
2. Man fördert die sozialen Kompetenzen, die sozialen Wahrnehmungen und die emotionale Kontrolle der Kinder, die andere Kinder ablehnen und ausschließen.
3. Man versucht durch die Gruppenzusammensetzung oder durch den Wechsel der Gruppe, die Ablehnung für ein bestimmtes Kind zu verhindern. Das setzt voraus, dass man die Reaktionen der Gruppenmitglieder in der anderen Gruppe einigermaßen richtig einschätzen kann (diese Strategie hat noch am ehesten Ähnlichkeit mit der Ausweichstrategie von Moreno).
4. Man überprüft, welches soziale Klima in der Einrichtung herrscht, ob auch die pädagogischen Fachkräfte und Eltern, insofern sie bei der Kindergartenarbeit mitarbeiten, ein wünschenswertes Sozialverhalten praktizieren.
5. Man gibt sich mit der Elternarbeit besondere Mühe und versucht, den Eltern den Zusammenhang zwischen ihrem Erziehungsverhalten und Akzeptanz oder Ablehnung durch die Gleichaltrigen deutlich zu machen.
6. Man sucht Programme und Konzepte, die sich spezifisch auf die Verbesserung der sozialen Beziehungen, Fähigkeiten und Wahrnehmungen eines Kindes bzw. der Kinder in Gruppen im Elementarbereich beziehen, und wendet diese Programme regelmäßig an. Zugleich muss aber von den Programmen auch eine Veränderung des gesamten sozialen Klimas einer Einrichtung ausgehen.

In der experimentellen soziometrischen Forschung sind zwei Ergebnisse zur Hilfe abgelehnter Kinder ermittelt worden (allerdings bei etwas älteren Kindern):

1. Die Sympathien und Antipathien der Lehrkräfte bzw. Erzieher und Erzieherinnen sind für den soziometrischen Status der Kinder mitbestimmend. Kurz gesagt: Wenn ich ein Kind nicht mag, übernehmen die anderen Kinder hin und wieder auch meine Meinung und lehnen das Kind auch ab (Flanders & Havumaki, 1960).
2. Der Status von abgelehnten Kindern kann dadurch verbessert werden, dass diese Kinder sich um das Wohl der anderen Kinder verdient machen bzw. dafür sorgen, dass die Gruppe durch sie Vorteile hat bzw. Vergünstigungen bekommt. Wenn es möglich sein sollte, abgelehnte Kinder in dieser Art und Weise zu „wertvollen“ Gruppenmitgliedern zu machen, verbessert sich ihr Status leicht (Bavelas, Hastorf, Gross & Kite, 1965).

Alle diese positiven Maßnahmen darf man aber nicht überschätzen. Die Ablehnung von Kindern, die Statushierarchien und Rangreihen gibt es in allen Gruppen bei Kindern wie bei Erwachsenen weltweit. Es handelt sich dabei um ein weitgehend tabuisiertes Thema, das aber alle Menschen betrifft. Viele Pädagoginnen und Pädagogen haben sich daran gewöhnt, dass es so ist, und akzeptieren das Leid, das dadurch entsteht, dass man keine Freunde findet bzw. dass man von anderen Menschen abgelehnt wird.

Die Ablehnung in der Kindheit ist allerdings ein Entwicklungsrisiko. Nicht nur ungünstige Elternhäuser und unangemessenes elterliches Verhalten sind ein Entwicklungsrisiko, sondern auch die Gleichaltrigengruppe. Deswegen ist eine Auseinandersetzung mit den Möglichkeiten, Gruppen entsprechend günstig und geschickt zu führen, um das soziale Verhalten zu verbessern, dringend geboten.

5.5 Zusammenfassung

In diesem Kapitel geht es um die Beziehungen der Kinder untereinander. Man nennt solche interpersonellen Beziehungen, zu welchem Kriterium auch immer, soziometrische Beziehungen. Der Begriff geht auf den Psychiater Jakob Levy Moreno zurück, erfunden hat die Soziometrie allerdings ein Sonderpädagoge aus Sachsen (Delitzsch, 1900). Diese soziometrischen Beziehungen kleiner Kinder in Gruppen des Elementarbereichs sind lange Zeit übersehen worden, weil man dem flüchtigen Eindruck getraut hat, dass es sich hier um ein „soziales Gewimmel" handelt, um kleine menschliche Wesen, die heute diese und morgen jene interpersonellen Vorlieben haben. Untersuchungen seit den siebziger Jahren des vorigen Jahrhunderts zeigen allerdings deutlich, dass die Beziehungen der kleinen Kinder untereinander ähnlichen Gesetzen folgen wie denen der Erwachsenen in ihren Gruppen. Es gibt immer Kinder, die sehr beliebt sind, Kinder, die unbeliebt sind, Kinder, die kontrovers aufgefasst werden, Kinder, die isoliert sind. Die soziometrischen Beziehungen fügen sich selten und eher nur zufällig zu einem harmonischen Ganzen. Die Ursachen für eine Ablehnung von Kindern oder ihre Unpopularität sind vielfältig. Nicht immer sind die Kinder „selbst schuld" wegen ihres Verhaltens, das geändert werden müsste, sondern oft ist es auch ein sogenannter Gruppenprozess, d. h. die Kinder haben sich mehr oder weniger unbewusst entschlossen, einen der ihren zum Außenseiter zu stempeln. Hier ist ein pädagogisches Eingreifen nötig: Kinder, die schon im Kindergarten immer wieder abgelehnt werden, erfahren die Gruppe als Entwicklungsrisiko. Es ist für niemanden günstig, wenn er in Gruppen lebt, spielt oder arbeitet, in denen er von den anderen nicht akzeptiert wird. Zur Erhebung soziometrischer Beziehungen ist es notwendig, einen soziometrischen Test in der jeweiligen Gruppe durchzuführen und ihn mit einfachen Darstellungs- und Auswertungsregeln so auszuwerten, dass die Kinder, die sich in einer Risikokonstellation befinden, identifiziert werden können. Hilfen zur Besserung sind möglich, aber nicht immer wirksam.

5.6 Literaturtipps

Stadler, C. (Hrsg.). (2013). *Soziometrie. Messen und Intervenieren im Verfahren Psychodrama*. Berlin: Springer.
Zur Vertiefung empfiehlt sich eine Beschäftigung mit der Soziometrie und dem Psychodrama – versteht man Erwachsene, versteht man auch die Kinder. Das neueste Werk dazu stammt von Christian Stadler.

Barth, H. D., Bernitzke, F. & Fischer, W. (2010). *Abenteuer Erziehung. Pädagogische, psychologische und methodische Grundlagen der Erzieherinnenausbildung*. Haan-Gruiten: Europa Lehrmittel.
Die gesamte Spannbreite der Problematik und des Umgangs mit soziometrischen Beziehungen findet sich in diesem Buch. Es bietet eine praxisnahe Übersicht über Soziometrie und Gruppendynamik. Vor allem in Kapitel 7 – besonders 7.2.3 – werden verschiedene Varianten der Darstellung und Analyse von Soziogrammen gezeigt (vgl. Dollase, 1974, 1976).

6 Gruppenführung im Elementarbereich

Die in der Forschung ermittelten Risiken des Lebens in Gruppen von kleinen Kindern erfordern besondere Vorkehrungen, durch die man diese Nachteile vermeiden kann. Hierzu werden im Folgenden Analysen und Möglichkeiten der Gruppenführung dargestellt, insbesondere auch die Studien von Kounin (1970/2006, 1974, 1976), der nicht nur in Grundschulen geforscht, sondern auch einzelne Veröffentlichungen zur Gruppenführung im Elementarbereich vorgelegt hat. Außerdem sollen Erkenntnisse organisatorischer Ansätze zum Gruppenmanagement einbezogen werden. Die folgenden Ausführungen orientieren sich an früheren Veröffentlichungen von mir (Dollase, 1994a, 2012).

6.1 Die psychologische Verkleinerung von Gruppen

Die aus psychologischen oder pädagogischen Gründen wünschenswerten Gruppengrößen (z. B. drei bis vier Kinder im Alter bis drei Jahre, zehn bis zwölf Kinder je Gruppe und eine pädagogische Fachkraft bei den älteren Kindern) sind in unserem Land politisch nicht gewollt und werden daher auch nicht finanziert (▶ **Kap. 2**). Gruppenerziehung bzw. Gruppenbetreuung bleibt demnach unausweichlich. Eine wichtige Qualifikation von pädagogischen Fachkräften im Elementarbereich ist folglich ihre Fähigkeit, erzieherische Prozesse simultan für eine größere Zahl kleiner Kinder zu initiieren und erfolgreich aufrechtzuerhalten.

Die Fähigkeit, mit einer größeren Zahl von kleinen Kindern umzugehen, scheint eine besondere zu sein, die nicht mit der Fähigkeit zur Einzelerziehung übereinstimmen muss. Leider werden in der pädagogischen Fachliteratur diese beiden Kompetenzbereiche, also zur Einzelerziehung und zur Erziehung in Gruppen, nicht deutlich unterschieden. Man liest meist: „Das Kind soll lernen …“ oder „Man muss auf die Medienerfahrungen des Kindes eingehen …“, bestenfalls: „Die Kinder malen dann ein Bild über die Arbeit des Telefonkabelverlegers …“, so als habe man es mit Einzelunterricht oder mit „kollektivem Einzelunterricht“ (Jenzer, 1991) zu tun.

Schon in den 20er Jahren des vorigen Jahrhunderts hat Kerschensteiner (1921) die Beobachtung gemacht, dass es „hervorragende Einzelerzieher“ gibt, die aber bei „der Führung einer Gruppe versagen“. Es gelänge ihnen nicht, die „leicht auseinanderflatternden Kinderseelen“ zusammenzuhalten. Wer ein einzelnes Kind gut erziehen kann, wer eine gute Ansprache hat, kann noch lange nicht eine Gruppe organisieren. Was ist dazu beispielsweise nötig?

Der deutsche Pädagoge und Psychologe Winnefeld (1967) hat von Lehrerinnen und Lehrern – aber das gilt für pädagogische Fachkräfte im Elementarbereich genauso – „Komplexkapazität“ gefordert, die sich in „Wahrnehmungskapazität“ und „Kontaktkapazität“ unterteilt. Man bekommt viel mit, man kann gleichzeitig mit vielen Kindern den Kontakt aufrechterhalten, wozu man auch „Rapport“ (aufeinander bezogene, kommunikative Beziehung) sagt. Heute würde man von der Fähigkeit zum „multitasking" sprechen. Das ist anstrengend und setzt Wachheit und Aufmerksamkeit sowie ein gutes Kurzzeitgedächtnis voraus. Im Alltag würde man z. B. einen „aufmerksamen" Gastgeber loben, der eine Party so organisieren kann, dass alles klappt, sich niemand langweilt etc. Zudem sollten Personen, die Gruppen leiten, „personale Geräumigkeit" haben, d. h. die Fähigkeit, auch mit heterogenen Kinderpersönlichkeiten in gleicher Weise, ohne Ressentiment und Vorurteile, gerecht umzugehen, also keine Bevorzugungen oder Ablehnungen erkennen zu geben. Kinder, die bei solchen Personen im Kindergarten oder in der Schule gebildet und unterrichtet werden, fühlen sich wahrgenommen und haben das Gefühl, dass sie trotz der Vielzahl anderer Kinder einen guten Kontakt zu der erwachsenen Bezugsperson haben.

Der US-Amerikaner Kounin hat die Fähigkeiten (▸ Kasten 14) von Grundschullehrerinnen/-lehrern (übertragbar auf pädagogische Fachkräfte im Elementarbereich) in lehrerzentriertem Unterricht, aber auch bei Gruppenarbeit (vergleichbar dem Freispiel) ausführlich beschrieben, die diese haben müssen, um eine Gruppe effektiv führen zu können. Dazu gehört eine Art flexible, offene Arbeit, die etwa im Freispiel organisiert ist, dazu gehört der Versuch, dass man Kinder

Kasten 14: Fünf Fähigkeiten für effektives Gruppenmanagement

Kounin (1970) untersuchte in seiner berühmten Videostudie 50 Grundschulklassen während lehrerzentriertem Unterricht und Gruppenunterricht, bei „normalen" und verhaltensauffälligen Kindern. Wenn es zu viel Leerlauf und Störungen gab, spulte er das Band zurück und wertete das Verhalten der Lehrkräfte vor dem Abfall der Mitarbeit und dem Anstieg des Fehlverhaltens aus. Dabei identifizierte er folgende Dimensionen:

1. *Bescheidwissen* (withitness): Die pädagogische Fachkraft muss über möglichst viele Vorgänge in der Gruppe Bescheid wissen, und die Kinder müssen dies auch merken.
2. *Überlappung:* Die pädagogische Fachkraft muss mehrere Abläufe, Vorgänge gleichzeitig steuern können.
3. *Reibungslosigkeit* (smoothness): Bei der Arbeit mit den Kindern muss die pädagogische Fachkraft Sprunghaftigkeiten vermeiden. Die Tätigkeiten müssen sich für die Kinder logisch und reibungslos auseinander ergeben. Dieser Forderung gerecht zu werden heißt auch, Störungen der Arbeit von außen (z. B. Telefonate) zu unterbinden.
4. *Schwung* (momentum): Verzögerungen und Langatmigkeiten müssen verhindert, Leerlaufzeiten verkürzt, Überproblematisierungen minimiert werden.

Aufrechterhaltung des Gruppenfokus: Zur effektiven Gruppensteuerung muss stets darauf geachtet werden, dass möglichst viele Kinder sinnvoll beschäftigt sind, das bedeutet die Aufrechterhaltung des Gruppenfokus. Die Kinder haben bei dieser Art des Umgangs mit einer Gruppe das Gefühl der „Signalkontinuität". Die Reibungsverluste durch Gruppengröße werden verringert.

beschäftigt, damit man Zeit hat, sich um einzelne andere zu kümmern. Es gehört aber auch dazu, dass man sehr aufmerksam ist und viele Vorgänge gleichzeitig beobachten und steuern kann. Es gehört dazu, dass man immer einen Blick auf die gesamte Gruppe hat, sich nicht in Details verliert, sich nicht abwendet, sich nicht in eine einzelne Tätigkeit vergräbt, sondern immer das Ganze im Blick hat und dafür sorgt, dass überall kontinuierliche Lernprozesse entstehen. Man könnte auch sagen, man achtet darauf, dass wir „Vollbeschäftigung im Kindergarten" haben.

Die Effekte auf Mitarbeit und ausbleibendes Fehlverhalten sind sehr hoch. Einzelne Dimensionen, z.B. Bescheidwissen, stehen in hohem Zusammenhang mit solchen Variablen wie Mitarbeit oder fehlendes Fehlverhalten, es ergeben sich Korrelationen von $r = .64$ – Werte, die sonst in der pädagogischen Forschung kaum erreicht werden. Auch aktuelle Metaanalysen bescheinigen der „withitness" (Bescheidwissen) hohe Effektstärken (Marzano in Hattie, 2009).

Dieser geschickte Umgang mit der Gruppe, den Winnefeld bzw. Kounin beschrieben haben, ist eine Kompensation der Nachteile einer zu großen Gruppe und wird hier die „psychologische Verkleinerung der Gruppengröße" genannt (vgl. Dollase, 2012). Das Prinzip dabei ist folgendes: Durch Verhalten der pädagogischen Fachkraft, durch Arrangements, durch Organisation, durch Material, durch Räumlichkeit, durch Zeitstruktur etc. wird versucht, im Erleben der Kinder und auch der pädagogischen Fachkräfte, wie auch bei außenstehenden Beobachtern, den Eindruck zu erwecken, dass die Gruppe in ihrer Größe leicht zu ertragen ist und wenig Nachteile für alle hat. Deswegen heißt das Konzept auch „psychologische Reduzierung der Gruppengröße", weil es eine erlebensmäßige Reduzierung, keine reale Reduzierung der Gruppengröße darstellt. Auf dem Wege der psychologischen Reduzierung der Gruppengröße weiter zu forschen, wird als der einzige Ausweg aus dem Gruppendilemma (zu große Gruppen für kleine Kinder) gesehen, da ein Rückzug aus der kollektiven Erziehung und Unterweisung ebenso unsinnig und utopisch wäre wie ein Zurück zur Familie. Forschung und Praxis müssen sich also – gerade auch in der zur Zeit anstehenden Qualitätsdiskussion in der KiTa und der Ausweitung der Betreuungs- und Bildungsangebote – viel stärker darauf konzentrieren, die iatrogenen Negativeffekte (iatrogen = durch Behandlung entstanden) der Gruppe zu kompensieren.

Techniken, mit denen man Gruppen geschickt führt, sind natürlich im Laufe der Jahrhunderte von psychologischer und pädagogischer Forschung im Kindergartenbereich genügend gefunden worden. Nicht nur Winnefeld und Kounin, sondern viele haben hierzu beigetragen, oft allerdings ohne zu erkennen, dass ihre Vorschläge vor allem deshalb so wirksam sind, weil sie einen Effekt auf die gefühlte Verkleinerung der Gruppengröße haben. Auch Samuel Wilderspin muss über Techniken verfügt haben, Gruppen von Kleinkindern in der Größe von 100 bis 200 (▸**Kap. 2**) so zu fesseln, dass ein normales Arbeiten mit diesen Kindern möglich war. Welche Tricks hat er angewandt?

Bei einer Analyse der unterschiedlichen Situationen, in denen die Gruppengröße psychologisch reduziert erscheint, d.h. in ihrer Nachteilswirkung nicht evident wird, erkennt man, dass die Energie zur Kompensation der Nachteile, also die pädagogische Investitionsenergie, von allen möglichen Seiten kommen muss: Die Kinder tragen durch ihr Wohlverhalten, durch ihre Regelbeachtung bei. Die Eltern tragen dazu bei, indem sie die Kinder so zu erziehen versuchen, dass sie sich an die Regeln der Institution halten können, die pädagogischen Fachkräfte durch vielfältige pädagogische, didaktisch-methodische Möglichkeiten, ebenso wie der Träger und Finanziers durch entsprechende Bereitstellung von Räumlichkeiten, finanziellen und materiellen Rahmenbedingungen zur Lösung dieses Gesamtproblems beitragen kann.

Für Kinder wie pädagogische Fachkräfte ist die Gruppensituation mit erhöhten Anforderungen verbunden (▸**Kap. 4**). Man kann folglich froh sein, wenn diese erhöhten Anforderungen von Kindern und pädagogischen Fachkräften gemeistert werden. Die herkömmliche und überall verbreitete Erziehung und Betreuung der Kinder in Kollektiven ist also, wenn sie gelingt, eine Beseitigung iatrogener Negativeffekte und noch nicht der erste Schritt einer Annäherung an ein Optimum. Das Argument, dass eine Gruppensituation auch Vorteile bringen kann, z. B. dass Kinder miteinander spielen, sich befreunden etc., ist ein ernstzunehmendes Gegenargument. Allerdings müssen sich diese Vorteile nicht zwangsläufig in irgendeiner Gruppe X einstellen, sondern sie können auch ausbleiben – es gibt kein „Recht" auf die positiven Effekte einer Gruppe, sondern sie sind abhängig von deren Zusammensetzung, deren Führung und deren äußeren organisatorischen Rahmen.

Die Probleme in Großgruppen gehen natürlich nicht nur auf das Konto der fehlenden Großgruppeneignung kleiner Kinder zurück, sondern auch auf die damit einhergehende Verknappung von Raum und Material und auf das schwierige Gruppenmanagement. Die pädagogische Antwort auf eine Auflistung der Nachteile von Gruppen ist deren Umdeutung als pädagogische Herausforderung („... gerade deswegen ist soziales Lernen so wichtig"), die jedoch den Beweis ihres Gelingens schuldig bleibt.

Was ist also zu tun? Neben einem entschiedenen Einsatz für die Senkung der Gruppenstärken, also auch für die Nutzung des demografischen Knicks, kann es nur darum gehen, den Umgang mit Gruppen zu verbessern. Wir können uns also einerseits dafür einsetzen, dass die realen Gruppengrößen verringert werden, aber andererseits müssen wir daran arbeiten, dass wir auch in der Lage sind, Gruppen effizient zu führen. Dass das Gruppenmanagement (ein deutscher Begriff wäre etwa „Gruppenführung" oder „Gruppenorganisation") ein ganz wichtiger Faktor auch bei den Lern- und Bildungserfolgen von Gruppen ist, kann man aus Metaanalysen entnehmen. Das sind Studien, in denen Hunderte, manchmal Tausende von Untersuchungen zusammengefasst werden. Platz 1 einer solchen Rangreihe von Wang, Hertel und Walberg (1993) nimmt etwa das Gruppenmanagement ein (▸Kasten 15). Es meint die Fähigkeit von Lehrern oder Erzieherinnen, eine Gruppe so zu führen, dass der Nachteil der zu großen Zahl nicht so stark auffällt. Der Nachteil der zu großen Zahl muss auch dann kompensiert werden, wenn die Gruppen 14 bis 17 Kinder umfassen. Bemerkenswerte Studien haben etwa gezeigt, dass man im Einzelunterricht – ein Kind, ein Erwachsener – viel schneller lernen kann als in größeren Gruppen (vgl. Glass in Ingenkamp, Petillon & Weiß, 1985) oder dass Kinder, die mehr Kontakt mit Erwachsenen haben als mit Gleichaltrigen, auch schneller sprechen und denken lernen (Harper & Huie, 1987; ▶ Kap. 4).

Kasten 15: Gruppenmanagement in der Evaluation

Eine immer interessante Frage ist, wie bestimmte, als vernünftig geltende Maßnahmen im Elementar- und Primarbereich in der internationalen empirischen Forschung bewertet werden. Typischerweise gibt es zu allen möglichen Fragen empirische Einzeluntersuchungen. Da, wie in ▶ Kapitel 1 bereits erläutert wurde, weltweit Tausende Untersuchungen existieren, gewinnen Zusammenfassungen der Ergebnisse von vielen Studien, sogenannte Metaanalysen, bzw. die Zusammenfassungen wiederum von vielen Metaanalysen (Meta-Metaanalysen oder Megaanalysen) immer mehr an Bedeutung. Zum Gruppenmanagement in Klassen gibt es zwei unterschiedliche Zusammenfassungen:

1. Wang, Haertel und Walberg (1993) haben 91 Metaanalysen zum guten Unterricht zusammengefasst, 179 Handbuch-Artikel dazu gelesen und zahlreiche Expertinnen und Experten befragt. In ihrer Zusammenstellung führt auf dem ersten Platz das „classroom management" (Klassenraum-Management) die Liste der Einflussfaktoren für guten Unterricht im Schulbereich an. Der entsprechende *d*-Wert (Effektstärkemaß, sollte über $d = .40$ liegen) liegt über $d = 1.0$, ein sehr hoher Wert. Denn er bedeutet, dass die Anwendung eines richtigen Klassenraummanagements über eine Standardabweichung mehr an Qualität gegenüber einer Kontrollgruppe oder gegenüber der Nichtanwendung bringt.
2. Die aktuelle Meta-Metaanalyse, die heute in allen Publikationen, die sich mit der Verbesserung von Erziehung, Bildung, Betreuung und Lernen in Gruppen beschäftigt, zitiert wird, stammt von dem Neuseeländer John Hattie (2009). In seiner Zusammenstellung von mittlerweile 916 Meta-Analysen hat das Gruppenmanagement einen merkbaren Effekt auf die kognitive Leistung, der durchschnittliche *d*-Wert liegt bei $d = .52$. Im Text erwähnt Hattie eine weitere Metaanalyse zum Klassenraummanagement von Marzano, bei der ein Wert von $d = 1.2$ für die Allgegenwärtigkeit (withitness bei Kounin) allein auf kognitive Leistungen festgestellt wurde.

Man darf nicht vergessen, dass in den Meta-Metaanalysen von Wang und anderen allgemeinere Erfolgskriterien angewendet wurden als von Hattie bzw. von Marzano. Der Effekt des Klassenraum-Managements könnte stärker auf Mitarbeit und ausbleibende Fehlverhalten wirken, so wie bei Kounin (1970). Außerdem wird das „classroom management" unterschiedlich verstanden: In Dollase (2012) geht es um alle Maßnahmen, die dadurch notwendig werden, weil man mehr als ein Kind (in Schule oder KiTa) zum Betreuen, Bilden, Erziehen und Lernen vor sich hat. In den vielen anderen Untersuchungen dazu geht es oft einfach nur darum, was man tun muss, um Disziplin zu erreichen. Dadurch werden auch Maßnahmen ermittelt, die man auch im Einzelunterricht benötigen würde.

Zur „psychologischen“ (d.h. gefühlten) Verkleinerung der Gruppe tragen gutes Material, eine gute Raumaufteilung, aber auch die genannten Verhaltensweisen der pädagogischen Fachkräfte entscheidend bei. Während des KiTa-Alltags muss man sich stündlich fragen: „Haben wir auch alle Kinder sinnvoll beschäftigt, tun sie etwas Sinnvolles, spielen sie oder tun sie sonst irgendetwas, was sie voranbringt?“ Das muss nicht bedeuten, dass man nunmehr schulisches Lernen einführt oder Druck auf bestimmte Tätigkeiten ausübt, sondern eine sinnvolle Beschäftigung ist selbstverständlich das Spiel eines Kindes (s. Hauser, 2013). Sinnvoll kann auch sein, wenn ein Kind träumt. Sinnvoll kann ebenso sein, wenn ein Kind auch einmal alleine spielt oder sich alleine beschäftigt. Was sinnvoll ist, ist mit Worten schwierig zu beschreiben, aber alle, die praktische Erfahrungen haben, wissen, dass es sehr unterschiedliche Formen der sinnvollen Beschäftigung von kleinen Kindern geben kann.

6.2 Strategien und erzieherische Fähigkeiten für effektives Gruppenmanagement

Die wirksamste Maßnahme zur Reduzierung gruppenspezifischer Nachteile ist selbstverständlich die reale Verkleinerung der Gruppe – sie wäre gewissermaßen die beste Methode der Gruppenführung (▸**Kap. 4**). Aus den vieldiskutierten ökonomischen Gründen ist sie zum gegenwärtigen Zeitpunkt trotz aller Appelle in nur wenigen Einrichtungen möglich.

6.2.1 Die drei Hauptaufgaben des Gruppenmanagements

Man kann drei Hauptaufgaben des Gruppenmanagements unterscheiden:

1. Die wichtigste realistische Aufgabe für das Gruppenmanagement ist die Kompensation der Gruppengröße, im Folgenden die „psychologische bzw. virtuelle Reduzierung der Gruppe“ genannt.
2. Eine weitere Aufgabe besteht darin, den Umgang der Kinder miteinander, ihre Empathie, Konfliktlösefähigkeit, also die Basiskompetenz „Sozialverhalten“ zu verbessern. Selbstverständlich hat die Verbesserung des Sozialverhaltens auch einen Wert an sich und ist ebenfalls in Kleinstgruppen nötig. Sozialerziehung kann nicht nur im Hinblick auf ihren Beitrag zur „Erträglichmachung“ der Gruppengröße betrachtet werden, sondern sie orientiert sich auch am Leben des Kindes außerhalb der Einrichtung.
3. Eine dritte Aufgabe umfasst die Überlegungen, welche Konzeption der praktischen Arbeit für eine optimale Gruppenführung passend ist.

6.2.2 Zehn Strategien zur psychologischen Reduzierung der Gruppe

Die psychologische bzw. virtuelle Reduzierung der Gruppengröße (Dollase, 1995) ist ein durch erzieherische und/oder organisatorische Maßnahmen erreichter

Zustand oder Prozess, der eine individuell optimale Erziehung, Bildung und Betreuung trotz des Nachteils der zu großen Gruppen erlaubt. Aus der Sicht der pädagogischen Fachkräfte ist damit der Eindruck von Entlastung verbunden: Man kann allen gerecht werden und hat nicht ständig den Eindruck, die Gruppe sei zu groß. Die Kinder erleben einen kontinuierlichen Rapport oder – wie Kounin es formuliert – sie erleben Signalkontinuität. Das heißt, sie werden durch die pädagogischen Fachkräfte, Material oder andere Kinder so in bedürfnisgerechte Verhaltensfolgen „verwickelt", dass sie sich wohlfühlen und den Eindruck haben, dass, trotz der vielen anderen Kinder, die pädagogische Fachkraft für sie da ist, wenn sie diese brauchen. Für Außenstehende ergibt die psychologische Verkleinerung der Gruppe das Bild, dass alle sinnvoll beschäftigt sind und kein unnötiges Fehlverhalten aufkommt. Das Ergebnis der psychologischen Reduzierung der Gruppengröße muss keineswegs ein utopisch-harmonischer Zustand sein, denn Konflikte gehören zur Entwicklung und müssen keineswegs völlig vermieden werden, nur: Für eine gute Entwicklung ist es bei keinem Kind nötig, dass alle acht Minuten ein Konflikt ausbricht.

Wie man die psychologische Reduzierung der Gruppengröße herstellt, ist altbekanntes praktisches Wissen. Die folgende Auflistung von Strategien stellt also eine „neue" Interpretation alter Methoden dar.

Vermittlung von Regeln an die Kinder

Mit einigen Strategien wird versucht, den Kindern Regeln für das möglichst reibungslose Zusammenleben in der Gruppe zu vermitteln. Die zugrunde liegende Überlegung ist einfach: Wenn Kinder die Regeln einhalten, kommen sie miteinander besser aus, und es gibt weniger Störungen. Die dazu erforderlichen Techniken reichen von strengem, autokratischem Verhalten, von Strafandrohung zur Unterdrückung von Fehlverhalten, über Techniken der Verhaltensmodifikation (Lob, Strafe, Nichtbeachtung) bis hin zu Verfahren, die stärker an die Einsicht der Kinder appellieren, also Moralerziehung, Einbindung der Kinder in die Verantwortung für ein geregeltes Zusammenleben, Vertragstechniken etc. Es hängt von den jeweiligen pädagogischen Zielen ab, gelegentlich auch von der in der Praxis erfahrenen Wirksamkeit, welche der Techniken gerade favorisiert werden. An dem zugrunde liegenden Problem ändert sich durch diese Strategien nichts, da nur die Symptome der Kinder auf eine Belastungssituation modifiziert werden. Das kann dennoch Erfolg haben, wie die Praxis zeigt.

Verstärkte Elternberatung, begleitende Sozialarbeit

Bei einer weiteren Gruppe von Strategien werden die Kinder als die Ursache der Gruppenprobleme angesehen (typisches Schlagwort: „Das Kind als Störfaktor"). Kinder produzieren in der Gruppe deshalb so viele Probleme, weil das Elternhaus (oder: Fernsehen, Gesellschaft, das Desinteresse der Erwachsenen am Kind) sie „falsch erzogen" hat. Die Überlegung dahinter ist: Gut erzogene Kinder, das heißt, bedürfnisgerecht und liebevoll erzogene, machen in der KiTa keine Schwierigkeiten, so dass die Großgruppen leichter zu ertragen sind. Im Rahmen dieser Strategie, die durch soziologisch orientierte Studien gestützt wird, will man bei den vermeintlichen externen Ursachen ansetzen, um die Gruppengröße psychologisch zu reduzieren. Empfehlungen im Rahmen dieser Strategie laufen auf Elternmitarbeit, Elternberatung, begleitende Sozialarbeit oder auch auf eine engere Verzahnung zwischen Einrichtung und Gemeinwesen hinaus.

Problematisch an dieser Strategie ist, dass die institutionsbedingten Ursachen der Probleme übersehen werden und der Zusammenhang zwischen elterlicher Erziehung und Gruppeneignung von Kindern bis hin zur Vorurteilsbildung und Etikettierung übertrieben wird. Es gibt Kinder, die sich zu Hause ganz manierlich betragen, prosozial mit ihrer Familie umgehen, aber in der Einrichtung Schwierigkeiten machen.

Selbstbeschäftigung der Kinder

Ebenfalls am Kind setzt die Überlegung an, dass man die zu große Gruppe dadurch erträglich gestalten kann, dass die Kinder sich einen großen Teil der Zeit selbst beschäftigen können. In Zeiten der Selbstbeschäftigung ist die pädagogische Fachkraft entlastet und kann sich zum Beispiel schwierigeren Kindern gezielter und individuell zuwenden. Dahinter steckt die entwicklungspsychologisch fundierbare Annahme, dass die Kinder sich auch durch die selbstständige Auseinandersetzung mit Material und anderen Kindern sinnvoll entwickeln können. Selbstbeschäftigung macht die Großgruppe erträglich, ist aber nicht immer möglich und sinnvoll, da Kinder auch den direkten Kontakt mit der pädagogischen Fachkraft benötigen, zum Beispiel für die Sprachentwicklung.

Miteinanderbeschäftigung der Kinder

Ein weiterer Grund, warum eine Großgruppe überhaupt steuerbar ist, liegt in der Miteinanderbeschäftigung der Kinder. Wenn Kinder dies dauernd tun könnten, wäre nur noch eine Aufsicht nötig, die große Zahl der Kinder wäre nicht weiter störend. Wie bereits ausgeführt, ist dies jedoch nicht ständig möglich und sinnvoll und wird zudem dadurch erschwert, dass kleine Kinder sich nur in freigewählten Minigruppen miteinander beschäftigen können. Dennoch bleibt der Weg der Miteinanderbeschäftigung eine wichtige Strategie zur psychologischen Reduzierung der Gruppengröße. Insbesondere ist sie ein Argument für altersgemischte Gruppen, in denen zum Beispiel ältere Kinder Tutor-Partner für jüngere Kinder sind und damit in die Rolle von Helfern bei der Lösung von Betreuungs- und Erziehungsaufgaben schlüpfen.

Attraktivität des KiTa-Angebots

Kinder sind offenbar gerne bereit, größere Gruppen problemlos zu ertragen, wenn das, was dort geschieht, von großer Attraktivität ist. Die Steigerung der Attraktivität des KiTa-Angebotes ist ebenfalls eine Strategie zur psychologischen Reduzierung der Gruppengröße.

Attraktivität bezieht sich auf alles, was in der Einrichtung vorhanden ist: die pädagogische Fachkraft, das Material, die Beschäftigungsmöglichkeiten, die anderen Kinder, die Raumgestaltung und die Außenanlagen. Gute Beziehungen zur pädagogischen Fachkraft, das Gefühl von Akzeptanz, das Erfahren von Wertschätzung und Einfühlungsvermögen können in der bei Kindern dieses Alters angemessenen Form der „Satellitenbeziehung" (Ausubel & Sullivan, 1974) Beziehungsattraktivität herstellen. Ebenso ist dies gegeben, wenn Kinder Freunde in der Einrichtung finden und mit Kindern spielen dürfen, die sie mögen. Kinder brauchen persönliche Rückzugsplätze im Raum, sie schätzen ein zur häuslichen Ausstattung alternatives, attraktives Spiel- und Beschäftigungsangebot. Weil nicht alle Kinder dasselbe bevorzugen, ist insbesondere an eine Vielfalt im Angebot zu denken.

Differenzierung und Individualisierung der Angebote

Die Unterschiedlichkeit der Kinder ist bei zunehmender Größe der Gruppe ein Hauptproblem, da die pädagogische Fachkraft nicht so viel Zeit hat, um auf jedes Kind einzugehen. Wenn allerdings auf jedes eingegangen werden kann oder jedes das findet, was es braucht, ist auch eine große Gruppe leichter zu führen. Die pädagogischen Schlagworte zur Lösung dieser Aufgaben im Sinne einer psychologischen Reduzierung der Gruppengröße lauten „Differenzierung" und „Individualisierung". Sie gelingen natürlich leichter in bestimmten Organisationsformen der Arbeit, zum Beispiel bei offener oder freier Arbeit, in der parallel und simultan Kinder in Grüppchen oder alleine sehr Unterschiedliches tun können. Sind sie deswegen mit Eifer bei der Sache, reduziert sich die Komplexität der Steuerung der Großgruppe. Die pädagogische Fachkraft ist durch die Selbst- und Miteinanderbeschäftigung entlastet und kann sich einzelnen Kindern zuwenden. Allerdings dürfen die Tätigkeiten nicht so beschaffen sein, dass die Kindergrüppchen sich gegenseitig stören.

Senkung pädagogischer Ansprüche

Eine bildungspolitisch tabuisierte, bei einer weiteren Erhöhung der Gruppengrößen aber unumgängliche Strategie zur psychologischen Reduzierung der Gruppengröße ist die Senkung der pädagogischen Ansprüche (▸**Kap. 4**). Je mehr Ziele und Aufgaben der KiTa aufgebürdet werden, umso schwieriger wird die Arbeit der Fachkräfte und umso störender ist die große Zahl der Kinder. Wer also die Gruppengröße real erhöht, muss konkretisieren, auf welche pädagogischen Ansprüche er verzichten will. Wer andererseits den Einrichtungen noch mehr Aufgaben aufbürdet, die Elternberatung, die Früherkennung von Störungen, die Beobachtung und Dokumentation, muss Entlastung in der Gruppengröße schaffen.

Materialreichtum und Raumgröße

Eine erschwerende Bedingungskonstellation für jede Art von Erziehung und Bildung sind neben der großen Gruppe wenig Material und wenig Platz. Materialreichtum und reale Raumvergrößerung können dem „Pferchungseffekt" entgegensteuern und damit einen wichtigen Beitrag zur psychologischen Verkleinerung der Gruppe darstellen. Die Vielfalt und Menge von Material erhöht die

Chance, dass möglichst viele Kinder eine passende Beschäftigung finden. Die Erweiterung des Raumangebotes erhöht die Wahrscheinlichkeit, dass sich die Kinder bei ihren Tätigkeiten gegenseitig nicht stören. Zu diesem Zweck kann man auch über eine stärkere Nutzung von Verkehrsflächen und Außenanlagen nachdenken.

Durch sinnvolle Raumteilung kann nachgewiesenermaßen das Lernen verbessert und der Neigung von Kindern, in Kleinstgruppen zu spielen, stärker entsprochen werden. Kinder wünschen dabei allerdings meist Sichtkontakt zur pädagogische Fachkraft, die sich am besten in der Mitte eines um sie herum in Nischen aufgeteilten Raumes (▶ **Kap. 4**; Nash, 1981) befinden sollte.

Flexibilisierung der Bring- und Abholzeiten

Weitere organisatorische Maßnahmen zur Erleichterung des Umgangs mit zu großen Gruppen sind denkbar: Eine konsequente Flexibilisierung der Bring- und Abholzeiten kann dazu führen, dass die zu einem Zeitpunkt anwesende Gruppengröße stets deutlich niedriger ist als die nominelle (Milbach & Dollase, 1981). Allerdings sind dann bei herkömmlich organisierter Gruppenzugehörigkeit pädagogische Angebote und Freundschaftsbildungen erschwert.

Ergänzungskräfte

Ergänzungskräfte für pflegerische, hauswirtschaftliche und verwaltungstechnische Arbeiten, welche die pädagogischen Fachkräfte von der parallelen Arbeitsfülle entlasten, wären eine weitere organisatorische Lösung des Problems der großen Gruppen.

Die Aufzählung der Strategien zur psychologischen Reduzierung der Gruppengröße erhebt keinen Anspruch auf Vollständigkeit. Wichtig ist, sich damit auseinanderzusetzen, dass die immer schon zu großen Gruppen eine Hauptursache für die Probleme der pädagogischen Arbeit sind.

Nun erscheinen die oben genannten Aufzählungen noch nicht integrierbar in ein Konzept der vorschulischen oder der KiTa-Arbeit. Wie entsprechende Forschungen von Kounin und seinen Mitarbeiterinnen und Mitarbeitern Anfang der 1970er Jahre schon gezeigt haben, lässt sich die psychologische Reduzierung der Gruppengröße (dieses Konzept war Kounin nicht bekannt) am besten durch Insulation, wie er es nannte, erreichen. Insulation bedeutet: Kinder spielen in kleinen Grüppchen (sic! „Der Mensch als Cliquenwesen") und beschäftigen sich mit Materialien oder Spielen, die aus sich heraus eine gewisse „Signalkontinuität" bereitstellen. Signalkontinuität sind „closed behavior environment circuit", d.h. geschlossene Verhaltensumweltregelkreise, die das Verhalten des Kindes beständig inspirieren, anregen etc. Derlei Signalkontinuität wird in aller Regel im Freispiel bzw. in verschiedenen Konzepten der offenen Arbeit leichter zu realisieren sein. Aber auch diese leichtere Realisierung ist keine Zwangsläufigkeit. Es muss an den Voraussetzungen gearbeitet werden, dass Kinder wie Eltern, pädagogische Fachkräfte, das Trägersystem und andere die Lasten der Vermeidung von Nachteilen der zu großen Gruppen gleichmäßig auf sich verteilen.

6.3 Gruppenführung als Frage der Lastenverteilung pädagogischer Energie

Will man eine Person erziehen, so ist dazu eine gewisse pädagogische und personale Energie nötig. Man braucht Zeit, sie kennenzulernen, Ansatzpunkte zu finden, man muss erzieherische Maßnahmen durchführen und ihr Ergebnis prüfen. Personen entwickeln in entsprechender Umgebung teilweise selbstständig angemessene Verhaltens- und Erlebensweisen – man wird nicht nur durch geplante erzieherische Eingriffe sozialisiert, sondern auch spontan und aus sich heraus (Selbstkompetenz).

Fasst man nun aus ökonomischen Gründen mehrere Kinder zu einer Großgruppe zusammen, so kann man sich nicht ausreichend intensiv mit jedem einzelnen beschäftigen und ihm die Energie zukommen lassen, die nötig wäre. Man muss nun durch geschickte Gruppenführung versuchen, auf verschiedenen Wegen die Kinder durch sich selbst, durch Material, durch andere Kinder, durch das gesamte Arrangement dazu zu bringen, dass sie trotz der großen Zahl individuellen Nutzen haben. Um den Nachteil der Gruppenzusammenfassung zu kompensieren, müssen daher „pädagogische Energieinvestitionen" zusätzlich erwirtschaftet werden. Man holt sie sich aus den Wohlverhaltensleistungen der Kinder, die diese Energie aufbringen müssen, damit man sie zu mehreren fördern kann (z.B. sich an Regeln halten).

Die Institution muss Energie investieren, zum Beispiel in Raum- und Materialausstattung, damit die Kinder beschäftigt sind. Die pädagogischen Fachkräfte müssen investieren in die Gruppensteuerung auch mit physiologischer und psychologischer Energie, mit der Vorbereitung der Arbeit und der Organisation. Die Eltern müssen durch ihre ausgleichende Erziehungsenergie dazu beitragen, dass die Kinder sich in die Großgruppennachteile fügen können.

Dabei erscheint es mir eine plausible Annahme zu sein – solange nicht das Gegenteil bewiesen ist, dass der durch die Großgruppenbildung erzeugte zusätzliche Bedarf an pädagogischer Energie immer derselbe ist. Er wird ausgeglichen, indem je Gruppe und Einrichtung die Energiebeschaffung auf mehrere Schultern – auf Institution, auf Eltern, Kinder und pädagogische Fachkräfte – nach Maßgabe der Möglichkeiten verteilt wird (sogenannte Mehrschultrigkeit der Lastenverteilung).

Ein geschicktes Gruppenführungsverhalten hat als Ziel, eine ausgeglichene, besser noch, eine positive Energiebilanz zu erreichen. Es gibt – diese These sei zum Abschluss gewagt – keine Form der kollektiven Erziehung, die ohne Zusatzkosten zu haben ist, der Großgruppennachteil muss durch besondere pädagogische Leistungen (pädagogische Energie) ausgeglichen werden.

6.4 Flexible Arbeit als methodische Gesamtkonzeption zur verbesserten Gruppenführung

Die Impulse zur verbesserten Gruppenführung, die aus den Überlegungen zur psychologischen Reduzierung der Gruppengröße erwachsen, deuten insgesamt auf eine flexible und „offene" Gesamtkonzeption hin. Auch die Evaluationsuntersuchungen zur Frage optimaler Arbeit in Gruppen des Elementarbereichs sprechen für eher offene Arbeitsformen.

Die kollektive Erziehung, Bildung und Betreuung eines Kindes führt zu voraussehbaren Frustrationen (z. B. Konflikte mit anderen Kindern), die zunächst einmal gelöst und geklärt werden müssen (z. B. Hansen, Knauer & Sturzenhecker, 2011). Die Komplexitätserhöhung durch die Erziehung in Gruppen umgeht man günstigerweise durch Öffnung der Gruppen und durch eine Art freies Spiel, also durch offenes Arbeiten.

6.4.1 Was ist flexible oder offene Arbeit?

Begriffe für eine derartige Arbeitsform sind: „flexibel", „offen", „gruppenübergreifend", „professionelles Freispiel", „geführtes Freispiel" oder „Freispielkindergarten" (Broman, 1978; Dollase, 1994a). Gesamtgruppenaktivitäten sind nicht ausgeschlossen. Vor allem die jüngeren Kinder brauchen noch stark die Anwesenheit einer Bezugsperson und den vertrauten Gruppenraum. Die älteren Kinder schätzen es dagegen sehr, wenn sie sich frei im Haus bewegen können und sich verschiedenen Angeboten anderer Fachkräfte zuwenden dürfen.

Eine Flexibilisierung der festen Gruppenzuordnung begünstigt, auf die gesamte Einrichtung erweitert, die Erfahrungs- und Kontakträume der Kinder. Die Beziehung zu einer Stammgruppe und zu festen erwachsenen Bezugsperson bleibt dabei jedoch erhalten (Regel & Wieland, 1993).

Zunächst: Was ist offene Arbeit? Klarheit gewinnen wir über den Begriff „offen", wenn wir ihn mit dem Gegenkonzept „geschlossen" vergleichen. Die pädagogische Fachkraft bzw. ihr Konzept würde in einem geschlossenen Ansatz bestimmen, welches Kind mit wem wo arbeiten kann, wie es zu arbeiten hat, sie würde Aufgaben vorgeben, auch bestimmen, wie das gemeinschaftliche Leben geregelt wird, und sie hätte im Hinterkopf ein Konzept, das für jede Stunde der Woche vorschreibt, was zu tun ist. Unschwer ist zu erkennen, dass geschlossenes Arbeiten „Verschulung" und „formelles Lernen" bedeutet. Die Fachdidaktik gestaltet Inhalte und Methodik der Lernprozesse des Kindes. Informelle Bildung, Selbstbildung gar, spielt in diesem Ansatz eine geringe Rolle. So geschlossen, wie hier geschildert, arbeitet vermutlich keine einzige KiTa in Deutschland.

Im Vergleich dazu sind offene Ansätze das Gegenteil. „Offen" und „geschlossen" unterscheiden sich (auch im Grundschulbereich beim sog. „offenen Unterricht") in allen Dimensionen (▸Kasten 16): organisatorisch, methodisch, inhaltlich, sozial, persönlich – mehr Beteiligung der Kinder im offenen Arbeiten, weniger im geschlossenen Arbeiten. Die pädagogische Fachkraft ist eine Förderin und Beteiligte der selbstgesteuerten Lernprozesse der Kinder (facilitator) im offenen Arbeiten – allerdings darf sie sich natürlich nicht auf die Rolle der unbeteilig-

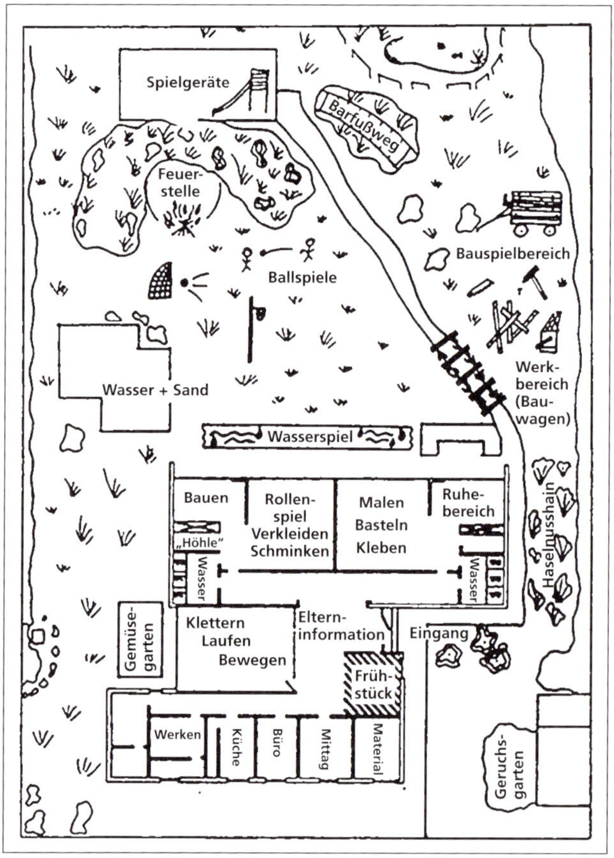

Abb. 17: Gebäude und Außengelände bei offener Arbeit nach Regel und Wieland (1993). Man erkennt die Auflösung der Gruppenräume zu Funktionsräumen (Wiederabdruck mit freundlicher Genehmigung des E.-B. Verlags).

ten Person zurückziehen. Schließlich gibt es auch immer noch allerhand zu regeln, z. B. die Gestaltung der Kindergartenumgebung, bzw. zu vermitteln, z. B. Prügeleien, Mobbing etc., was man nicht einfach so übergehen kann.

Ein fast eindeutiges Kriterium für offenes Arbeiten ist die Idee von Regel und Wieland (1993), die Gruppen aufzulösen und stattdessen Funktionsräume einzurichten (▸ **Abb. 17**). In vielen „offenen" Einrichtungen geschieht die Gruppenauflösung aber nicht.

Kasten 16: Fünf Kennzeichen flexibler, offener KiTa-Arbeit:

1. Die Kinder sind wie im Freispiel auf verschiedene Kleinstgruppen bzw. alleine auf Beschäftigungen weiträumig verteilt.

2. Die Kinder können ihre Tätigkeiten freiwillig wechseln.
3. Die Kinder können sich selbst die Spielkameraden suchen bzw. auch andere Gruppen besuchen.
4. Die pädagogische Fachkraft ist nicht nur passiv als Aufsichtsperson tätig, sondern sie ist aktiv an den Spielen und an der Verteilung der Materialien und Beschäftigungen beteiligt.
5. Die pädagogische Fachkraft greift die Impulse, Ideen und Vorlieben der Kinder situationsangemessen auf und versucht, sie pädagogisch sinnvoll weiterzuführen.

6.4.2 Kompetenzen der pädagogischen Fachkraft für offene bzw. flexible Arbeit

Offene oder flexible Arbeit ist keinesfalls bloße Betreuung oder Bewahrung von Kindern, auch wenn manche Laien oder Expertinnen und Experten ohne Praxiskenntnis den äußeren, offenen und informellen Schein dieser Arbeitsform falsch als „pädagogische Inaktivität" wahrnehmen und bewerten. Offene und flexible Arbeit setzt dauernde und individualisierte pädagogische Arbeit voraus. Zugleich muss sie aufwändig vorbereitet werden.

Die noch andauernde Diskussion um die Vor- und Nachteile offener und geschlossener Arbeit mit kleinen Kindern darf nicht übersehen, dass eine KiTa-Arbeit ganz ohne offene Elemente ohnehin nicht möglich ist. In dieser Diskussion muss weiterhin sowohl zur Kenntnis genommen werden, dass Kinder ihre Entwicklung selbst steuern, als auch, dass ihre Entwicklung durch Anregung von außen gesteuert wird. Selbstverständlich ist die KiTa-Umwelt und ihre Gestaltung von großer Bedeutung – dass Räume und Materialien eine Bedeutung für die Entwicklung von Kindern haben, weiß man seit über 100 Jahren.

Kinder brauchen in der sächlichen Umwelt geeignete Räume und Plätze, vielfältige materielle Anregungen und Erfahrungen, räumliche Vertrautheit und Geborgenheit. Verkehrsflächen, Außenanlagen müssen für die Arbeit genutzt werden; Räume sollten unterteilt, private Plätze zugelassen werden; die Vielgestaltigkeit und Verschiedenartigkeit des Materialangebotes kann erhöht werden; man muss sich für eine effektive Arbeit auch Attraktivitätssteigerung von Material und Räumen überlegen.

Kinder brauchen in der sozialen Umwelt soziale Vertrautheit und Geborgenheit, Umgang mit Gleichaltrigen, etwas älteren und etwas jüngeren Kindern. Freundschaften und Kleinstgruppen müssen gefördert werden, die Gruppenzusammensetzung kann optimiert und flexibilisiert werden bis hin zur Auflösung der Gruppen, die Eltern-Mitarbeit muss gefördert werden. Gelegentlich können auch Aktivitäten der Gesamtgruppe durchgeführt werden. Trotz aller Angebote an Selbstbeschäftigungen und Beschäftigungen mit anderen Kindern bleibt eine genuine Aufgabe der pädagogischen Fachkräfte die direkte sprachliche Interaktion zwischen Kind und Erwachsenen im Handlungsvollzug, die vermehrt eingesetzt werden muss, und die Beziehungsarbeit, die in jedem Fall auch in einer offenen KiTa geleistet werden muss.

In der pädagogischen Umwelt, das ist die Umwelt, die den Kindern nicht durch eigenes Spiel und selbsttätig organisierte Projekte zugänglich ist, wie z. B. Geschichte, Religion, Kunst, die Wissenschaften, brauchen Kinder Anleitung, Anregung und Förderung durch Erwachsene. Aber natürlich brauchen sie auch Selbsttätigkeit im Ausprobieren dessen, was sie erlernt haben, Hilfe bei Problemen und in Notsituationen klare Regeln für das Verhalten. Typisch wären eine Alltagsorientierung des Lernens mit Situationsbezug und eine Individualisierung. Bildungsimpulse können in Miniprojekten vermittelt werden. Man kann auch vorab planen, damit man spontan bleibt, man soll angemessen helfen und anregen, Regeln einhalten, kindliche Eigenheiten akzeptieren und dazu Passendes suchen, Stärken orientiert fördern und Fortschritte der Kinder dokumentieren (▶ Kasten 17).

Kasten 17: Flexible Arbeit – eine Form der offenen Arbeit im Elementarbereich

Ausgehend von dem, was Kinder brauchen, sind im Folgenden Maßnahmen für die Arbeit in KiTas zusammengestellt, die eine flexible Arbeit mit Kindern in Gruppen ermöglichen und erleichtern (s. Dollase, 1994a):

1. *In der sächlichen Umwelt:* geeignete Räume und Plätze, vielfältige materielle Anregungen und Erfahrungen, räumliche Vertrautheit und Geborgenheit. Hier geht es darum,
- Verkehrsflächen, Außenanlagen und Nahraum für die Arbeit zu nutzen,
- Räume zu unterteilen und private Plätze zuzulassen,
- Vielgestaltigkeit und Verschiedenartigkeit des Materialangebotes zu erhöhen (auch Bildungsmaterialien),
- die Materialmenge zu erhöhen,
- Attraktivitätssteigerung von Material und Räumen zu überlegen.
2. *In der sozialen Umwelt:* soziale Vertrautheit und Geborgenheit, Umgang mit Gleichaltrigen sowie mit etwas Älteren und etwas Jüngeren. Hier geht es darum,
- die Bildung von Freundschaften und Kleinstgruppen zu fördern,
- die Gruppenzusammensetzung zu optimieren und zu flexibilisieren,
- die Eltern- und Laienmitarbeit zu fördern,
- gelegentliche Gesamtgruppenaktivitäten durchzuführen,
- die direkten Interaktionen zwischen Kind und Erwachsenem zu vermehren,
- Beziehungsarbeit zu leisten.
3. *In der pädagogischen Umwelt:* Anleitung, Belehrung, Anregung und Förderung durch Erwachsene, Selbsttätigkeit, Selbstbildung, Hilfe bei Problemen und in Notsituationen klare Regeln für das Verhalten. Hier geht es darum,
- eine Alltagsorientierung und einen Situationsbezug der Angebote zu erreichen,
- eine Individualisierung der Angebote zu ermöglichen,
- Bildungsimpulse in Mini-Projekten zu vermitteln,
- auf Vorrat zu planen,
- den Kindern angemessen zu helfen und sie angemessen anzuregen,

- die Einhaltung der Regeln zu gewährleisten,
- kindliche Eigenheiten zu akzeptieren und dazu Passendes zu suchen,
- Stärken-orientiert zu fördern und die Fortschritte zu dokumentieren.

Keiner der aufgezählten Vorschläge in ▸Kasten 17 ist wirklich neu; und es ist auch nicht nötig, alle paar Jahre eine neue pädagogische Bewegung zu initiieren und sich nach einem neuen Trend zu richten. Wir müssen lernen, dass die übliche, schon klassische Kindergartenpädagogik eine Vielzahl von offenen und auch geschlossenen Elementen enthält und damit optimal geeignet ist, die Kinder auf ihr weiteres Leben vorzubereiten.

6.4.3 Evaluation offener und situativer pädagogischer Arbeit in der KiTa

Die grundlegenden Fragen für die Bewertung der Wirksamkeit einer offenen pädagogischen Arbeit lauten: Erreicht man mit offener Arbeit in Gruppen bessere Resultate als mit geschlossener, schulähnlicher Arbeit? Ist offene Arbeit der kleinkindlichen Gruppe besser angepasst als ein schulähnliches Arbeiten?

Normalerweise glaubt man, dass in einer empirischen Untersuchung mit einer Kontrollgruppe gezeigt werden könnte, dass offene Arbeit besser ist als geschlossene Arbeit. In der Tat sind solche Untersuchungen im Headstart-Projekt durchgeführt worden. Schweinhart und Weikart (1988) haben im Perry Preschool-Projekt (▸**Kap. 2.5**) gezeigt, dass ein entwicklungspsychologisches Konzept besser ist als ein fachdidaktisches Konzept. Kinder aus einem eher offenen Vorschulprogramm bewältigen das Leben später besser.

Auch Pierrehumbert et al. haben im Jahre 2002 die Kennzeichen guter KiTas empirisch bestimmt und finden, dass eine KiTa u. a. dann gut ist, wenn die Bedürfnisse des Kindes respektiert und wenn Lerngelegenheiten angeboten werden. Auch hierbei sind Elemente offener Arbeit und der pädagogischen Fachkraft als „facilitator“ empirisch bestätigt worden.

Man könnte auch das Scheitern der Früheinschulungsversuche als einen indirekten Hinweis auf die Wirksamkeit offener bzw. teiloffener Ansätze in der KiTa-Arbeit heranziehen (Dollase, 1979; 2002). Über diesen Kindergarten-Vorklassen-Versuch wurde bereits in Kapitel 2 berichtet. Es ging in diesem Versuch also nicht nur um die institutionelle Zuordnung, sondern hinter beiden Institutionen stand ein deutlich anderes didaktisches Konzept. Bei den Vorklassen wurde immer wieder darauf hingewiesen, dass Lernen darin Spaß machen sollte, dass in ihnen kindgemäß gearbeitet, dem Kind auch seine Freiheit gelassen werden sollte. Demgegenüber wurden Vorklassen aber auch nicht als Verschulungsinstanzen definiert. Jeder hätte gedacht, dass die Vorklassenkinder im späteren Schulleben besser wären als die Modellkindergartenkinder. Das war aber nicht der Fall, sondern beide Gruppen erzielten im späteren Schulleben vergleichbare Leistungen.

Das Einschulungsalter ist ein Indikator für den Stand der Kontroverse zwischen offener Arbeit und Verschulung: Wer glaubt, Verschulung sei der richtige Weg, muss Kinder mit fünf Jahren einschulen. Die Pisa-Sieger (z. B. Finnland, Schweden) haben in Europa ein Einschulungsalter von sieben Jahren. Nur noch eine kleine Minderheit europäischer Länder schult Kinder mit fünf Jahren ein: Litauen, Lettland, Ungarn, Niederlande und Großbritannien. In der Basisonderwijs in den Niederlanden schult man Kinder mittlerweile mit 4 Jahren ein – allerdings wird dort mit ihnen umgegangen wie im Kindergarten. Man kann z. B. Kinder schon mal Dreiradfahren sehen, und natürlich wird dort viel gespielt. In Großbritannien steht die Früheinschulung auf dem Prüfstand. Im Abschlussbericht des Cambridge Primary Review heißt es:

> *„The English insistence on the earliest possible start to formal schooling, against the grain of international evidence and practice, is educationally counterproductive. (...) The Key Stage ½ division should be replaced by a single primary phase, yielding a seamless journey through Foundation (0–6) and Primary (6–1). The feasibility of raising the school starting age in line with these changes should be examined." (aus „Cambridge Primary Review Briefings" zum „Final Report" 2009, University of Cambridge, S. 2; s. auch Alexander, 2010)*

Dem Bericht war u. a. auch eine Studie von Riggall und Sharp (2008) aus demselben Projekt vorausgegangen. Diese Autoren fanden, dass das Schuleintrittsalter (starting age) keinen Einfluss auf die Qualität des Schulsystems hat:

> *„Two aspects of school structure have attracted more evaluative consideration in England and elsewhere: school size and starting age. The available evidence suggests that neither of these has a strong impact on children's attainment or progress at school." (www.primaryreview.org.uk)*

Ansonsten schulen nach EUROSTAT 2009 alle anderen Länder mit sechs Jahren, die skandinavischen und einige andere mit sieben Jahren ein. Früher eingeschulte Kinder, so der neueste Befund, erhalten seltener eine Empfehlung fürs Gymnasium (Puhani & Weber, 2006). Andrea Weber (jetzt Mühlenweg) wurde in einem Interview mit Spiegel online vom 28.8.2009 gefragt: „Sie haben herausgefunden, dass relativ früh eingeschulte Kinder nach der Grundschule seltener aufs Gymnasium wechseln – die Wahrscheinlichkeit ist etwa um ein Drittel geringer. Woran liegt das?" Andrea Mühlenweg antwortete:

> *„Die Forschungsergebnisse zeigen sogar, dass diese Kinder in vielerlei Hinsicht benachteiligt sind. Nicht nur ihre Leistungen liegen hinter denen der älteren Mitschülerinnen und Mitschüler zurück, sondern sie sind zum Beispiel auch häufiger Opfer von Gewalt oder Mobbing in der Schule. Das kann verschiedene Ursachen haben. Zentral für die schlechte Leistungsprognose ist sicher, dass sie permanent mit den älteren Schülern in der Klasse verglichen werden. Selbst wenn die Kinder intelligent sind und eigentlich die besten Voraussetzungen hätten, konkurrieren sie immer mit Mitschülern, die schon weiter sind als sie selbst. Ein Monat Unterschied im Geburtstag kann ja bei Anwendung einer Stichtagsregelung zu fast einem Jahr Unterschied im Einschulungsalter führen."*

Kasten 18: Früheinschulung führt zu verkürzter Lebensdauer?!

Howard Friedman und Leslie Martin (2012) haben letzte Ergebnisse einer berühmten Studie zur lebenslangen Entwicklung von Vorschulkindern, die sog. Terman Studie, berichtet. Deren Teilnehmerinnen und Teilnehmer wurden zum ersten Mal Anfang des 20. Jahrhunderts als Fünfjährige untersucht, und sie sind heute fast alle verstorben. Die Ergebnisse sind makaber: Überraschenderweise ließ nämlich das Schuleintrittsalter Rückschlüsse auf die Länge des Lebens zu. Im Bericht heißt es: „Die Kinder, die mit fünf Jahren in die erste Klasse kamen, hatten ein höheres Risiko, früh zu sterben, während diejenigen, die im Regelalter von sechs Jahren mit der Schule begannen, länger lebten." Vermutlich ist nicht die Schule der lebensverkürzende Faktor, sondern eine elterliche und politische Drängelei, die Kleinkindzeit möglichst schnell hinter sich zu bringen, schnell fertig zu werden und ein ungeduldiger Ehrgeiz in der Erziehung. Die Autoren schreiben weiter: „Viele der früh Eingeschulten irrten als Erwachsene von einem ausgewogenen Weg ab und kümmerten sich zu wenig um ihre Gesundheit. Ihre Chancen auf ein langes Leben standen weniger gut." Früheinschulung ist gewissermaßen ein Indikator (Anzeiger) für einen ungeduldigen und hektischen Lebenswandel.

Ein weiterer wichtiger Befund: Das „Natürliche Lernen" (▸ **Kap. 4.2**) in Alltagssituationen – eine Domäne offener Arbeit – zeigt bessere Generalisierungseffekte und mehr Transfer als eine enge, strukturierte Förderung (Peterson, 2004; ▸ Kasten 19). Vielleicht ist dies eine Erklärung dafür, dass die bisherigen Sprachförderprogramme keine nennenswerten Effekte gehabt haben.

Kasten 19: Natürliches Lernen

Peterson (2004) legte eine Metaanalyse zum natürlichen Lernen (naturalistic learning) von Sprache im Elementarbereich vor (▸ **Kap. 3**) – man könnte auch sagen zum „Alltagslernen". Was versteht man darunter? Peterson nennt fünf Kennzeichen des natürlichen Lernens, die auch im Alltag außerhalb einer Einrichtung, quasi im nichtprofessionellen Bereich – oft auch nur intuitiv – in der Kommunikation zwischen Kind und Erwachsenen vorkommen können:

1. sprachliche Interaktion in unstrukturierten Alltagssituationen (incidental teaching)
2. korrekte Verbalisierung vormachen (modeling)
3. Verbalisierung vom Kind fordern (manding)
4. Reaktionsverzögerung bis zur Verbalisierung des Kindes (time delay)
5. situationsorientiertes, anlassbezogenes Lernen (milieu language).

In Effektivitätsstudien war diese Art des Lernens auch bei sprachentwicklungsverzögerten Kindern erfolgreich. Das natürliche Lernen war in einer Vielzahl von Studien effektiv verglichen mit einer Kontrollgruppe. Es zeigte bessere Generalisierungseffekte und mehr Transfer als enge, strukturierte Förderung (discrete trial).

Wie soll man die Ergebnisse von Peterson zum natürlichen Lernen bewerten? Aus den Ergebnissen zur Art der didaktischen Konzeption lassen sich die folgenden Schlüsse ziehen:

1. Mit offener KiTa-Arbeit erreicht man positive Resultate im Vergleich mit einer Kontrollgruppe ohne KiTa-Besuch – ein Argument für offene Arbeit.
2. Die Vorverlagerung schulischen Lernens und Arbeitens ist für kleine Kinder nicht vorteilhaft bzw. hat leichte Nachteile. Die meisten europäischen Länder favorisieren einen späteren Schuleintritt – ein Gegenargument gegen frühe Verschulung.
3. Früh eingeschulte Kinder werden seltener zum Gymnasium empfohlen – ein Gegenargument gegen frühe Verschulung.
4. Das natürliche Sprachlernen ist erfolgreich und geschieht in einer offenen Arbeit – ein Argument für offene Arbeit.

Die Diskussionen um den Übergang vom natürlichen zum schulischen Lernen haben in den letzten Jahren dazu geführt, den Schuleintritt flexibler zu gestalten, z.B. in Baden-Württemberg mit dem Konzept „Schulanfang auf neuen Wegen". Vor dem Hintergrund der Frage, wie man die Bildungschancen für Kinder mit einem Entwicklungsrisiko erhöhen kann, werden Überlegungen angestellt, die eine flächendeckende Erfassung der Kinder bereits ein bis zwei Jahre vor Schuleintritt vorsehen. Dies ist z.B. bei den vorverlagerten Einschulungsuntersuchungen und gleichzeitig laufenden Projekten zur Förderung von Kindern mit einem Entwicklungsrisiko, wie in Baden-Württemberg das Projekt „Schulreifes Kind", der Fall.

Kasten 20: Offene Arbeit in der Schule wenig erfolgreich

Offene Arbeit in der Schule hat übrigens keine sonderlichen Effekte. Wie die Meta-Metaanalyse von Hattie (2009) zeigt, hat die „open education" gegenüber traditionellen Methoden so gut wie keinen Gewinn ($d = 0.0$), d.h. sie ist nicht besser. Lehrerzentrierte Methoden bringen in der Schule eindeutig mehr. „Diese Ergebnisse zeigen, dass (vom Lehrer ausgeführte, R.D.) aktive und geführte Instruktion sehr viel erfolgreicher ist als ungeführtes, ‚facilitative' Lernen" (Hattie, 2009, S. 243, Übersetzung R.D.). Schulkinder sind anders als Kindergartenkinder – sie benötigen unterschiedliche Lern-, Bildungs-, Erfahrungs- und Erziehungsmethoden, um sich optimal zu entwickeln.

Allerdings: Die genannten Resultate stellen nicht soziale Lernerfolge heraus, sondern kognitive. In einer offenen Arbeit, z.B. einem professionell geführten Freispiel, können die Kinder aber eher in kleinen Cliquen miteinander spielen, sie können sich leichter aus dem Weg gehen. Bei einer Auflösung der Gruppen (Regel & Wieland, 1993) wird diese Freiheit der sozialen Gesellung noch weiter unterstützt. Aus diesem Grunde ist die Vermutung gerechtfertigt, dass offene Arbeit auch positive Nebenwirkungen auf das soziale Verhalten der Kinder haben könnte. Das ist lediglich eine Vermutung – noch kein Beleg.

6.5 Zusammenfassung

Die „psychologische" Verkleinerung von Gruppen, man könnte auch sagen, die „gefühlte" Verkleinerung der Gruppe, hat zum Inhalt, dass man Gruppen so geschickt behandelt und organisiert, dass die zu große Zahl niemanden stört: weder Kinder noch pädagogische Fachkräfte. Typische erste Untersuchungen dazu waren die Studien von Kounin, der alte reformpädagogische Forderungen nach Komplexkapazität der pädagogischen Fachkräfte bzw. Lehrkräfte empirisch untersucht hat. In Metaanalysen erweist sich diese Lösung des Problems als effektiv.

Die gefühlte Verkleinerung der Gruppe erreicht man (außer durch reale Verkleinerung) durch die Lösung dreier Aufgaben: 1) geschicktes Verhalten der pädagogischen Fachkräfte, 2) die Verbesserung des Gruppenverhaltens kleiner Kinder und 3) durch offene bzw. flexible Arbeit. Zehn Strategien wurden zur Lösung dieser Aufgaben genannt:

1. Vermittlung von Regeln an die Kinder
2. Verstärkte Elternberatung, begleitende Sozialarbeit
3. Selbstbeschäftigung der Kinder
4. Miteinanderbeschäftigung der Kinder
5. Attraktivität des KiTa-Angebots
6. Differenzierung und Individualisierung der Angebote
7. Senkung pädagogischer Ansprüche
8. Materialreichtum und Raumgröße
9. Flexibilisierung der Bring- und Abholzeiten
10. Einstellung von Ergänzungskräften

Flexible bzw. offene Arbeit ist eine Form der Organisation der alltäglichen KiTa-Arbeit, die viele Probleme der Arbeit in Gruppen erleichtern kann. Feste Gruppen werden im Extremfall aufgelöst, so dass Kinder den Konflikten in Gruppen besser ausweichen können. Auch wird der gesamte Innen- und Außenraum genutzt, so dass die Dichte geringer wird und damit die Zahl der Konflikte gesenkt werden kann. Auch weil die Kinder in der Wahl ihrer Tätigkeiten frei sind, wird viel Frust, der durch geregelte und vorgeschriebene Tätigkeiten entstehen kann, geschluckt. Pädagogische Fachkräfte haben aber in der offenen Arbeit nicht nur eine Überwachungsfunktion, sondern sind mit der individuellen Förderung von Kindern und der Vorbereitung der Arbeit beschäftigt. Was in der KiTa gut funktioniert und positive Evaluationsergebnisse erzeugt, muss aber in der Schule nicht zwangsläufig auch gut sein. Hier ist augenscheinlich ein lehrerzentriertes Arbeiten besser.

6.6 Literaturtipps

Zur Vertiefung der grundlegenden Gedanken sei mein eigenes Werk empfohlen. Es ist allerdings nur online bestellbar unter: www.schulmanagement-handbuch.de

Dollase, R. (2012). *Classroom Management. Theorie und Praxis des Umgangs mit Heterogenität.* München: Oldenbourg-Verlag.

Ansonsten ist es von Gewinn, sich mit den radikalsten Ansätzen zur offenen Arbeit zu beschäftigen:

Regel, G. & Wieland, A. J. (Hrsg.). (2007). *Offener Kindergarten konkret: Veränderte Pädagogik in Kindergarten und Hort* (überarb. Neuaufl.). Berlin: EB-Verlag.
Regel, G. & Santjer, U. (Hrsg.). (2011). *Offener Kindergarten konkret in seiner Weiterentwicklung. Aus der Praxis für die Praxis, 20 Jahre später.* Berlin: EB-Verlag.

7 Heterogenität und Multikulturalität von Gruppen im Elementarbereich

Fragen der Fremdenfeindlichkeit und des Umgangs mit Heterogenität im Elementarbereich betreffen nicht nur Kinder, sondern insbesondere auch die Erwachsenen, z. B. Eltern bzw. pädagogische Fachkräfte. Die Fremdenfeindlichkeit bei Vorschulkindern ist ohnehin schwach ausgeprägt, da kleine Kinder noch nicht über stark ausgeprägte identitätsrelevante Aspekte einer Identifikation mit Religionen, Nationen und Kulturen (auch noch nicht so deutlich mit Geschlecht, Alter etc.) verfügen. Da es aber zahlreiche Kontakte zwischen Erwachsenen bzw. Beziehungen zwischen Erwachsenen und Kindern mit Migrationshintergrund gibt, werden in diesem Kapitel auch wichtige Grunderkenntnisse über die Multikulturalität zusammengestellt: Vorurteile, Diskriminierung, Integration und andere Aspekte einer Empirie der Heterogenität und der Überwindung ihrer schädlichen Folgen müssen ebenso dargestellt werden wie die Prinzipien des Umgangs mit Verschiedenartigkeit (s. dazu auch Borke & Keller, 2014). Dabei gilt, dass Erkenntnisse aus der Vorurteilsforschung für alle Formen des Andersseins gelten (Oskamp, 2000), seien es Beeinträchtigungen, kulturelle Verschiedenheiten oder Altersunterschiede.

Kasten 21: In welchen Beziehungen spielen multikulturelle Probleme im Elementarbereich eine Rolle?

Die Problemfelder der Heterogenität und Multikulturalität beziehen sich nicht nur auf die

- Beziehungen der Kinder aus unterschiedlichen Zuwanderungsländern, sondern auch auf die
- Beziehungen der pädagogischen Fachkräfte zu den Kindern mit Migrationshintergrund, auf die
- Beziehungen der pädagogischen Fachkräfte aus unterschiedlichen Ländern untereinander, auf die
- Beziehungen der Eltern untereinander und vor allem auch auf die
- Beziehungen der pädagogischen Fachkräfte zu den Eltern aus unterschiedlichen Zuwanderungsländern.

7.1 Heterogenität von Gruppen im Elementarbereich

Ebenso wie es zum öffentlichen Allgemeinwissen gehört, dass die familiäre Erziehung für den Entwicklungsweg der Kinder von entscheidender Bedeutung ist, auf dem alle weiteren Bildungsanstrengungen des Staates und der Öffentlichkeit aufbauen, so ist es ebenso Allgemeinwissen, dass jedes Kind, jede Familie, jeder Mensch anders ist und wir es in allen Einrichtungen des Elementarbereichs (wie in allen anderen Stufen des Bildungssystems) mit einer hochgradigen Heterogenität der Kinder und Familien zu tun haben. Jedes Kind ist im positiven Sinne einzigartig, die Heterogenität also normal. Wirkliche Gleichheit und Ähnlichkeit gibt es relativ selten, eher nur in Einzelfällen. Meist unterscheiden sich Kinder im Elementarbereich trotz ihrer geringen Altersunterschiede schon sehr erheblich voneinander.

Die Verschiedenheit der Kinder kann nach vielen Kriterien bestimmt werden. Dabei zeigt sich, dass es einige Kriterien gibt, die sozial und politisch bedeutsamer sind als andere, z. B. das unterschiedliche Alter, das Geschlecht, die Behinderung (vgl. die Inklusionsbewegung, Sarimski, 2012), die ethnische, kulturelle, nationale Zugehörigkeit, die Erstsprache, die Religion, die soziale Schicht, Armut und Reichtum, die familiäre Situation von Scheidungskindern, Alleinerziehenden. Diese Kategorien der Unterscheidung von Kindern und Familien werden öffentlich diskutiert, und sie erscheinen den meisten Menschen auch als bedeutsam. Selbstverständlich ist es für Kinder aus Familien mit Migrationshintergrund wegen des Spracherwerbs und der davon abhängigen kognitiven Entwicklung wichtig, eine vorschulische Einrichtung zu besuchen – über diese Banalität soll hier nicht weiter geschrieben werden.

Demgegenüber gibt es eine Reihe von Kriterien, nach denen sich Kinder unterscheiden, die nicht so oft diskutiert werden, nicht so medial und politisch bekannt sind, von denen aber jeder weiß, dass sie eine große pädagogische Bedeutung haben. Dazu gehören die Begabungen eines Kindes jenseits von Behinderungen, die Eigenheiten, die Interessen, das äußere Aussehen, die Fähigkeiten, die Vorlieben, die Temperaments- und Persönlichkeitseigenschaften etc. Es gibt noch zahlreiche weitere Kriterien, nach denen man Kinder unterscheiden kann. Beispielsweise einzelne Temperamentseigenschaften: Aktivität oder Passivität, ob sie sich an Neues leicht gewöhnen können oder ob sie eher schüchtern sind – Eigenschaften, die für den Bildungsweg der Kinder von großer Bedeutung sein können (▸ **Kap. 3**). Es ist wichtig, auch diese Unterscheidungskriterien bei der pädagogischen Arbeit immer wieder in den Blick zu nehmen, denn nicht nur die sozial und politisch bedeutsamen Unterschiede sind relevant, sondern auch die eher personalen und individuellen.

Die pädagogischen Zielsetzungen, an denen sich der Umgang mit Verschiedenartigkeit orientieren soll, sind allgemein Konsens: Verschiedenartigkeit soll akzeptiert werden, es soll gerecht zugehen, niemand soll wegen seiner Individualität diskriminiert werden.

Heterogenität ist wissenschaftlich vielfach untersucht worden. Die Forschungen zeigen, dass jede Eigenschaft zu einer sozial bedeutsamen Eigenschaft gemacht werden kann. Ein wichtiges Ergebnis besagt: Dass kleine Kinder von

Geburt bis zehn Jahren eine kategoriale Identität bzw. soziale Identität noch relativ schwach ausbilden, d. h. eine nationale, kulturelle oder religiöse Identität ist bei den Kindern zwar ausgebildet, aber nicht so stark wie bei denjenigen, die aufgrund ihrer intellektuellen Entwicklung, ab etwa dem 12./13. Lebensjahr, sich stärker mit solchen übergreifenden identitätsbildenden Kategorien auseinandersetzen. Kleine Kinder können sich auch im Kindergarten allerdings schon an die Bedeutsamkeit sozialer Kategorien, wie arm und reich oder Ausländer und Inländer, gewöhnen und diese Kategorien auch im Gespräch und beim Ausschluss von Spielpartnern verwenden. Hier ergeben sich Ansatzpunkte für eine pädagogische Bearbeitung.

Die Tatsache der Kollektivität der öffentlichen Erziehung, Bildung und Betreuung hat, wie weiter oben ausgeführt, dazu geführt, dass man in bestimmten didaktischen Arrangements (z. B. relativ offene Arbeitsformen) mit den Problemen der Kollektivität besser zurecht kommen kann als in anderen, die eine Behandlung „für alle gleich" praktizieren. Eine ähnliche Konsequenz erfordert auch der erfolgreiche Umgang mit Heterogenität. Je heterogener eine Gruppe nach den unterschiedlichsten Kriterien ist, umso eher sind didaktische, organisatorische Arrangements notwendig, in denen diese Heterogenität „geschluckt" wird.

Der Umgang mit Heterogenität ist nicht nur ein Problem der Kinder untereinander, sondern ein Problem, das die Verhältnisse und Beziehungen zwischen Kindern und pädagogischen Fachkräften ebenso angeht wie die Verhältnisse der Kinder zu den anderen Eltern und nicht nur den eigenen. Auch die Beziehungen der pädagogischen Fachkräfte zu den Eltern sind von Unterschiedlichkeit und Heterogenität geprägt, ebenso wie die Verhältnisse und Beziehungen der pädagogischen Fachkräfte untereinander. Das Thema des Umgangs mit Andersartigen betrifft also alle Personengruppen und alle Beziehungen dieser Personengruppen untereinander (▸ Kasten 21).

Empirische Forschungen zeigen recht eindeutig, dass die Integration Andersartiger, der Abbau von Spannungen zwischen Menschen, die unterschiedlich sind, durch mehr Wissen übereinander ebenso gestärkt wird wie durch Kontakt in gemeinsamen Aktivitäten und oft auch dadurch, dass man die kategoriale oder soziale Zugehörigkeit nicht über Gebühr wichtig nimmt und stattdessen neue Identitäten schafft. Ebenso erleichtern ein positives emotionales Klima oder positive soziale Interaktionen die Integration von verschiedenartigen Menschen (▸ **Kap. 7.6**).

Eine Integration von Menschen mit unterschiedlichen Wertvorstellungen und unterschiedlichen kulturellen Normen, Sitten, Gebräuchen und Moralvorstellungen ist nur dann möglich, wenn diese in irgendeiner Form miteinander vereinbar sind bzw. wenn der gemeinsame Vorrat an Wertvorstellungen groß genug ist. Bei inkompatiblen Normen und Wertvorstellungen muss jede Integration scheitern (Amir, 1969).

Ein besonderes Problem ist immer die Hervorhebung und Bewusstmachung der Unterschiedlichkeit von Kindern. Soll man z. B. Kinder mit Migrationshintergrund als pädagogische Fachkraft oder Lehrkraft vor den anderen so benennen und auf ihren kulturell unterschiedlichen Hintergrund hinweisen? Hier sind durchaus unterschiedliche pädagogische Auffassungen möglich. Allerdings muss man wissen, dass man in dem Moment, in dem man Kinder klassifiziert (z.B. nach türkischstämmig und deutschstämmig oder nach behinderten und nichtbehinderten, nach katholisch oder evangelisch, nach arm und wohlhabend) einen nur schwierig kontrollierbaren Prozess der Auseinandersetzung und Etikettierung in Gang setzen kann. Dieser lässt sich nur dann in produktive Lern- und Bildungsanregungen umsetzen, wenn die kategoriale Zuschreibung nicht allzu bedeutsam gemacht wird, sondern nur zur besseren Verständigung dient.

Altersheterogenität

Wissenschaftliche Ergebnisse existieren auch zur Frage der Effekte von Heterogenität. Diese liegen insbesondere für Fragen der Altersheterogenität vor und zeigen insgesamt zwar keine dramatisch positiven, aber immerhin doch einige positive Aspekte. Kognitiv haben altersgemischte Gruppen so gut wie keine Vorteile, aber auch keine Nachteile. Für das soziale Lernen ist allerdings die Altersmischung durchaus günstig. Sie ist auch darum günstig, weil ältere Kinder sich hin und wieder um die jüngeren kümmern und dadurch die pädagogischen Fachkräfte bei ihrer Individualisierungsarbeit unterstützen können.

Es gab auch schon andere Zeiten (vgl. Dollase, 2013), in denen man überlegte (und praktizierte), die Drei- und Vierjährigen sowie die Fünf- und Sechsjährigen jeweils in eigenen Gruppen zu erziehen, zu bilden und zu betreuen. Grund waren damals wie heute „entwicklungspsychologische" Unterschiede und die Überzeugung, dass man in homogenen Gruppen alle besser fördern könne. Andererseits: Können in heterogenen Gruppen die Älteren nicht auf die Kleinen aufpassen, harmonische Partnerschaften bilden, dadurch die pädagogischen Fachkräfte entlasten? So wie in einer Großfamilie? Die Debatte um diese Frage ist so alt, wie es eine Erforschung der Elementarerziehung gibt. Wie man heute weiß, ist die Frage, was besser ist, wissenschaftlich nicht eindeutig und vor allem nicht verallgemeinerbar zu entscheiden: Ist die Aufteilung in Krippengruppen für Kinder von Geburt bis drei Jahren und KiTa-Gruppen von drei bis sechs Jahren oder eine Altersmischung angemessener?

Warum ist die Frage nicht entscheidbar? Wissenschaftliche Untersuchungen zur Altersmischung gibt es weltweit rund 600, allerdings auch für Altersmischung bei älteren Kindern. Eine Metaanalyse (Zusammenfassung von vielen Untersuchungen) von Simon Veenman (1995) erbrachte ein „Null"-Resultat: Weder ergaben sich bedeutsame kognitive noch soziale Förderungsvorteile bei der einen (Homogenität) oder anderen Lösung (Heterogenität). Veenman wurde später von Kollegen wegen einer zu milden Beurteilung der „Nicht-Unterschiede" kritisiert. Für die Entwicklung der Kinder ist also die Alterszusammensetzung der Gruppe kaum wichtig – kleine Kinder sind ohnehin keine Gruppenwesen (Dollase, 2013), die Beziehung und Interaktion zu erziehenden Erwachsenen ist dagegen außerordentlich wichtig. Andere einzelne Kinder können in homogenen oder auch heterogenen Gruppen ein Entwicklungsrisiko darstellen, z.B. wenn sie mobben oder ein Kind zum Außenseiter machen. Weil also jede Entwicklung durch viele Faktoren günstig oder ungünstig beeinflusst wird, besitzen wir nur wissenschaftliche

„kann"- und „wenn – dann"-Aussagen. Altershomogenität *kann* günstig sein, *wenn* dadurch die Kinder besser gefördert werden. Heterogenität *kann* günstig sein, *wenn* sich die älteren Kinder harmonisch mit den jüngeren vertragen. Bei günstigen Bedingungen und einer Optimierung aller Einflüsse könnte Altershomogenität, aber auch Altersheterogenität gut sein. Das gilt übrigens auch für Schulkinder: Jahrgangsübergreifende Klassen haben einen kognitiven Nulleffekt (Hattie, 2013). Mit einem solchen Fazit kann man praktisch zunächst wenig anfangen – und das ist auch gut so.

Die Altersmischung ist auch soziometrisch schon öfter untersucht worden mit dem Ergebnis: Die älteren Kinder pflegen eher Beziehungen zu Gleichaltrigen und weniger zu den Jüngeren. Die Jüngeren hingegen sind weniger wählerisch: Die älteren Kinder sind ihnen genauso lieb wie die älteren (Dollase, 1979).

Ohne weitere empirische Untersuchungen – die bei der Verbesserung der Praxis genauso an ihre Grenzen stoßen wie rein theoretische Überlegungen – wissen wir, dass sich kleine Kinder in einem rasanten Tempo ändern und entwickeln – und die jüngeren noch schneller als die etwas älteren. Wer möchte, dass pädagogische Fachkräfte auch Zeit und Gelegenheit haben, sich um das sich rasant verändernde Wesen „Kind" intensiv zu kümmern, muss altersabhängige Gruppengrößen und Fachkraft-Kind-Relationen fordern und finanzieren.

In den bislang bekannt gewordenen Ergebnissen der NUBBEK-Studie[3] schnitten die altersgemischten Gruppen unerwarteterweise schlecht bzw. nicht besser ab als die altershomogenen Gruppen. „Die Differenzierung nach Betreuungsformen zeigt, dass die Kinder in altersgemischten Gruppen eine niedrigere Prozessqualität erfahren als wenn sie in altershomogenen Gruppen (Kindergarten- bzw. Krippengruppen) betreut werden" (Tietze et al., 2012. S. 8). Bekannt war vorher, dass viele pädagogische Fachkräfte ungern in diesen Gruppen gearbeitet haben.

Regionale Unterschiede

Selten beachtet werden die Unterschiede der Kinder und Familien je nach Region eines Landes. Meist sind pädagogische Empfehlungen für ein Land zuständig, das sehr unterschiedliche Regionen – von ländlichen Gebieten bis hin zu großstädtischen Ballungszentren und -regionen – umfasst. Die Bildungsanregungen der Umwelt werden also von Region zu Region unterschiedlich sein. Im Interesse der pädagogischen Prinzipien der Alltagsorientierung und des situativen Lernens ist es notwendig, die Nahumwelt für die pädagogische Arbeit und die Aneignung der Außenwelt jeweils zu nutzen. Auf der anderen Seite müssen Kinder in ländlichen Regionen selbstverständlich auch Informationen über Kinder in großstäd-

3 NUBBEK: Nationale Untersuchung zur Bildung, Betreuung und Erziehung in der frühen Kindheit (www.nubbek.de)

tischen Ballungsregionen und umgekehrt zur Verfügung gestellt werden können. Die Qualität der Aneignung der Außenwelt zeigt sich auch darin, dass bei den kleinen Kindern schon im Elementarbereich der Blick für die größeren Zusammenhänge geweitet wird. Nicht nur Stadt-Land-Unterschiede sind pädagogisch relevant, auch innerhalb von Großstädten gibt es große Unterschiede von Stadtteil zu Stadtteil. Bildungsnahe Viertel unterscheiden sich von solchen mit bildungsfernen Elternhäusern z. B. wegen der sozialräumlichen Polarisierung in unseren Städten (Heitmeyer, Dollase & Backes, 1998).

Geschlechtsunterschiede

Im Elementar- und Primarbereich haben und hatten Mädchen gegenüber Jungen immer einen leichten Entwicklungsvorsprung (Davier, 1973; Dollase, 1979). Daraus ist zwingend abzuleiten, dass eine geschlechtsneutrale Erziehung, Bildung und Betreuung notwendig ist, wobei die Geschlechter nicht extra gefördert werden müssen, da sie im Kleinkindalter noch nicht in unterschiedlich wertigen Rollen leben. Auch empfiehlt es sich nicht, die Bedeutung der Zugehörigkeit zu einem Geschlecht über Gebühr zu betonen, sondern sich stets der Tatsache bewusst zu sein, dass auch innerhalb der Geschlechter eine große Heterogenität vorherrscht und sich im Verlaufe eines längeren Lebens die Verhaltensweisen auch noch ändern bzw. umkehren können.

Inklusion wird hier ausgeklammert

Deutschland ist der Vereinbarung von Salamanca der UNESCO beigetreten, nach der eine Inklusion aller Kinder, auch der behinderten, in gemeinsamen Schulen und im Elementarbereich erforderlich wird. Chancengleichheit und Akzeptanz sollen bis hin zur „Inklusion" (Einschluss) im UNESCO-Leitprinzip hergestellt werden, „dass Schulen alle Kinder unabhängig von ihren physischen, intellektuellen, sozialen, emotionalen, sprachlichen und anderen Fähigkeiten ... aufnehmen sollen und fair behandeln müssen". Alle Parteien unterstützen diese Vereinbarung. Inklusion kann allerdings nur gelingen, wenn die entsprechenden personellen, räumlichen und materiellen Rahmenbedingungen geleistet werden (Hattie, 2009; Mitchell, 2008). Ausführlich wird dieses Thema in einem Band dieser Publikationsreihe von Sarimski (2012) behandelt.

7.2 Menschen mit Migrationshintergrund im Elementarbereich – Soziale und kulturelle Grundlagen

Der Migrationshintergrund der Menschen, großer wie kleiner, ist eine Ursache unter vielen anderen, die Heterogenität im Elementarbereich hervorbringen. Es ist dennoch wichtig, sich einige Grundtatsachen zu vergegenwärtigen, weil der heterogene Zuwanderungshintergrund politisch eine bedeutsame Rolle spielt.

Der Anteil von Menschen mit Migrationshintergrund steigt bis 2030 auf ein Fünftel bis ein Drittel der Bevölkerung

Integration, die bei Kindern und Jugendlichen ansetzt, wird zur wichtigen Zukunftsaufgabe. Aufgrund der höheren Fortpflanzungsrate der Menschen mit Migrationshintergrund muss z. B. das Land Nordrhein-Westfalen damit rechnen, dass bis zum Jahre 2030 der Anteil dieser Mitbürgerinnen und Mitbürger erheblich wächst. Für z. B. Köln, Düsseldorf und Duisburg werden bis 2030 ein „ausländischer" Bevölkerungsanteil von ungefähr 23 % bis 27 % geschätzt (Bade & Münz, 2000, S. 53).

Menschen mit Migrationshintergrund verteilen sich nicht gleichmäßig auf die Regionen und Städte

Ein besonderes Problem ergibt sich für das politische und pädagogische Handeln dadurch, dass die Menschen mit Migrationshintergrund nicht gleichmäßig auf die Städte und Gemeinden unseres Landes verteilt sind, sondern dass in den Ballungszentren deutlich mehr Kinder und Jugendliche mit Migrationshintergrund leben als auf dem Lande. Man beschreibt dieses Phänomen einerseits als multikulturelle Emergenz, d. h. das Erscheinen einer multikulturellen Problematik ist ungleichmäßig, und andererseits finden wir eine deutliche „sozialräumliche Polarisierung", d. h. auch innerhalb von Städten gibt es Stadtteile mit nahezu ausschließlich dort lebenden Menschen mit Migrationshintergrund (s. o.). Welche Bedeutung hat dies für die Praxis? Es kann sein, dass in einer KiTa in Duisburg-Hamborn kaum ein deutsches Kind zu finden ist und umgekehrt z. B. in einer KiTa in der Eifel kaum ein Kind mit Zuwanderungshintergrund.

Im Elementarbereich kann der Anteil von Menschen mit Migrationshintergrund höher sein als im Durchschnitt der Bevölkerung

So betrug der Anteil von Kindern mit Migrationshintergrund in der Gruppe der Drei- bis Sechsjährigen in Köln im Jahre 2002 bereits 42,2 %. Wenn man allerdings nur die Staatsangehörigkeit betrachtet, würde der Anteil dieser Kinder nur 10,8 % betragen (Otyakmaz, 2007). Ursachen dafür sind

- ungleichmäßige Verteilung der Menschen mit Zuwanderungshintergrund auf Regionen, Städte und Stadtteile und
- die immer noch höhere Kinderzahl der Menschen mit Migrationshintergrund.

Im Elementarbereich ist Sprachförderung und der soziale Umgang miteinander das wichtigste Förderungsziel

Kinder können zwei Sprachen gleichzeitig erlernen, wenn z. B. der türkischstämmige Vater mit dem Kind konsequent türkisch spricht und die deutschstämmige Mutter konsequent deutsch. Wenn die Eltern beide einen Migrationshintergrund haben, ist die KiTa die erste und wichtigste Instanz zum Erlernen der deutschen Sprache. Deshalb sind die Sprachförderung der Kinder mit Migrationshintergrund sowie ihre Bildungsförderung besonders wichtig. Dazu gehören auch Durchmischungsmaßnahmen: Ein krasser Fehler wäre es, wenn man die Kinder nach Sprache in Gruppen einteilen würde. Ohne Kontakt miteinander gibt es keine sprachliche und soziale Integration von Kindern mit Migrationshintergrund. Dabei darf nicht vergessen werden: Die erwachsenen Fachkräfte müssen sehr viel mit diesen Kindern auf Deutsch reden. Ohne ein erwachsenes, sprachliches Vorbild gibt es kaum Fortschritte (Peterson, 2004). Der sprachliche Kontakt der Kinder untereinander ist quasi das „Übungsfeld“.

Die Fremden sind nicht mehr fremd

Ob man Menschen mit Zuwanderungshintergrund heute noch als „fremd“ im eigentlichen Sinne bezeichnen kann, ist fraglich, da viele der Menschen mit Migrationshintergrund im Lande geboren sind und sich hier heimisch und zu Hause fühlen. Sie haben die deutsche Staatsangehörigkeit, und die jungen Männer haben oft Wehrdienst oder Ersatzdienst geleistet. Viele Zugewanderte haben ihre gesamte Sozialisationskarriere im deutschen Schul- und Bildungssystem verbracht, mithin können sie kaum als „fremd“ gelten. Auch Kulturkonflikte sind nicht unbedingt anzunehmen, weil auch die Zugewanderten mit der deutschen Kultur vertraut sind. Das ist vielfach nachgewiesen worden – andererseits: Die angebliche Fremdheit zwischen den Kulturen wird selten genau festgestellt.

In der Tat sind sich z. B. Schüler und Schülerinnen aus unterschiedlichen Abstammungsgruppen hinsichtlich ihrer Alltagskultur, also bezogen auf Vorlieben für Musik, Sänger/-innen, Sport, Sportvereine, Schulfächer, Essen, Filme, Farben, TV-Sendungen, Idole, Freizeitaktivitäten etc., hochgradig ähnlich. Nur rund 3 % der türkischstämmigen Jugendlichen präferieren z. B. türkische Musik (Folklore, Hip Hop, Rap). In allen in der Bundesrepublik lebenden ausländischstämmigen Schüler- und Schülerinnengruppen konnten signifikante und hohe Interkorrelationen der kulturellen Vorlieben festgestellt werden (Dollase, 2001; Dollase, Woitowitz, Bieler, Ridder & Köhnemann, 2002). Und die Alltagskultur ist schließlich das, was ein kindliches oder jugendliches Schülerleben ausmacht. Es gibt also durch den empirischen Nachweis von kulturellen Ähnlichkeiten der älteren Kinder Grund zur Annahme, dass die Kleinen ebenfalls schon stark durch die hiesige Kultur geprägt werden. Zumal die Kleinen sowieso aus entwicklungspsychologischen Gründen weltweit ähnlich und weniger kulturspezifisch verschieden sind.

Die Annahme von kultureller Fremdheit übersieht geflissentlich auch den erheblichen Vorrat an Gemeinsamkeiten zwischen allen Menschen, egal aus welcher Gegend dieser Welt sie stammen. Sympathie, Liebe, Trauer, Tod, Krankheiten, Erfolg, Anerkennung, Motivation, Begeisterung, Religion – alle diese Themen und noch viele mehr sind für alle Menschen ähnlich wichtig. Für Kinder kommt hinzu: Erfolg und Misserfolg in KiTa und Schule, die Stellung in der Gleichaltrigengruppe, die Beziehung zur pädagogischen Fachkraft u. ä. Solche Gemeinsamkeiten verweisen auf ein universales, konstantes Programm des Menschen, das man in allen Kulturen und allen Ethnien wiederfinden kann. Dass die Unterschiede zwischen den Ethnien und Kulturen so betont werden, ist ein psychologisches Phänomen der Akzentuierung von Unterschieden, die man groß macht, obwohl sie objektiv so groß nicht sind (Rabbie & Horwitz, 1969).

Interpersonelle Freundschaften in multikulturellen Gruppen und Schulklassen sind positiv selektiv, aber nicht diskriminierend

Die Beziehungen zwischen den „Einheimischen" und „Zugewanderten" im Schulsystem sind auch für den Elementarbereich wichtig und interessant, weil man daran sehen kann, „was später kommt". Oder: Was sich spielerisch und unverkrampft aus dem Elementarbereich heraus entwickelt hat. Das Kultur-Konflikt-Szenario, nach dem sich Zugewanderte und Einheimische im Konflikt befinden, stützt sich auf die Tatsache, dass es Kulturkonflikte, dass es Fremdenfeindlichkeit gibt, unterschlägt aber gerne Fremdenfreundlichkeit. Wer Augen hat zu sehen, kann dies aber nicht übersehen: Wie ein schwarzes Mädchen Hand in Hand mit ihrer weißen Freundin in die KiTa kommt, wie Kinder unterschiedlicher Ethnien hingebungsvoll gemeinsam auf dem Bauteppich spielen etc. Auch bei Untersuchungen im Schulsystem kommt es, kein Wunder, zur Konstatierung von Ablehnungen zwischen Kindern unterschiedlicher Ethnien, die regelmäßig als „Fremdenfeindlichkeit" interpretiert werden, aber auch zum Gegenteil: Immerhin geben im Schnitt 35 % der deutschen Schüler und Schülerinnen „den Türken" sehr gute und gute Beurteilungen, andererseits beurteilen nur 7 % der hier lebenden Türken die Deutschen mit den Noten „mangelhaft" und „ungenügend". Rund 25 % der Deutschen beurteilen hingegen die Türken mit „mangelhaft" und „ungenügend" (Dollase, 2001).

Besonders eindrucksvoll irritieren soziometrische Befunde die Idee der kulturellen Fremdheit. Über Jahrzehnte hat man den Befund repliziert, dass die Regel „Gleich zu Gleich gesellt sich gern" in allen soziometrischen internationalen Untersuchungen Gültigkeit hat (Dollase, 1994). Die Ergebnisse offenbaren in der Tat, dass es eine Selbstbevorzugung der Abstammungsgruppen in Schulklassen gibt. Die soziometrischen Fragen sind sehr deutlich von Pauschalbewertungen der Kategorien („Beurteile die Türken!") zu unterscheiden. Bei soziometrischen Befragungen gibt man Personen mit Namen oder einer Codeziffer an, mit der man „gerne zusammen spielen" möchte, neben der „man gerne sitzen" möchte, mit der „man ein Referat vorbereiten" möchte etc. Studien, die Ratingskalen verwendet haben, die von einem positiven bis zu einem negativen Pol reichen, finden dann immer nur höhere Mittelwerte für die eigenethnische Bevorzugung und schließen daraus, dass dieses das strukturierende Prinzip ist. Beim Wahlverfahren hat man zu jedem Kriterium die Möglichkeit, zwei Fragen zu stellen, eine nach Sympathie (z. B. „Neben wem möchtest du sitzen?") und eine nach Antipathie („Neben wem möchtest du auf keinen Fall sitzen?"). Bei einem solchen Wahlverfahren offenbart sich ein interessanter Befund: Die positiven Sozialkontakte der Schüler und Schülerinnen strukturieren sich tatsächlich überwiegend nach der Abstammungsgruppe, wenngleich die Geschlechtsspezifität der Wahlen noch stärker ist als die Ethniespezifität (Dollase, Ridder, Bieler, Köhnemann & Woitowitz, 2002). Die Ablehnungen allerdings zeigen keinerlei ethniespezifisches Muster (auch kein geschlechtsspezifisches), sondern die Ablehnungen verteilen sich relativ gleichmäßig auf alle möglichen Subkategorien in einer multikulturellen Schulklasse. Deshalb kann die positive Kontaktselbstselektivität nicht als pathologisch aufgefasst werden, sondern sie ist ein übliches und auch intrakulturell ein typisches Organisationsprinzip informeller Kontakte, das keinesfalls verhindert werden muss.

Dass das Streben nach positiver Distinktheit (ingroup favoritism) auch bei Pauschalbeurteilungen anderer Nationen nicht notwendig mit negativer Diskriminierung (outgroup prejudice) einhergehen muss, zeigen auch weitere Studien (Aboud, 2003; Wiezik, 2004).

Vom Wandel der Integrationsvorstellungen in multikulturellen Schulen und Kindergärten

„Kultur" ist etwas Wandelbares, nichts, das für immer gleich bliebe. Die Kultur der Türken im Jahre 1960 ist eine andere gewesen als die Kultur der Türken im Jahre 2015. Die Kultur der türkischstämmigen Schülerschaft heute ist eine andere als zu Beginn der 1970er Jahre. Mit der zunehmenden Globalisierung gibt es einen weltweit intensiveren Kulturaustausch. Kulturkonflikte wären also solche zwischen variablen und instabilen Größen. Zeitwandelstudien (Ridder & Dollase, 1999) zeigen z. B., dass bereits in wenigen Jahren (von 1983 auf 1996) die Normalitätsvorstellungen über die Zusammensetzung von Schulklassen sich signifikant änderte: 40 % der deutschen Schülerinnen und Schüler hielten im Jahre 1996 einen hälftigen Anteil von ausländischstämmigen Schülerinnen und Schülern in Schulklassen für normal und erstrebenswert – gegenüber 15 % im Jahre 1983.

Für nicht unerhebliche Teile der zugewanderten Schülerschaft ergeben sich wegen der vielfältigen Wanderungsbewegungen (Migration – Remigration in unterschiedlichem Alter) konfigurative Sozialisationstypen. Deren Erforschung zeigt ebenfalls die Wandelbarkeit der Kulturkategorie. In einer umfangreichen Studie hat Firat (1990) a) in Deutschland geborene türkischstämmige Schüler b) mit zugewanderten türkischstämmigen Schülern, c) mit zurück in die Türkei gewanderten türkischen Schülern und d) mit einheimischen türkischen Schülern verglichen. Es zeigte sich, dass die psychosoziale Lage für die türkischen Migranten- und Remigrantenschülerinnen und -schüler insgesamt besser war als für die Schüler, die in ihrem Heimatland verblieben sind. Man könnte überspitzt formulieren: Migration und Remigration erweitern die Perspektive. Bei den hier lebenden türkischen Migrantenschülerinnen und -schülern erwies sich eine bikulturelle Adhäsion („Ich fühle mich sowohl als Türke wie auch als Deutscher", wie im Dichterwort: „Zwei Seelen wohnen, ach, in meiner Brust", Goethe, Faust) teilweise als problematisch, wohingegen die eigenethnische Identität eher mit psychischer Gesundheit verbunden war. Dieser Befund konnte auch an anderen Stichproben wiederholt werden. Aber: Da sich deutschstämmige Kinder und Jugendliche als Vergleichsgruppe ähnlich unzufrieden wie türkischstämmige mit bikultureller Adhäsion darstellen, ist dies ein Schritt in Richtung Anpassung. Die Kinder und Jugendlichen mit Migrationshintergrund fühlen sich nämlich – untersucht an einer Stichprobe von 7800 Schülerinnen und Schülern aller Schulformen – zufriedener in 22 Lebensbereichen als deutsche Schülerinnen und Schüler (Dollase et al., 2000).

7.3 Lebensalterlicher Beginn der interkulturellen Konfliktwahrnehmung

Die Kinder dieser Welt haben sich noch am wenigsten an anderer Leute Hautfarbe, Religion, Kultur, Sprache und Nationalität gestört. In den frühen Untersuchungen der US-amerikanischen Psychologie konnte immer wieder festgestellt werden, dass die Hautfarbe bei kleinen Kindern keine große Rolle für ihre mitmenschlichen Präferenzen spielt, ja dass Fremdheit und Zuneigung kaum korrespondieren (Lambert & Klineberg, 1967). Kinder, so können sich alle vorstellen, sind nicht die Speerspitze der Fremdenfeindlichkeit, sie sind nicht die Stammtischredner, die Erfinder von Hetzparolen oder die Promoter der Einwanderungsbegrenzungen.

7.3.1 Linguistische Präsenz

Kinder können sich allerdings streiten, sie können mobben, sie können Mitschüler und Mitschülerinnen ausgrenzen, sie finden Mitschülerinnen oder Mitschüler doof, sie mögen einige nicht, sie können mit bestimmten anderen Kindern nicht spielen, sie bilden in ihren Schulklassen Hackordnungen aus, es gibt beliebte und unbeliebte Mitschüler und Mitschülerinnen – sie sind keine Engel. In die Streitereien der Kinder mischen sich auch in der Grundschule fremdenfeindlich klingende Beschimpfungen: „Ich spiele nicht mit Ausländern", „Wer den Mustafa anfasst, kriegt die Pest". Der kleine Italiener wird nur „Spaghetti" genannt, scheint sich darüber aber zu freuen, und die beobachtenden Erwachsenen deuten Streitereien zwischen deutschen und ausländischen Kindern gleich als Fremdenfeindlichkeit, als interkulturellen Konflikt oder als Rassismus. Kinder schließlich wissen genau darüber Bescheid, welchen Klang das Wort „Ausländer" bei der Erwachsenen hat. Frage eines Kindes: „Ist der Paulo Ausländer? Wenn der Ausländer ist, will ich nicht neben ihm sitzen!". Wenn das „böse Wort" nicht wäre, dann hätte er sich natürlich neben ihn gesetzt ... Ein Reflex auf das, was in der Erwachsenenwelt vorgeht, ist die kindliche „Fremdenfeindlichkeit" allemal. Kein Wunder also, wenn man sie auch bei den kleinen Kindern feststellen kann. Meist wird sie dann „linguistische Präzedenz" genannt, eine sprachlich vorauslaufende Ausländerfeindlichkeit.

Es bestehen aber ernsthafte Zweifel daran, ob Kinder im Elementarbereich zur Fremdenfeindlichkeit im gleichen Sinne fähig sind, wie das Jugendliche und Erwachsene sind. Die zentrale Frage ist, ob sie eine nationale, kulturelle oder religiöse Identität herausgebildet haben, ob sie zwischen „wir" und „ihr", zwischen Ingroup und Outgroup im gleichen Maße unterscheiden können wie Erwachsene. Oder: Ob soziale Kategorien wie „Junge", „Mädchen", „alter Mensch", „junger Mensch", „Inländer" oder „Ausländer" für sie die gleiche Bedeutung haben wie für Jugendliche und Erwachsene. In der empirischen Forschung mehren sich die Zeichen, dass im Grundschulalter nicht die kategorialen Zugehörigkeiten, sondern die Kontaktumgangsqualitäten eines Mitschülers oder einer Mitschülerin für die Präferenzen der kleinen Kinder entscheidender sind.

7.3.2 Soziometrische Ergebnisse bei kleinen Kindern

Die beste, weil genaueste Auskunft darüber geben u.a. soziometrische Wahlen in Grundschulklassen, wie ich sie Ende der 1990er Jahre erhoben habe. Auf die Frage „Wen kannst du gut leiden?“ gab es in erster Linie eine Sortierung der Grundschülerinnen und Grundschüler (*N* = ca. 2000) nach Geschlecht, d.h. Mädchen wählen überwiegend Mädchen, Jungen wählen überwiegend Jungen, und erst in zweiter Linie eine Sortierung nach Nationalität. Betrachtet man nur die Jungen oder nur die Mädchen, dann zeigt sich eine nur noch schwache Selbstbevorzugung gleicher Abstammungsgruppen bei den positiven Wahlen, d.h. „Gleich zu Gleich gesellt sich gern“, aber eine eher ausgeglichene, nicht mit der Ethnie oder Nation variierende Verteilung der Antworten auf die Frage „Wen kannst du nicht so gut leiden?“. Ablehnungen sind also nicht kulturspezifisch – wohl aber, in geringfügigerem Ausmaß als das Geschlecht, die positiven Kontaktpräferenzen. Das wurde weiter oben bereits mit „positiver Kontaktselektivität“ bezeichnet.

Wie kann man dieses Ergebnis erklären? Zunächst: Was messen soziometrische Wahlen? Soziometrische Daten (▸ **Kap. 5**) liefern andere Ergebnisse, als wenn man nur fragt: „Hast du ausländische Freundinnen oder Freunde?“ oder: „Spielst du mit ausländischen Freundinnen oder Freunden?“. Bei soziometrischen Fragen müssen nämlich die Personen ganz konkret genannt werden als Erkan, Ruben oder Lena, mit denen man spielt oder die man gut leiden kann etc.

Die leichte eigenethnische Kontaktpräferenz bei Grundschülerinnen und -schülern, also etwas älteren Kindern als im Elementarbereich, kann also daher kommen, dass das größere Maß an Gemeinsamkeiten für Sympathie bzw. die fehlenden Gemeinsamkeiten für die Nichtwahl verantwortlich sind. Kontaktumgangsqualitäten erscheinen den kleinen Kindern wichtiger als nationale oder kulturelle Zugehörigkeiten. Das steht im Einklang mit zahlreichen internationalen soziometrischen Studien, die sog. Salienzhierarchien erhoben haben, d.h. Hitparaden der Kriterien, nach denen Freundinnen und Freunde ausgewählt und „Feinde“ abgelehnt werden: Bei jüngeren Kindern sind ethnische, rassische oder nationale Zugehörigkeiten weniger wichtig (Dollase, 1994).

Kulturkonflikte können sich lebensalterlich erst dann einstellen, wenn man eine kulturelle Identität (besser: Ingroup-Identität) bilden kann. Für die Bildungsinstitution ist wichtig, dass sich eine Identifizierung mit einer Kultur oder Teilkultur erst in der Zeit um die Pubertät herum einstellt – früher offenbar nicht. Für jüngere Menschen bis zwölf Jahre (Silbereisen, 1995) sind kulturelle Identitäten noch relativ fremde Zustände – in jüngeren Jahren gibt es zwar das Nachplappern von Stereotypen und Vorurteilen der Erwachsenen, die aber für den kindlichen Denkhorizont keineswegs dieselbe Bedeutung haben wie für Heranwachsende oder Erwachsene (Dollase, 2002; Lambert & Klineberg, 1967; Mitulla, 1997). Bei Lambert und Klineberg identifizierten sich Kinder in allererster Linie durch ihr Geschlecht (rund 20 % bei den europäischstämmigen), dann durch ihren Schüler- oder Kindheitsstatus, dann durch ihre Individualität etc. Lediglich bei den Japanern gab es eine mit dem 10. Lebensjahr einsetzende stärkere Identifizierung mit der Nationalität. Auch wenn Studien feststellen können, dass es eine Ingroup-

Favorisierung schon bei Vorschulkindern geben kann, die aber nicht immer mit Outgroup-Vorurteilen (outgroup prejudice) verbunden ist (Aboud, 2003), so deutet doch eine Mehrheit der Studien darauf hin, dass eine im erwachsenen Sinne ausgeprägte Fremdenfeindlichkeit erst mit dem Gewinn einer nationalen oder ethnischen Identität zur vollen Ausprägung kommt.

Ob Kinder im Kindergartenalter also schon dieselbe Art von Vorurteilen und Diskriminierung zeigen können wie Jugendliche oder Erwachsene, ist in der Wissenschaft mehr oder weniger umstritten. Nichtsdestoweniger gibt es eine Reihe von Erklärungsansätzen bzw. Theorien, die verdeutlichen können, warum kleine Kinder im Elementarbereich zu Vorurteilen oder Diskriminierungen neigen können (nach Drew Nesdale, 1999):

1. *Emotionale Fehlanpassung:* Hierbei wird angenommen, dass die Vorurteilsneigung von kleinen Kindern mit einer repressiven und harten Kleinkinderziehung zusammenhängt. Kinder entwickeln durch eine solche Erziehung eine „autoritäre Persönlichkeit" und betrachten die Zugewanderten später als Sündenböcke. Die Kritik an dieser Theorie: Sie berücksichtigt die sozialen Faktoren zu wenig, weil sie sich nur auf Erziehung konzentriert.
2. *Soziales Lernen:* Kinder lernen ihre Einstellung gegenüber zugewanderten anderen Menschen entweder durch ihre Eltern, pädagogische Fachkräfte oder durch Beobachtung ihrer sozialen Umgebung, wobei sie das verbale und nonverbale Verhalten in einer bestimmten Art und Weise nachahmen bzw. deuten. Die Kritik an dieser Theorie: Oftmals sind die Korrelationen zwischen der interkulturellen Einstellung und Praxis der Kinder mit denen ihrer Eltern relativ gering, manchmal gleich null.
3. *Sozial kognitive Entwicklung:* Die Einstellungen gegenüber anderen Menschen mit Migrationshintergrund hängen vom kognitiven und sozialen Entwicklungsstand der kleinen Kinder ab. Wie bereits in den vorherigen Kapiteln berichtet, durchlaufen die Kinder eine kontinuierliche Entwicklung ihrer sozial relevanten Fähigkeiten und Einsichten. Zunächst unterscheiden sie vertraute und unvertraute Personen, dann, im Kindergarten, denken die Kleinen mehr an sich als an die anderen, d.h. deren Schicksal und Herkunft ist für sie nicht so besonders interessant. Die Kritik an dieser Theorie: Verschiedene Autoren haben gemeint, dass der Höhepunkt der Vorurteile gegenüber Kindern aus anderen Kulturen mit dem 7. Lebensjahr erreicht werde. Diese Voraussage konnte nicht belegt werden, weil in vielen Untersuchungen die Vorurteile bis zur Pubertät angestiegen sind.

7.4 Die soziale Identitätstheorie

Der Erwachsene ist bei der Frage nach den Problemsituationen von Fremdenfeindlichkeit eine wichtige Person: Er kann den kindlichen Weltfrieden gefährden, wenn er seine spezifische kulturessenzialistische Sichtweise, nämlich so zu tun, als sei „Kultur" ein unveränderliches Kennzeichen einer Person, auf die Kinder überträgt und dadurch unberechtigterweise ihre Konflikte untereinander ethnisiert. Erziehende Erwachsene, also pädagogische Fachkräfte und Lehrkräfte, sind Vorbilder auch dort, wo sie nicht glauben, es zu sein: z. B. in ihrem nonverbalen Verhalten, in den inneren Konflikten, von denen sie glauben, Kinder würden sie nicht bemerken. Eine gründliche Selbstaufklärung der eigenen Fremdenfeindlichkeit, gerade jener subtiler oder neurotischer Natur, ist ein wichtiger Schritt zum Abbau der Fremdenfeindlichkeit beim Nachwuchs.

Bei Erwachsenen und älteren Jugendlichen bildet sich die Identifikation mit einer sozialen Kategorie gemäß der Theorie von Henry Tajfel und seinen Schülern (Tajfel, 1975, 1981; Turner, 1987). Verkürzt besagt diese Theorie,

- dass Menschen in Kategorien eingeordnet werden oder sich selbst in solche Kategorien aufgrund von Ähnlichkeitsfeststellungen einordnen,
- dass sie sich in einem zweiten Schritt mit dieser Kategorie identifizieren, weil sie ein Teil ihres eigenen Selbstbilds geworden ist,
- sie in einem dritten Schritt ihre eigene Kategorie mit anderen Kategorien vergleichen und
- bei diesem Vergleich herausbekommen, dass ihre eigene Kategorie besser ist als die anderen Kategorien oder anders, aber eben „anders besser" ist.

Das ist ein unausweichlicher Prozess, der in jedem Menschen auf der gesamten Welt abläuft, da jeder seinen Selbstwert maximieren will. Durch die Herausbildung eines Wir-Gefühls gibt es allerdings dann auch eine Ausgrenzung der anderen. Das Wir-Gefühl motiviert, hat eine integrative Kraft nach innen, aber eine desintegrative Kraft nach außen. Das Wir-Gefühl ist eine janusköpfige Erscheinung, die nicht nur Vorteile hat. Ist einmal eine Unterscheidung zwischen „wir" und „den anderen" etabliert, gibt es auch sog. „intergroup fears and threats", d. h. Intergruppenangst und -bedrohungen. Die Mitglieder, die sich diesen sozialen Kategorien zugehörig fühlen, fürchten die reale oder die symbolische Konkurrenz, fürchten, bei den anderen herabgewürdigt zu werden, weil sie es selbst mit den anderen auch tun, und sie haben mehr oder weniger Angst, auch vor den eigenen Vorurteilen. Negative Vorurteile funktionieren hierbei als Initiatoren von negativen Erwartungen.

Die US-Amerikaner Rabbie und Horwitz haben schon Ende der 1960er Jahre zeigen können, dass man einen „ingroup – outgroup"-Konflikt in einer studentischen Population auch recht willkürlich, etwa durch Verteilen von grünen und blauen Kugelschreibern bzw. Papierblättern, herstellen kann (Rabbie & Horwitz, 1969). Entscheidend sind die bloße Klassifikation und ein gemeinsames Schicksal der künstlich hergestellten Gruppen, und schon ergeben sich mehr Sympathien nach innen als Sympathien über die künstlich gebildeten Gruppengrenzen hinweg.

Schlimm ist es, wenn Erwachsene glauben, dass die Kultur, die Nationalität, Religion, eine essenzielle, also wesentliche Kennzeichnung eines Menschen sei. Wenn sie also Kinder und Erwachsene nur als einer sozialen Kategorie zugehörig wahrnehmen können und das Individuum aus dem Blickwinkel verlieren. Für Kinder steht das Individuum im Vordergrund, für Erwachsene kann die soziale Kategorie, in die das Individuum gehört, bestimmend sein. Zwar hätte auch der Erwachsene viele Möglichkeiten, andere als die ethnische Kategorie oder die Nation und die Religion für bedeutsam zu halten (z.B. das Alter, die Freizeittätigkeit, den Beruf, die politische Überzeugung, die Persönlichkeitseigenschaften, die Haarfarbe), aber je nach gesellschaftlicher und medialer Lage wird in erster Linie daran gedacht, ob das Gegenüber ein Inländer oder ein Ausländer ist.

Für die Therapie der Erwachsenen wäre es dann auch wichtig, ihnen einen dynamischen Kulturbegriff nahezubringen, d.h. ob jemand ein Türke ist oder nicht, das kann sich ändern, er kann die deutsche Staatsbürgerschaft annehmen, er kann sich durch den Einfluss in einer bestimmten Gegend in seiner eigenen persönlichen Kultur verändern etc. Kultur ist nichts Statisches, sondern hochgradig veränderlich. Die deutsche, italienische oder türkische Kultur gibt es eigentlich nicht. Sie ist ein Produkt des Feuilletons. Schlimm ist es, wenn Erwachsene die kulturelle Identität genauso handhaben wie den biologischen Rassebegriff. Man kann auch sagen, dass die Überbetonung der kulturellen Identität der Rassismus der Intellektuellen ist. Wird kulturelle Zugehörigkeit zur unveränderlichen Eigenheit einer Person, dann ist zum Rassismus kein Unterschied mehr.

Erste Aufgabe für die Begegnung mit der Problemsituation Fremdenfeindlichkeit ist also, dass die erziehenden Erwachsenen sich Gedanken machen über die Problematik eines essenzialistischen Kulturbegriffs und dass sie sich verdeutlichen, dass die kulturelle Zugehörigkeit keineswegs so wichtig ist wie das Individuum und seine Persönlichkeit. Damit würden sie sich auch der Sichtweise der Kinder wieder annähern und die Gefahr, dass die Erwachsenen die Kinder in Richtung Fremdenfeindlichkeit insgeheim infiltrieren, wird geringer.

Die Theorie der sozialen Identität ist allerdings auch kritisiert worden: Die Theorie ist im Erwachsenenalter gut belegt und untersucht worden. Viele Diskriminierungsphänomene und Vorurteile werden durch die Theorie gut prognostiziert. Im Kindesalter fehlen aber noch Daten. Dennoch können Kinder ab etwa drei Jahren Spielpartner der eigenen Kultur bevorzugen, wobei dies noch nicht bedeutet, dass sie eine ethnische oder kulturelle Identität gebildet haben.

7.5 Die Entwicklungstheorie der sozialen Identität

Die Entwicklungstheorie der sozialen Identität ist die entwicklungspsychologische Erweiterung der Theorie der sozialen Identität. Der Autor Drew Nesdale unterscheidet vier Phasen (1999):

1. *Phase – Undifferenziertheit:* Kinder unter drei Jahren achten auf unterschiedliche kulturelle Herkunft und unterschiedliche Rasse so gut wie gar nicht.
2. *Phase – Bewusstsein ethnischer Unterschiede:* Im Alter von etwa drei Jahren fallen den Kindern Hautfarbenunterschiede auf. Es ist unwahrscheinlich, dass sie Aussiedlerkinder und türkische Kinder an äußeren Kennzeichen von deutschstämmigen Kindern unterscheiden können. Dort, wo die kulturellen Unterschiede durch Hautfarbenunterschiede sehr deutlich sind, kann es hier zu einer ethnischen Selbstidentifikation kommen, d.h. die Kinder können zum Beispiel sagen, ob sie „schwarz“ oder „weiß“ sind.

3. *Phase – Ethnische Präferenz:* Wie Untersuchungen gezeigt haben, führt die ethnische Präferenz nicht dazu, dass die andere Kultur abgelehnt wird, sondern es ist eine Präferenz nach dem Prinzip „Gleich zu Gleich gesellt sich gern". Auch in dieser Phase ist die kulturelle Zugehörigkeit keine hervorspringende (saliente) und sehr bedeutsame Kategorie für die kleinen Kinder.
4. *Phase – Ethnische Vorurteile:* Im Unterschied zu den Voraussagen der sozialen Entwicklungstheorie steigen Diskriminierung und Vorurteile während der Grundschulzeit bei den Kindern an. In der Pubertät gewinnen die Kinder aufgrund ihrer Identitätssuche auch eine tatsächliche kulturelle bzw. ethnische Identität. Hierzu sind aber verschiedene Entwicklungsvoraussetzungen notwendig:

   - die ethnische Konstanz, d. h. das Wissen darum, dass man sich aus dieser ethnischen Zugehörigkeit nicht entfernen kann,
   - oder die Fähigkeit, sich in die Kinder der jeweils anderen Kultur oder Ethnie hineinzuversetzen und die Welt mit deren Augen zu betrachten,
   - oder es muss ein sozialer Prozess vorliegen, der die soziale Identität erleichtert bzw. erzwingt.

Gleichzeitig weiß man aufgrund empirischer Untersuchungen, dass Kinder die Vorurteile ihrer Umgebung insbesondere dann übernehmen, wenn

- Vorurteile zur Norm werden,
- Wettbewerb, Konflikte und Spannungen mit den Mitgliedern der Minorität vorliegen und vor allen Dingen
- die dominante und vorherrschende soziale Gruppe (die Mehrheitsgesellschaft) den Eindruck hat, dass sie durch die Minderheit bedroht wird, dann erleichtert dieser Umstand auch die Entwicklung von Diskriminierung und Vorurteil bei den kleinen Kindern.

Kasten 22: Phasenlehren der Entwicklung interethnischer Beziehungen

Nicht wesentlich anders als die Theorie von Drew Nesdale (1999) sind die Voraussagen über die Entwicklung interethnischer Beziehungen bis zum 12. Lebensjahr, die aus verschiedenen älteren Forschungsarbeiten zusammengestellt werden können (Allport, 1954; Lambert & Klineberg, 1967; Piaget & Weil, 1976):

1. *Phase 1* (Geburt bis 6.–8. Lebensjahr): „Linguistische Präzedenz", Nachplappern, Werturteilsübernahme, Präferenzen nach einfachen Kriterien
2. *Phase 2* (8.–12. Lebensjahr): „Periode der totalen Ablehnung", „ethnozentrischer Höhepunkt", sprachliche Ablehnung im Spielkontakt, Dezentrierung auf verinnerlichte elterliche Werturteile
3. *Phase 3* (ab 12. Lebensjahr): Lernen der Ambivalenz, politisch korrekt reden, aber nonverbal ablehnen, kritische Auseinandersetzung mit Vorurteilen wird möglich

7.6 Möglichkeiten der Prävention von Fremdenfeindlichkeit im Elementarbereich

Für die Kinder selbst kommt es darauf an, dass sie den Umgang mit Internationalität, mit verschiedenen Sprachen und mit „Ausländern" ganz unverkrampft (und ohne interkulturelle Projektwochen) als Normalität kennenlernen. Weltferne Diskussionen über den Verlust der kulturellen Identität oder den Schutz der kulturellen Identität der ausländischstämmigen Schülerinnen und Schüler, damit sie bei einer etwaigen Rückkehr in ihrem Land nicht mehr so auffallen, sind für den Elementar- und Primarbereich irrelevant. Hier kommt es darauf an, Kinder in einem wichtigen Lebensabschnitt glücklich und stark zu machen gegen und für die Anforderungen der modernen Welt. Hierzu ist es nicht nötig, die kulturelle Identität permanent zu betonen.

7.6.1 „Minimiere die Bedeutung der sozialen Kategorien"

Im Folgenden werden Möglichkeiten geschildert, die man als Prävention von Fremdenfeindlichkeit im Grundschulalter bezeichnen könnte. Der eine Ansatz geht auf die Briten Miller und Harrington (1992) zurück. Die beiden haben ein Vier-Punkte-Programm aufgestellt, das sich sehr stark an der Theorie der sozialen Identität von Henry Tajfel orientiert. Die Regeln lauten:

1. *Minimiere die Bedeutung der sozialen Kategorienzugehörigkeit:* Hierunter wird nicht mehr und nicht weniger verstanden, als dass die Zugehörigkeit zu einer sozialen Kategorie, also z. B. zu Nation, Kultur, Religion, Ethnie, im Unterricht in ihrer Bedeutung minimiert wird. Das heißt, sie spielt keine große Rolle. Es gibt keinen Proporz in Arbeitsgruppen „zwei Türken – zwei Deutsche" oder beim Tafeldienst „ein Aussiedler – ein Türke – ein Deutscher", und es gibt auch keine überbetonten interkulturellen Projektwochen, in der man die Kultur des anderen Landes kennenlernen will. Solche interkulturellen Begegnungswochen nageln die einzelnen Abstammungsgruppen wieder auf ihre Herkunftskultur fest. Die Kinder im Grundschulalter wollen sich in einem sozialen Handlungskontext, der Schule oder Schulklasse heißt oder bestenfalls Stadtviertel, so orientieren wie alle und an den Vorteilen und Entwicklungsmöglichkeiten, die das Umfeld bietet, gleichberechtigt teilhaben. Also: Wo ein Kind herkommt, ist eine interessante, individuelle Information, wer darüber erzählen will, soll es tun, wer nicht, ist auch in Ordnung.
2. *Vermeide die Bedrohung von Identität:* Das bedeutet, dass alle Ausführungen, die geeignet sind, die Identität eines Schülers oder einer Schülerin zu bedrohen, ob es nun allgemeine Vorurteile sind oder allgemeine Aussagen oder sonstige, scheinbar verifizierte Vorurteile (wie etwa: „Die Kinder aus Bruckhausen machen immer Schwierigkeiten"), bedrohen die Identität einzelner wie ein persönlich gefärbter Tadel. Aus der Identitätsbedrohung erwachsen Widerstände, erwachsen Konflikte, weil kein Mensch eine Selbstwerterniedrigung erdulden kann. Dem Menschen geht es um Anerkennung, um die Befriedigung

seiner Bedürfnisse nach Zugehörigkeit und Geltung. Das ist der Schlüssel zum Verständnis der Kinder im Elementarbereich ganz unabhängig von der Frage, von welcher Nation sie abstammen. Jedes Kind möchte das Gefühl haben, anerkannt zu werden und dazuzugehören. Dazu gehört auch, dass man neue Identitäten und neue Solidaritäten schafft. Die Identifikation mit der eigenen Schulklasse oder Gruppe etwa bricht in vielen Fällen die Kraft der Zuordnung zu einer Nation oder Kultur.

3. *Schaffe Gelegenheiten zur Personalisation:* Das bedeutet, dass man die anstehenden Probleme als persönliche Probleme behandeln sollte oder als interpersonelle Probleme (und nicht als interkulturelle), wenn es sich um Konflikte handelt. Kinder sollen ihre Persönlichkeit, ihre Gefühle ausdrücken können, damit das Menschliche, das Personelle und Individuelle im Vordergrund stehen und nicht die Zugehörigkeit zu einer sozialen Kategorie oder Gruppe.
4. *Stärke die interpersonelle Kompetenz:* Das bedeutet, dass Kinder, die über Spielfähigkeit verfügen, über sozial harmonische Umgangsformen, die Konflikte konstruktiv lösen können, die auch mal nachgeben können, die sich nicht immer durchsetzen wollen, die auf andere eingehen können, auch für eine multikulturell zusammengesetzte Schulklasse ein großer Gewinn sind. Soziale Kompetenz führt auch zur sozialen Integration.

Kasten 23: Vorurteile abbauen – wodurch?

- *Wissen:* Über „die anderen" Bescheid wissen, subjektiv das Gefühl haben, die anderen zu kennen, hilft bei der Prävention von Ausgrenzungen von Zugewanderten, Behinderten etc. Objektives und umfangreiches Wissen ist dabei weniger entscheidend, eher persönliche Bekanntschaft.
- *Normen:* Das, was in einer KiTa und in einer Gesellschaft, bei den Eltern und sonst wo gilt, wird von den Kindern als geltende Regel übernommen. Tolerante Normen in der Erwachsenenwelt helfen auch bei der Prävention von Fremdenfeindlichkeit bei kleinen Kindern.
- *Kontakt:* Kontakt mindert Ausgrenzung von anderen unter folgenden Bedingungen: gleicher Status in der Situation, kooperatives Arbeiten für ein gemeinsames Ziel, persönliche Bekanntheit, Kontakt findet nicht nur sporadisch statt, gesellschaftliche Autoritäten fördern den Kontakt.
- *Identität:* Drei Bedingungen helfen, die starre Gegenüberstellung zwischen „wir" und „die anderen" zu überwinden:

1. Minimiere die Bedeutung sozialer Kategorien durch Dekategorisierung (Kategorien nicht so wichtig nehmen, z. B. niemanden auf Herkunft ansprechen) und Rekategorisierung (neue übergreifende Kategorien bilden, z. B. unsere Fußballmannschaft).
2. Vermeide die Bedrohung von Identität.
3. Personalisiere Probleme, Chancen und Konflikte (wenn ein türkischstämmiger und deutschstämmiger Junge sich streiten, ist es kein Kulturkonflikt, sondern ein persönlicher Konflikt).

- *Ressourcen:* Ein positives soziales Klima in der Einrichtung sowie gute, abwechslungsreiche pädagogische Arbeit vermindern die Ausgrenzung von anderen.

Die Ratschläge von Miller und Harrington (1992) enthalten keinerlei inhaltliche Ausführungen darüber, ob man über andere Kulturen, über andere Länder, andere Religionen usw. informieren sollte oder nicht. Die Kulturbegegnung, das Kennenlernen verschiedener Kulturen steht in diesen Ratschlägen nicht im Zentrum. Kleine Kinder haben Interesse an fernen Ländern, an Abenteuern und an fremden Sprachen. Dieses Interesse braucht man nicht zu frustrieren: Wer aus dem Urlaub oder aufgrund seiner Abstammung über fremde Länder etwas erzählen kann, wird sicherlich aufmerksam Gehör finden. Es kommt aber darauf an, dass man beim interkulturellen Lernen die kulturelle Zugehörigkeit nicht derartig bedeutsam macht, dass sie wie ein „Rassemerkmal“ am einzelnen Schüler oder an der einzelnen Schülerin klebt. Das kann im Einzelfall auch bedeuten, dass Kinder muslimischen Glaubens auch an einem Krippenspiel teilnehmen, dass sie Weihnachtslieder singen und dass sie am Sexualkundeunterricht teilnehmen, obwohl strenge Moslems dieses nicht für günstig halten. Es geht in erster Linie um Kinder, die in unserem Bildungssystem leben und als Individuen in ihren Rechten und Wünschen gleichberechtigt und vollwertig anerkannt und als zugehörig betrachtet werden. Es wäre ein Verstoß gegen das Bedürfnis nach Zugehörigkeit und Anerkennung, wenn man sie vom normalen KiTa-Leben, also auch vom Krippenspiel, mit dem scheinheilig toleranten Argument ausgrenzen würde, dass sie eine andere Kultur hätten. Wer einmal die Tränen der Enttäuschung in den Augen eines Kindes gesehen hat, dessen Eltern sich das Krippenspiel aus ideologischen oder religiösen Gründen nicht angesehen haben, weiß, wovon hier die Rede ist. Praxis läuft anders ab, als man sich das in Seminaren der Universität ausdenkt.

Eine einheitliche Leitkultur gibt es in Deutschland ebenso wenig wie in irgendeinem anderen Land dieser Erde. Auch die türkische Kultur in der Türkei ist un übersehbar vielfältig, und sie zerfällt in viele Subkulturen. Deswegen sind Begriffe wie „Assimilation“ oder „Akkommodation“ rein abstrakte Begriffe, die in den Mülleimer der vergangenen Debatten über das interkulturelle Lernen gehören, weil sie von einem unwandelbaren, statischen Kulturbegriff ausgehen. Kultur ist ein dynamischer Vorgang, der sich allseitig und in der Zeit immer wieder auch ändern kann. Kultur muss nicht so verteidigt werden, als wäre sie eine kunstvolle Reliquie in einem Safe.

Die Ausführungen von Miller und Harrington (1992) ebenso wie die Theorie von Henry Tajfel (1975; 1981) legen also ein Absehen von der Bedeutungserhöhung der kulturellen, ethnischen oder religiösen Zugehörigkeit nahe, soweit es möglich ist. Wenn jemand wünscht, dass man seine Kultur als das einzig Wichtige wahrnimmt, wird selbstverständlich darauf eingegangen, und er darf sich so darstellen, wie er gerne möchte. Wesentlich ist, dass Kulturzugehörigkeit ein *persönliches* Merkmal ist und keinesfalls geeignet, einen „clash of cultures“ (Sennett), eine konflikthafte Begegnung zwischen Angehörigen unterschiedlicher Ethnien herbeizuführen.

Selbstverständlich kann man die Strategie „Minimiere die Bedeutung der Zugehörigkeit zu einer sozialen Kategorie!" auch übertreiben. Wenn mit einer rigorosen Anwendung z. B. eine Identitätsbedrohung verbunden ist, wenn sich Menschen damit nicht ernst genommen fühlen oder sie es, wie erwähnt, gerne möchten („Ich möchte anders sein, aber dennoch gemocht werden!"), rät der „pädagogische Takt" zu einer flexiblen Haltung. Dennoch: Der Widerstand in der Literatur gegen die o. g. Strategie, auch wenn er empirisch untermauert wird, muss nicht unkritisch hingenommen werden – die Rettung des Schubladendenkens ist universal verbreitet (Klink, Hamberger, Hewstone & Avci, 1998).

7.6.2 Die Kontakthypothese – Kontakte organisieren

Die andere Theorie bzw. These, die für die Arbeit im Elementar- und Primarbereich von großer Bedeutung sein dürfte, ist die Kontakthypothese, die auf den Amerikaner Gordon Allport (1954) zurückgeht, der schon in den 1950er Jahren ermittelt hat, dass Kontakt die Vorurteile zwischen unterschiedlichen Kulturen und sozialen Kategorien vermindern kann. Das gelingt im Kontakt aber nur dann, wenn alle Beteiligten den gleichen Status haben, wenn sie für ein gemeinsames, übergeordnetes Ziel arbeiten, wenn sie sich nicht nur einmalig, sondern ständig persönlich treffen, damit sie gemeinsame Interessen und ihre Individualität erkennen können, und wenn dieser Kontakt von den lokalen Autoritäten und Normen gewünscht, forciert und unterstützt wird (Allport, 1954; Klink et al., 1998).

Genau diese Bedingungen dürften im deutschen Schul- und Vorschulsystem leicht herzustellen sein. Der US-Amerikaner Pettigrew und seine Kollegin Tropp haben im Jahre 2000 weltweit über 200 Studien in einer Metaanalyse zusammengeführt, die sich mit den Wirkungen der Kontakthypothese beschäftigt haben. Sie stellten dabei fest, dass die Kontakthypothese sich in nahezu allen Fällen bestätigt hat. Wenn die Kontaktbedingungen, wie sie von Allport und anderen formuliert worden sind, eingehalten werden, dann verbessert sich der Umgang miteinander in dramatischer Weise (Pettigrew & Tropp, 2000). Auch eine eigene Studie an rund 7800 Schülern und Schülerinnen der Sekundarstufe I Ende der 1990er Jahre zeigt, dass die Fremdenfeindlichkeit mit zunehmendem Ausländeranteil in Gruppen abnimmt (Dollase et al., 2000), weil durch die höhere Durchmischung mehr Kontakte zwischen den Ethnien wahrscheinlicher sind.

Bei genauerer Betrachtung der Bedingungen, unter denen sich bei der Kontakthypothese diese positiven Wirkungen entfalten, sieht man aber, dass eine gewisse Ähnlichkeit mit den Vorschlägen von Miller und Harrington (1992) vorliegt. Im Grunde genommen wird kein Unterschied zwischen den Gruppen gemacht, was mit dem Begriff des gleichen Status ausgedrückt wird. Durch die Arbeit an einem gemeinsamen Ziel, was für Kinder das gemeinsame Spiel in der Einrichtung sein dürfte, wird ebenfalls abgesehen von der nationalen oder kulturellen Identität. Durch die persönliche Bekanntschaft werden die Gemeinsamkeiten, die gemeinsamen kindlichen Interessen und die gemeinsamen Gefühle wie Trauer, Ärger, Solidarität, Spaß, Humor entdeckt. Auch diese gemeinsamen menschlichen Eigenheiten arbeiten einer Sortierung der Menschen in soziale

Kategorien entgegen. Und von pädagogischen Fachkräften und Lehrpersonen, die davon überzeugt sind, dass sie es in erster Linie mit Individuen zu tun haben und nicht mit „Türken“, „Ausländern“, „Syrern“, „Polen“ und „Russen“, dürfte zu erwarten sein, dass sie den Kontakt und das Absehen vom Trennenden, so wie in den Kontaktbedingungen bei Allport formuliert, unterstützen – gute Chancen also für eine Integration der Kinder unterschiedlicher Abstammung, die gemeinsam in einer ohnehin internationalisierten Alltagskultur leben.

7.6.3 Die beste Methode gegen Fremdenfeindlichkeit: Ein angemessenes Verhalten der pädagogischen Fachkräfte

Als dritter Ratschlag für eine interkulturelle Gewöhnung der Kinder im Primar- und Elementarbereich kann gelten, dass gute Arbeit und nette Fachkräfte die beste Garantie gegen Gewalt und Fremdenfeindlichkeit im Bildungssystem sind. Selbst wenn es zu einer Bedeutungserhöhung der sozialen Kategorien kommen sollte, wäre es immer noch so, dass „nette“ pädagogische Fachkräfte die Fremdenfeindlichkeit minimieren, dass „gute“ pädagogische Arbeit bzw. Unterricht, „Spaß“ in der KiTa bzw. der Schule das Aufbrechen von Konflikten verhindern bzw. in der Heftigkeit verringern (Dollase et al., 2000).

Die Realisierung der erziehungspsychologischen Dimensionen nach Tausch und Tausch (1977), nämlich Achtung, Wärme, Rücksichtnahme, nicht wertendes, einfühlendes Verstehen, Freiheit von Fassadenhaftigkeit und Echtheit, führen zu einem Klima der Begegnung von Mensch zu Mensch, in dem Fremdenfeindlichkeit und kategoriale Vergleiche und Kämpfe nicht gedeihen können. Diese Beobachtung muss immer wieder betont werden. Das bestätigen viele signifikante Zusammenhänge zwischen der „Nettigkeit“ von pädagogischen Fachkräften und Lehrpersonen (in der Schülerwahrnehmung) und dem Fehlen von Gewalt und Fremdenfeindlichkeit in Schulen der Sekundarstufe I (Dollase et al., 2000, 2010).

Es sind ganz einfache, menschliche, pädagogisch-psychologische Tugenden, die in unseren KiTas und Schulen wiederentdeckt werden müssen. Heute ist die Gefahr groß, dass man mit Programmen, Floskeln, Phrasen, Aktionen, mit Rummel, Festen, Vernetzungen, Öffnungen, Programmen und Profilen und ähnlichem Probleme bekämpfen will, wo stattdessen menschliche Stärken und die Besinnung auf persönliche Wirkungsmittel wieder notwendig wären. Die Persönlichkeit des Pädagogen und der Pädagogin hat – so alle wissenschaftlichen Studien – mit den größten Einfluss auf schulische Leistungen wie auch auf das Niveau des sozialen Lernens (vgl. auch Hattie, 2013). Nicht die schematische Anwendung eines interkulturellen Trainingsprogramms, die Durchführung einer Unterrichtsreihe oder Projektwoche zum Thema interkulturelle Begegnung verbessert Unterricht und Erziehung, sondern die Verbesserung unserer Umgangsqualitäten im Kontakt von Mensch zu Mensch in der Einrichtung. Das muss spontan und ohne umständlichen Rückgriff auf ein Programmschema möglich sein. Das gelingt im Übrigen nur mit einer stärkeren Psychologisierung der Ausbildung pädagogischer Fachkräfte.

Gute KiTa-Arbeit, nette Fachkräfte und ein angenehmes soziales Klima in unseren Einrichtungen erweisen sich also als Puffer gegen Fremdenfeindlichkeit, gegen den Distinktionsstress und die Ängste und Bedrohungen zwischen Gruppen („Intergroup fears and threats"), von denen oben die Rede war. So kommt am Ende doch etwas Paradoxes heraus: Einem neuen Phänomen der Zuwanderungsgesellschaft, der multikulturellen KiTa, wird am besten dadurch begegnet, dass alte pädagogische Tugenden, die empirisch längst als wirksam erkannt worden sind, wieder aufleben. Und nicht mit scheinbar innovativen Programmen, die zumeist hinter dem Erkenntnisstand der Forschung zurückbleiben und die wie Rezepte appliziert werden. Entscheidend ist, dass pädagogische Fachkräfte und ihre „persönlichen Wirkungsmittel" die effektivsten Programme gegen Gewalt und Fremdenfeindlichkeit sind.

7.7 Wie tolerant sind pädagogische Fachkräfte?

In diesem Zusammenhang sind die Einstellungen von pädagogischen Fachkräften von großem Interesse. Können die pädagogischen Fachkräfte diese oben beschriebene Rolle im Kontakt mit Kindern und Erwachsenen im Elementarbereich ausfüllen?

Man könnte diese Frage mit einer Untersuchung bei Erzieherinnen beantworten, in der man dann einen gewissen Prozentsatz an Fremdenfeindlichkeit auch bei Erzieherinnen diagnostizieren würde und aus der man dann folgern würde, es muss „dringend etwas getan werden". Je nachdem, ob die Studie eher dem wissenschaftlichen Erkenntnisgewinn dient, würde mehr Geld für Forschung gefordert, ist sie eher praxisorientiert, mehr Geld für Fort- und Weiterbildung.

Im Folgenden wird ein anderer Weg beschritten: In einem vom BMBW finanzierten Forschungsprojekt (2003–2006) wurden insgesamt zwölf Berufsgruppen bzw. soziale Rollen im Hinblick auf Fremdenfeindlichkeit am Beispiel der Islamfeindlichkeit untersucht (Angestellte, Arbeiter, Studierende, Polizisten, Schüler Sekundarstufe I (SI), Schüler Sekundarstufe II (SII), Eltern SI, Lehrkräfte, Erzieherinnen, Krankenpfleger, Sozialpädagogen und Journalisten), davon waren 330 Erzieher und Erzieherinnen. Für die Beantwortung des umfangreichen Fragebogens wurden die Teilnehmenden auf Fortbildungstagungen und der DIDACTA gewonnen, sodass eine gewisse Streuung über die Bundesrepublik erreicht werden konnte. Während viele Fragebögen im persönlichen Kontakt mit einem Untersucher ausgefüllt werden bzw. mit telefonischem Kontakt, wurde dieser Fragebogen völlig anonym und alleine von den Befragten ausgefüllt. Die Befragten konnten den ausgefüllten Fragebogen in einen Umschlag stecken und an irgendeinem Punkt in Deutschland in den Postkasten werfen. Dieser Hinweis ist wichtig: Man traut sich am Telefon oder von Angesicht zu Angesicht nicht immer das zu sagen, was man meint, sondern nur das, von dem man meint, dass es sozial erwünscht sei.

7.7.1 Akzeptanz und Ablehnung von Muslimen

Entscheidend ist also der Vergleich der Erzieherinnen mit anderen sozialen Rollen und Gruppen in unserer Gesellschaft, die zur Integration bzw. Desintegration muslimischer Menschen beitragen können. Die Erzieherinnen zeigten in allen Werten eine sehr positive Einstellung gegenüber den Muslimen, verglichen mit den anderen Berufsgruppen. Sie liegen in etwa gleichauf mit studentischen Stichproben, die sich ebenso wie Stichproben von Lehrkräften als relativ gefestigt in ihrer offenen und toleranten Haltung gegenüber Ausländern und Muslimen darstellen. So zeigt etwa die Bewertung der Muslime mit einer Durchschnittsnote von 3 (= befriedigend) bei den Erzieherinnen bessere Werte als etwa bei Schülern und Schülerinnen, Arbeitern und Angestellten, wenngleich die Erzieherinnen (wie auch die Studierenden) Juden, Protestanten und Katholiken etwas besser bewerteten mit Noten um 2.4 bis 2.7. Besonders überraschend ist, dass die Erzieherinnen auch zu der fast einzigen Gruppe gehören, die eine Einheirat eines streng gläubigen Muslimen in die eigene Familie am wenigsten ablehnen. Zwar ist dieser Prozentsatz mit 40 % (wie bei den Studierenden) noch relativ überraschend hoch, doch lagen alle anderen Gruppen deutlich höher, z.B. Lehrkräfte bei über 60 %. Erzieherinnen gaben überdies an, dass sie als Ursache für Integrationsprobleme am wenigsten die mangelnde Toleranz bei Muslimen ansehen im Vergleich zu den anderen befragten Gruppen, ebenso wenig wird die Gewalttätigkeit von Muslimen als Grund angesehen. Die Erzieherinnen gehören eindeutig zu den toleranten Gruppen. Die Bewertung des Islam ist im Vergleich zur eigenen Religion zwar leicht schlechter, aber nicht so schlecht wie bei anderen Gruppen, ihre soziale Distanz zu den streng gläubigen Muslimen ist geringer als in anderen Berufsgruppen (► **Abb. 18**).

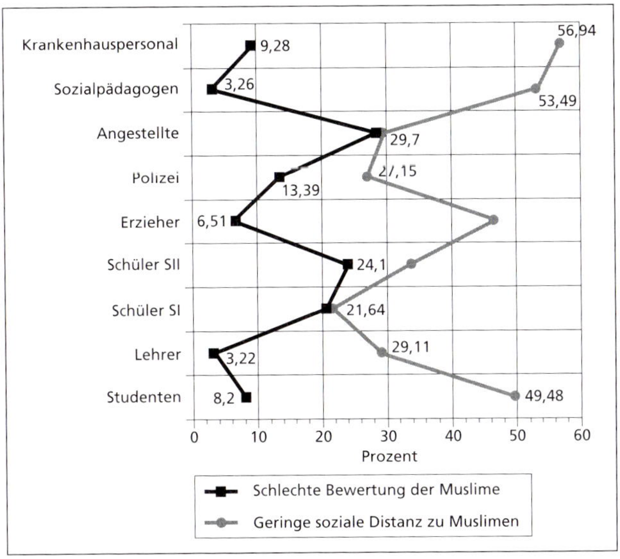

Abb. 18: Wie tolerant sind Erzieherinnen und Erzieher? Ergebnis einer Umfrage (Dollase & Koch, i. V.) in verschiedenen Berufsgruppen zur Islamfeindlichkeit (alle Angaben in Prozent).

▶ Abbildung 18 zeigt, dass die Erzieherinnen und Erzieher bei einer pauschalen Bewertung von Muslimen zu 6,5 % schlechte Noten (5 und 6) abgeben. Zugleich haben 46,7 % eine geringe soziale Distanz zu den Muslimen, d. h. tolerieren diesen gegenüber sogar die Einheirat in die eigene Familie. Damit gehören Erzieherinnen und Erzieher mit dem Krankenhauspersonal und den Sozialpädagogen zu den tolerantesten Berufsgruppen. Lehrkräfte verteilen zwar keine schlechten Pauschalbewertungen, haben aber nur zu 29,1 % eine geringe soziale Distanz zu ihnen.

Integrationsrelevante Einstellungen

Betrachtet man die sozialpsychologische Literatur zur Verhinderung von Fremdenfeindlichkeit, dann ergeben sich folgende Bereiche, in denen integrationsrelevante Einstellungen zu suchen sind: 1) Im Wissen über Muslime, 2) im Kontakt nach den Kriterien von Allport und der Kontakthypothese, 3) bei einer integrationserleichternden sozialen Identität und 4) bei Ressourcen wie z. B. der eigenen Lebenszufriedenheit, die die Akzeptanz von Fremden leichter möglich macht.

Bezogen auf das Wissen über Muslime beurteilen Erzieher und Erzieherinnen ihr Wissen eher als ausreichend, sind aber im Vergleich zu den anderen Berufsgruppen subjektiv noch besser informiert. Sie werden nur von Lehrkräften in ihrem Wissen über Muslime übertroffen. Bezogen auf den Kontakt gehören die Erzieher und Erzieherinnen zu den Gruppen, die den höchsten täglichen bzw. fast täglichen Kontakt mit Muslimen haben, nach den Lehrkräften. Zugleich, und das ist eine Besonderheit, gehören sie zu den Gruppen, die recht wenig privaten Kontakt mit Muslimen haben. Religion ist im Übrigen für Erzieherinnen, genauso wie die Nationalität, ein minder bedeutsames Kriterium, um Personen zu beurteilen. Alle Stichproben halten Beruf und Bildung für die wesentlichen Kriterien, dann Alter, dann Geschlecht und am Ende Religion und Nationalität für wichtig. Erzieher und Erzieherinnen sind auch im Vergleich zu anderen Berufsgruppen in der Lage, viele Gemeinsamkeiten zu Muslimen zu sehen, was man als eine integrationserleichternde soziale Identität bezeichnen könnte. Die Zufriedenheit mit dem Leben hängt bei den Erziehern und Erzieherinnen, wie auch in einigen anderen Berufsgruppen, durchaus mit ihrer Islamfreundlichkeit zusammen. Je zufriedener eine Erzieherin ist, desto islamfreundlicher kreuzt sie im Fragebogen an.

Ein überraschender Befund bezüglich der sozialen Identität ist: Wer seine eigene Religion wichtig nimmt, beurteilt tendenziell Fremde und auch Muslime besser als jemand, der die Religion für unwichtiger hält.

Insgesamt sind Kontakte zur anderen ethnischen Gruppe, das subjektiv gute Wissen über sie, die eigene Lebenszufriedenheit, die Wichtigkeit der Religion und die Wahrnehmung der Gemeinsamkeiten Ausgangspunkte, die für einen positiven Integrationsbeitrag der Erzieherinnen stehen können. Denn man kann annehmen, dass sie über die richtigen Erfahrungen bzw. Einstellungen verfügen. Eine kleine Ausnahme gibt es: Der private Kontakt der Erzieher und Erzieherinnen zu den Muslimen ist geringer als bei anderen Berufsgruppen.

Belastbarkeit der Fragebogeneinstellungen

Die Antworten in einem Fragebogen geben selbstverständlich keine Auskunft über das reale Verhalten. Der Zusammenhang zwischen Antwortverhalten im Fragebogen und dem realen Verhalten dürfte relativ gering sein und wird selten valide untersucht. Man kann allerdings auch Fragen stellen, die etwas näher an der Realität sind bzw. die die Befragten verunsichern. So finden wir insgesamt 8 % Erzieherinnen, die Fremden gegenüber eher skeptisch eingestellt sind. Wenn man diese 8 % aber fragt, ob sie fremdenfeindliche Gewalt tolerieren oder nicht, so antworten alle, dass sie strikt gegen fremdenfeindliche Gewalt sind. Das gilt übrigens auch für andere Gruppen wie Lehrkräfte und Studierende.

Auch wenn man nach der Partei fragt, die gewählt würde, so gibt es bei den Erzieherinnen nicht eine einzige Person, die eine rechtsextreme Partei wählen würde, gleichwohl ordnen sich 2 % auf einer Skala, auch das ein niedriger Wert, als rechtsextrem ein.

Lehrkräfte, Studierende, Erzieherinnen interessieren sich auch am wenigsten für einen islamischen Fundamentalisten, wollen ihn nicht näher kennenlernen, stattdessen würden sie sich für einen islamischen Menschen und eine Unterhaltung mit ihm deutlich mehr interessieren als die anderen Berufsgruppen.

Man kann also deutlich konstatieren, dass selbst Erzieherinnen, die sich als rechtsextrem und fremdenskeptisch bewerten, strikt gegen fremdenfeindliche Gewalt sind. Striktheit heißt hier: Nicht ein einziger Fall konnte in der Stichprobe von 330 Personen gefunden werden.

Wie in allen anderen Gruppen konnten allerdings auch eskalierende Bedingungen gefunden werden, unter denen auch Erzieher und Erzieherinnen sagen, genauso wie Studierende, dass sich ihre Meinung über streng gläubige Muslime verschlechtern könnte. Dazu gehören solche Ereignisse wie: „wenn die Muslime sich über die Terroranschläge freuen würden" oder: „wenn sie immer mehr Macht in der Gesellschaft beanspruchen würden". Selbst die fremdenfreundlichsten Befragten in allen Berufsgruppen lassen sich in einer solchen Situation darauf ein, anzugeben, dass sich ihre Einstellungen verschlechtern würden.

Integrationsziele und Integrationsmaßnahmen

In nahezu sämtlichen Gruppen und besonders positiv ausgeprägt auch bei den Erzieherinnen gelten alle Integrationsmaßnahmen, die auf die Betonung des Gemeinsamen abstellen, wie „zusammen arbeiten", „zusammen ausgehen", „gemeinsame Aufgaben erledigen", „befreunden", „Gemeinsamkeiten betonen", „Sport miteinander machen". Diese werden positiv bewertet und im Gegensatz dazu werden insbesondere Strategien wie „die Verschiedenheit betonen" von allen Berufsgruppen und insbesondere den Erzieherinnen als negativ bewertet. Die Erzieherinnen sind Spitze bei der positiven Bewertung von Maßnahmen wie „mehr Wissen übereinander erwerben" oder „an einer gemeinsamen Aufgabe arbeiten" oder „zusammen arbeiten" oder „sich miteinander befreunden". Hier übertreffen sie alle anderen Gruppen. Ihre Integrationsvorstellungen decken sich mehr oder weniger mit denen der Studierenden, die es favorisieren, wenn die Zugewanderten sich vermischen, aber ihre eigene Kultur beibehalten. Ähnlich sehen das auch die Lehrkräfte. Die Ghettobildung wird von Lehrkräften und Erzieherinnen besonders abgelehnt (die Frage lautete: „Die Zuwanderer leben freiwillig in besonderen Stadtteilen").

Interessant ist, was diese Gruppen von der Integrationspotenz verschiedener Institutionen halten. Spitzenreiter sind die Kindergärten, aber dicht gefolgt von Sportvereinen, der Gesellschaft insgesamt, den Schulen, dem Fernsehen und den Zeitungen. Der Spitzenreiter „Kindergarten" wird aber nicht von den Erzieherinnen an die erste Stelle gesetzt, die Fernsehen und Schulen für ähnlich bedeutsam halten, sondern von einigen anderen Gruppen, etwa Lehrkräften und Studierenden, Arbeitern und Angestellten. Eigentlich nur Schüler und Schülerinnen SI und SII und Eltern der SI sehen den Kindergarten nicht ganz so bedeutsam für Integrationszwecke. Die Schülergruppen sind die einzigen, die die Schulen für bedeutsamer für das Integrationsgeschehen halten – mit Recht, wie weiter oben ausgeführt wurde. Nichtsdestoweniger sind auch diese erhobenen Integrationsmaßnahmen und -ziele der Erzieherinnen eine gute Voraussetzung für eine optimale Arbeit gegen Fremdenfeindlichkeit. Die Erzieherinnen haben in einer abschließenden Befragung zur Wirksamkeit des Einzelnen sich deutlicher als andere Gruppen zu ihrer Eigenverantwortung bekannt, d. h. sie verschieben die Frage der Integration nicht auf Gesellschaft, Parteien, Politik und die anderen, sondern sie sehen sich selbst in der Pflicht.

Die Befragten haben also klare und wissenschaftlich nachvollziehbare Vorstellungen über eine erfolgreiche Integration: Gemeinsamkeiten fördern ist besser als Verschiedenheiten betonen. Das bessere Wissen übereinander wird als erheblich wirksamer bewertet als in der empirischen Wissenschaft. Die Institution Kindergarten wird, neben Schulen und Medien, als wichtiger Agent der Integration betrachtet, und der Glaube, dass man selbst etwas tun kann, dominiert neben allgemeinen gesellschaftlichen, nicht unbedingt politischen Maßnahmen.

7.7.2 Diskussion und Konsequenzen

Dass man bei einer Umfrage zur Islamfeindlichkeit (als Beispiel für die Fremdenfeindlichkeit) ein so positives Bild von Erzieherinnen zeichnen kann, liegt an einer Besonderheit der zitierten Studie: Es werden auch andere Berufsgruppen, die mit Muslimen zu tun haben, untersucht. Im Kontext dieser anderen Berufsgruppen erscheinen die Ergebnisse bei den Erzieherinnen als positiv. Hätte man nur Erzieherinnen gesucht, würde man sich an Prozentsätzen, die man gefunden hat, eher stören und diese möglicherweise dramatisieren. Natürlich gibt es auch in der Berufsgruppe der Erzieherinnen Prozentsätze von Skeptikern, von Personen, die die Muslime als schlecht beurteilen etc., aber weniger als in anderen sozialen Rollen und Berufsgruppen.

Die Konsequenz aus einem solchen Befund ist, dass man auch die Erzieherinnen selbstverständlich weiterhin als Adressaten eines Diskurses über Integration betrachten muss, zumal sie beruflich am häufigsten mit muslimischen Eltern täglich zu tun haben und von daher die erste Institution sind, die von den muslimischen Eltern aufgesucht wird. Insofern bahnen sich hier bestimmte Einstellungen an. Es ist gut zu wissen, dass die Erzieherinnen im Vergleich zu anderen Berufsgruppen relativ offen sind.

Konstruktiv erscheint auch, dass man im Großen und Ganzen recht positive, sozialpsychologisch relevante Integrationsvoraussetzungen findet wie z. B. Kontakt, Wissen, integrationserleichternde Identität und Ressourcen. Allerdings ist darauf zu achten, dass die pädagogischen Fachkräfte im Elementarbereich auch weiterhin zufrieden bleiben. Eine negative Korrelation zwischen der eigenen Lebenszufriedenheit und Fremdenfeindlichkeit sagt nicht unmittelbar aus, dass die Erzieherinnen mit ihrer beruflichen Situation zufrieden sind – sie sind es zum Teil eben nicht. Daran zu arbeiten, dass dieser Beruf gerne ausgeübt wird, ist also auch gleichzeitig eine Maßnahme zur Verhinderung von Fremdenfeindlichkeit.

Einen besonderen Befund gibt es: Die Erzieherinnen gehören zu denjenigen Gruppen, die zwar am häufigsten täglichen beruflichen Kontakt mit Muslimen haben, aber relativ wenig private Kontakte. Aus der Gesamtuntersuchung wissen wir, dass private Kontakte noch am ehesten mit einer stabilen Einstellung gegenüber Muslimen und dem Islam verbunden sind und folglich auch die Differenzierungsfähigkeit zwischen Fundamentalisten und normalen islamischen Menschen steigern könnten. Das zu forcieren wäre allerdings nicht Aufgabe vom Träger oder über sonstige Strategien zu erreichen, sondern eine Frage der Gelegenheit. Möglich ist auch, dass der Wille zur politischen Korrektheit die tatsächlichen Kontaktwünsche dominiert, allerdings würden von den Erzieherinnen noch die geringsten Widerstände im Vergleich zu den anderen Gruppen gegen eine Einheirat eines streng gläubigen Muslims in die eigene Familie zu erwarten sein.

Eine Kennzeichnung eines Berufsstandes durch Durchschnittswerte ist immer unvollständig. Es gibt eine große Streuung um jeden Mittelwert herum. Auch können hier nicht alle Detailauswertungen eines Fragebogens mit insgesamt 900 Variablen in mehreren Versionen des Fragebogens erläutert werden. Hierzu sei auf eine Publikation des Gesamtprojektes verwiesen (Dollase & Koch, i. V.).

7.8 Zusammenfassung

Das Thema dieses Kapitels ist die Heterogenität der Zusammensetzung von Gruppen im Elementarbereich. Man kann prinzipiell sehr viele Kriterien finden, nach denen diese Heterogenität bestimmt werden kann. Es sind nicht immer nur die politisch und sozial bedeutsamen Kriterien wie Alter, Bildungsschicht, Religion, Nationalität, Alter oder Bildungshintergrund, sondern es können sehr viele verschiedene, auch persönlich und pädagogisch relevante Unterscheidungskriterien sein, nach denen diese Heterogenität bestimmt wird (z. B. Temperament, Sportlichkeit, Aussehen).

Die sozialpsychologischen Forschungsergebnisse gelten allgemein für alle Formen der Unterteilung von Gruppen in Untergruppen. So gelten z. B. für die Inklusion der Behinderten ähnliche Forschungsergebnisse wie für die Überwindung der Fremdenfeindlichkeit. Gleichwohl wird im ▸ Kapitel 7 ein deutlicher Schwerpunkt auf Kinder, Eltern und pädagogische Fachkräfte mit Migrationshintergrund im Elementarbereich gelegt.

Zunächst einmal ist wichtig, den gesellschaftlichen Hintergrund zu reflektieren. Dabei ist es selbstverständlich, dass Deutschland eine Arbeits- und Wirtschaftsmigration hatte und hat. Der Anteil von Menschen mit Migrationshintergrund wird bis zum Jahre 2030 auf ungefähr ein Fünftel bis ein Drittel der Bevölkerung stiegen, wobei sich die Menschen mit Migrationshintergrund nicht gleichmäßig auf die Regionen und Städte verteilen. Weil sich Menschen mit Migrationshintergrund öfter fortpflanzen als die einheimische deutsche Bevölkerung, kann es sein, dass im Elementarbereich der durchschnittliche Prozentsatz von Kindern mit Migrationshintergrund größer ist als in der Bevölkerung insgesamt. Für ein Gelingen einer Integration, die von allen Seiten akzeptiert wird, ist auf jeden Fall die Sprachförderung im Elementarbereich besonders wichtig.

Es ist nicht mehr realistisch, davon auszugehen, dass die Menschen mit Migrationshintergrund „fremd" wären im Vergleich zur deutschen Bevölkerung. Zu ähnlich ist mittlerweile in der globalisierten Welt die alltagskulturelle Orientierung. Die einzigen Unterschiede bestehen eher in der Rolle und Bedeutung der Religion. Es ist deshalb auch kein Wunder, dass sich deutsche und zugewanderte Kinder schnell befreunden, auch wenn es eine gewisse eigenethnische Bevorzugung beim Schließen von Freundschaften gibt, so ist diese „soziale Selbstselektivität" nicht unbedingt diskriminierend gegen die anderen gerichtet.

Schließlich muss davon ausgegangen werden, dass sich auch im Laufe der Zeit sowohl Integrationsvorstellungen als auch die Normalität der multikulturellen Heterogenität wandeln.

Kinder im Elementarbereich kommen nach allen Überlegungen und Untersuchungen meist noch ohne große Probleme mit Kindern von zugewanderten Elternteilen aus. Das liegt unter anderem auch daran, dass kleine Kinder noch keine stabile kulturelle, politische oder nationale Identität entwickelt haben.

Als übergeordnete sozialpsychologische Theorie fungiert für alle Fragen die sogenannte soziale Identitätstheorie von Henry Tajfel. Bei Kindern unter drei Jahren ist eine „Undifferenziertheit" der Wahrnehmung von Unterschieden beobachtet worden und danach eher ein Bewusstwerden der ethnischen Unterschiede, die sich allerdings sehr stark nur an der Hautfarbe „schwarz" oder „weiß" festmacht. Andere Unterschiede in Sprache und Aussehen fallen den kleinen Kindern noch nicht so stark auf. Andere Phasenlehren der Entwicklung sagen, dass die Kinder im Elementarbereich zwar eine „linguistische Präzedenz" späterer Vorurteile haben können, aber noch weit davon entfernt sind, diese mit ihrer eigenen Identität in Verbindung zu bringen.

Um eine bessere Integration zu erreichen und um der Fremdenfeindlichkeit im Elementarbereich auch zwischen den Erwachsenen vorzubeugen, empfiehlt sich die Beachtung der Regeln von Miller und Harrington (1992), die lauten:

- Minimiere die Bedeutung der sozialen Identität,
- vermeide die Bedrohung von Identität und
- schaffe Gelegenheit zur Personalisation.

Durch Wissen über die anderen, durch tolerante Normen, durch Kontakte miteinander, um ein gemeinsames Ziel zu erreichen, durch die Kategorisierung und Rekategorisierung der Identität sowie durch ein freundliches positives soziales Klima erleichtert man den Abbau von Fremdenfeindlichkeit und die Förderung von Integration.

Ein Verhalten der pädagogischen Fachkräfte, bei dem die Werte Achtung, Wärme, Rücksichtnahme sowie nicht wertendes einfühlendes Verstehen und Echtheit herrschen, fördert die interkulturelle Integration, wie überhaupt alle Arten von Zusammenwachsen der Heterogenität im Elementarbereich.

Erzieherinnen gehören nach allen Umfragen zu den Berufsgruppen, die relativ fremdenfreundlich sind, d. h. weder zu pauschalen Negativbewertungen der Zugewanderten neigen noch in ausgeprägtem Maße Kontakt-Ausgrenzungen aufgebaut haben. Das sind relative Werte – absolut kann auch bei pädagogischen Fachkräften weiter an der Integrationsfähigkeit gearbeitet werden.

7.9 Literaturtipps

Zur Altersmischung empfiehlt sich die Lektüre des Heftes 2 der Zeitschrift „Theorie und Praxis der Sozialpädagogik", Jahrgang 2013. Darin enthalten sind grundsätzliche, aber auch praktische Artikel zum Thema.

Eine Vertiefung der interkulturellen Problematik erfährt man in zwei Büchern der Entwicklungspsychologin Heidi Keller und ihrer Mitarbeiter/-innen:

Keller, H. (Hrsg.). (2013). *Interkulturelle Praxis in der Kita: Wissen – Haltung – Können.* Freiburg: Herder.

Borke, J. & Keller, H. (2014). *Kultursensitive Frühpädagogik*. Stuttgart: Kohlhammer.

Literatur

Aboud, F. E. (2003). The formation of in-group favoritism and out-group prejudice in young children: Are they distinct attitudes? *Developmental Psychology, 39*, 48–60.

Aden-Grossmann, W. (2011). *Der Kindergarten: Geschichte – Entwicklung – Konzepte.* Weinheim: Beltz.

Ahnert, L. (2003). Die Bedeutung von Peers für die frühe Sozialentwicklung des Kindes. In H. Keller (Hrsg.), *Handbuch der Kleinkindforschung* (S. 493–528). Bern: Huber.

Ahnert, L. (2005). Caregiver behaviors as related to infant cortisol activity at child care entry. *Journal of Psychophysiology, 19*, 106.

Ahnert, L. (2014). *Theorien in der Entwicklungspsychologie*. Berlin: Springer.

Ahnert, L., Gunnar, M., Lamb, M. E. & Barthel, M. (2004). Transition to child care: Associations of infant-mother attachment, infant negative emotion and cortisol elevations. *Child Development, 75*, 639–650.

Albrecht, G. (1999). Methodische Probleme der Erforschung sozialer Probleme. In G. Albrecht, A. Groenemeyer & F. W. Stallberg (Hrsg.), *Handbuch Soziale Probleme* (S. 768–882). Opladen: Westdeutscher Verlag.

Alexander, R. (Hrsg.). (2010). *Children, their world, their education. Final report and recommendations of the Cambridge Primary Review*. London: Routledge. Eingesehen am 01.05.2014 unter: www.primaryreview.org.uk

Alisch, L. M. & Wagner, J. L. (Hrsg.). (2006). *Freundschaften unter Kindern und Jugendlichen*. Weinheim: Juventa.

Allport (1954). *The nature of prejudice*. Cambridge, Mass.: Addison-Wesley.

Amir, Y. (1969). Contact hypotheses in ethnic relations. *Psychological Bulletin, 71*, 319–342.

Asher, S. R. & Coie, J. D. (Hrsg.). (1990). *Peer rejection in childhood.* Cambridge: Cambridge University Press.

Ausubel, D. P. & Sullivan, E. V. (1974). *Das Kindesalter. Fakten – Probleme – Theorie.* München: Juventa.

Avenarius, H., Ingenkamp, K. & Otto, G. (Hrsg.). (1980). *Forschung und Lehre sind frei …* Weinheim: Beltz.

Bade, K. J. & Münz, R. (Hrsg.). (2000). *Migrationsreport 2000: Fakten – Analysen – Perspektiven.* Frankfurt: Campus.

Barow-Bernstorff, E. & Günther, K. H. (1974). *Beiträge zur Geschichte der Vorschulerziehung*. Berlin: Volk und Wissen.

Barth, H. D., Bernitzke, F. & Fischer, W. (2010). *Abenteuer Erziehung. Pädagogische, psychologische und methodische Grundlagen der Erzieherinnenausbildung.* Haan-Gruiten: Europa Lehrmittel.

Baumgartner, A., Günther, K. B. & Valtin, R. (1978). Entwicklung und Förderung des Sprachverhaltens. In R. Dollase (Hrsg.), *Handbuch der Früh- und Vorschulpädagogik* (Bd. 2, S. 335–355). Düsseldorf: Schwann.

Bavelas, A., Hastorf, A. H., Gross, A. E. & Kite, W. R. (1965). Experiments on the alteration of group structure. *Journal of Experimental Social Psychology, 1*, 55–70.

Bensel, J. (1991). *Krippenbetreuung im Spiegel der neuesten internationalen Forschung.* Neuwied: Strüder.

Bensel, J. & Haug-Schnabel, G. (2011). *Vom Säugling zum Schulkind – Entwicklungspsychologische Grundlagen.* Freiburg: Herder.

Berk, L. E. (1971). Effects of variations in the nursery school setting on environmental constraints and children´s mode of adaptation. *Child Development, 42*, 839–869.

Berk, L. E. (2011). *Entwicklungspsychologie.* (5., aktaul. Aufl.). München: Pearson Studium.

Biehler, R. F. (1954). Companion choice behavior in the kindergarden. *Child Development, 25*, 45–50.

Bien, W., Rauschenbach, T. & Riedel, B. (Hrsg.). (2007). *Wer betreut Deutschlands Kinder?* Berlin: Cornelsen.

Borke, J. & Keller, H. (2014). *Kultursensitive Frühpädagogik*. Stuttgart: Kohlhammer.

Bowlby, J. (1951). *Maternal care and mental health*. Genf: WHO.

Bowlby, J. & Ainsworth, M. D. S. (1995). *Mutterliebe und kindliche Entwicklung*. München: Reinhardt.

Bowlby, J. & Ainsworth, M. D. S. (2001). *Frühe Bindung und kindliche Entwicklung*. München: Reinhardt.

Broman, B. (1978). *The early years in childhood education*. Chicago: Rand McNally College Publishing.

Brown, B. B. (1990). Peer groups and peer culture. In S. S. Feldman & G. R. Elliott (Eds.), *At the threshold* (pp. 171–196). Cambridge, MA: Harvard University Press.

Brumariu, L. E. & Kerns, K. A. (2011). Parent-child attachment in early and middle childhood. In P. K. Smith & H. C. Hart (Eds.), *The Wiley-Blackwell handbook of childhood social development* (2nd ed., pp. 319–336). Chichester: Blackwell.

Camilli, G., Vargas, S., Sharon, R. & Barnett, W. S. (2010). Meta-Analysis of the effects of early education interventions on cognitive and social development. *Teachers College Record, 112*, 579–620.

Chess, S. & Thomas, A. (1996). *Temperament: Theory and practice*. New York: Brunner/Mazel.

Cillessen, H. N. & Bellmore, A. D. (2011). Social skills and social competence in interactions with peers. In P. K. Smith & C. H. Hart (Eds.), *The Wiley-Blackwell handbook of childhood social development* (2nd ed., pp. 393–412). Chichester: Blackwell.

Cranach, M., Kalbermatten, U., Indermühle, K. & Gugler, B. (1980). *Zielgerichtetes Handeln*. Bern: Huber.

Delitzsch, J. (1900). Über Schülerfreundschaften in einer Volksschulklasse. *Zeitschrift für Kinderforschung, 5*, 150–163.

DDR, Magisterrat (Hrsg.). (1986). *Programm für die Bildungs- und Erziehungsarbeit im Kindergarten*. Berlin: Volk und Wissen.

Dinkmeyer, D. (1982). *Duso 1 Story Book 1: Developing understanding of self and others*. Lebanon, IN: Ags Pub.

Dollase, R. (1974). *Struktur und Status. Begründung und Entwicklung von Verfahren zur Erhebung und Auswertung multikriterialer soziometrischer Daten*. Weinheim: Beltz.

Dollase, R. (1976). *Soziometrische Techniken* (2. Aufl.). Weinheim: Beltz.

Dollase, R. (1979). *Sozial-emotionale Erziehung in Kindergarten und Vorklasse*. Hannover: Schroedel.

Dollase, R. (1984). *Grenzen der Erziehung*. Düsseldorf: Schwann.

Dollase, R. (1985). *Entwicklung und Erziehung. Angewandte Entwicklungspsychologie für Pädagogen*. Stuttgart: Klett.

Dollase, R. (1994a). Flexible Kindergartenarbeit in den 90er Jahren. In W. Gernert (Hrsg.), *Gesetz über Tageseinrichtungen für Kinder (GTK)* (S. 58–75). Stuttgart: Boorberg.

Dollase, R. (1994b). Gruppenführung in Kindertageseinrichtungen. In H. Rieder-Aigner (Hrsg.), *Handbuch Kindertageseinrichtungen* (S. VI, 2 und S. 1–22). Berlin: Walhalla.

Dollase, R. (1995). Die virtuelle oder psychologische Reduzierung der Schulklassengröße. *Bildung und Erziehung, 48*, 131–144.

Dollase, R. (2000). Kinder zwischen Familie und Peers. Ergebnisse soziometrischer Zeitwandelstudien in Kindergärten, Grund- und Hauptschulen zwischen 1972 und 1976. In A. Herlth, A. Engelbert, J. Mansel & C. Palentien (Hrsg.), *Spannungsfeld Familienkindheit* (S. 176–191). Opladen: Leske und Budrich.

Dollase, R. (2001). Die multikulturelle Schulklasse – oder: Wann ist der Ausländeranteil zu hoch? In U. Wagner & R. van Dick (Hrsg.), *Fremdenfeindlichkeit in Deutschland* (Band 9, S. 113–126). Norderstedt: Zeitschrift für Politische Psychologie.

Dollase, R. (2002). Kernpunkte der Erziehung und ihre Vermittlung. In H. Gesing (Hrsg.), *Katholische Grundschule. Christliches Erziehungsbündnis für die Welt von morgen* (S. 15–54). Essen: Bistum Essen.

Dollase, R. (2010). *Gewalt in der Schule.* Stuttgart: Kohlhammer.

Dollase, R. (2011). *Evaluation der Familienzentren im Kreis Paderborn. Befragung von LeiterInnen, ErzieherInnen und Eltern der Familienzentren des Kreises Paderborn.* Bielefeld: Universität Bielefeld.

Dollase, R. (2012). *Classroom Management. Theorie und Praxis des Umgangs mit Heterogenität* (Vol. 142). München: Oldenbourg.

Dollase, R. (2013). Gruppenorganisatorisch: Keine Vorteile, nur Wenn-dann-Aussagen. *Theorie und Praxis der Sozialpädagogik, 2,* 40–41.

Dollase, R., Bieler, A., Ridder, A., Köhnemann, I. & Woitowitz, K. (2000). Nachhall im Klassenzimmer. In W. Heitmeyer & R. Anhut (Hrsg.), *Bedrohte Stadtgesellschaft* (S. 199–255). Weinheim: Juventa.

Dollase, R. & Koch, K. C. (Hrsg.) (i. V.) *Akzeptanz und Integration muslimischer Menschen.* Wiesbaden: VS Verlag.

Dollase, R., Ridder, A., Bieler, A., Köhnemann, I. & Woitowitz, K. (2002). Soziometrische Beziehungen, Selbstaussagen zu Gewalt und Fremdenfeindlichkeit in Schulklassen mit unterschiedlichem Ausländeranteil. In K. Boehnke (Hrsg.), *Rechtsextremismus, Fremdenfeindlichkeit, Jugendgewalt* (S. 183–194). Weinheim: Juventa.

Dollase, R., & Selders, O. (2010). *Evaluation der Familienzentren im Kreis Emsland.* Meppen: Kreis Emsland.

Dollase, R., Woitowitz, K., Bieler, A., Ridder, A. & Köhnemann, I. (2002). Konformität und Nonkonformität musikalischer Präferenzen als Ausdruck sozialer Distinktion in multikulturellen Schulklassen zwischen dem 11. und 18. Lebensjahr. In H. Rösing, A. Schneider & M. Pfleiderer (Hrsg.), *Musikwissenschaft und populäre Musik* (S. 199–210). Frankfurt: Lang.

Erning, G. (1987). *Bilder aus dem Kindergarten.* Freiburg: Lambertus.

Erning, G., Neumann, K. & Reyer, J. (Hrsg.). (1987). *Geschichte des Kindergartens.* Freiburg: Lambertus.

European Commission Network on Childcare and Other Measures to Reconcile the Employment and Family Resonsibilities of Men and Women (1996). *Quality targets in services for young children. Proposals for a ten year action program.* Childcare Resource and Research Unit – University of Toronto, Toronto.

Festinger, L. (1954). A theory of social comparison processes. *Human Relations, 7,* 117–140.

Fine, G. A. (1987). *With the boys: Little league baseball and preadolescent culture.* Chicago: University of Chicago Press.

Firat, I. (1991). *Nirgends zuhause!? Türkische Schüler zwischen Integration in der BRD und Remigration in die Türkei: eine sozialpsychologisch-empirische Untersuchung.* Frankfurt: Verlag für interkulturelle Kommunikation.

Flanders, N. A. & Havumaki, S. (1960). The effect of teacher pupil contacts involving praise on the sociometric choices of students. *Journal of Educational Psychology, 51,* 65–68.

Forgas, P. J. (1987). *Sozialpsychologie. Eine Einführung in die Psychologie der sozialen Interaktionen.* München: PVU.

Friedmann, H. & Martin, L. (2012). *Die Long-Life Formel.* Weinheim: Beltz.

Fuhrer, U. (2005). *Lehrbuch Erziehungspsychologie.* Bern: Huber.

Grammer, K. (1988). *Biologische Grundlagen des Sozialverhaltens. Verhaltensforschung in Kindergruppen.* Darmstadt: Wissenschaftliche Buchgesellschaft.

Green, E. H. (1933). Group play and quarreling among preschool children. *Child Development, 4*, 302–307.

Grossmann, K. (1977). *Die Entwicklung der Lernfähigkeit in der sozialen Umwelt.* München: Kindler.

Grossmann, K. E. (Hrsg.). (2003). *Bindung und menschliche Entwicklung: John Bowlby, Mary Ainsworth und die Grundlagen der Bindungstheorie.* Stuttgart: Klett.

Hagmann, E. P. (1933). The companionship of preschool children. *University of Iowa Study of Child Welfare, 7*, 1–69.

Hansen, R., Knauer, R. & Sturzenhecker, B. (2011). *Partizipation in Kindertageseinrichtungen. So gelingt Demokratiebildung mit Kindern!* Berlin: Verlag das Netz.

Harper, L. V. & Huie, K. S. (1987). Relations among preschool children's adult and peer contacts and later academic achievement. *Child Development, 58*, 1051–1065.

Harris, J. R. (2000). *Ist Erziehung sinnlos? Die Ohnmacht der Eltern.* Reinbek: Rowohlt.

Hart, B. & Risley, T. R. (1995). *Meaningful differences in the everyday experience of young American children.* Baltimore: Brookes.

Hattie, J. A. C. (2009). *Visible learning: A synthesis of over 800 meta-analyses relating to achievement.* London: Routledge.

Hattie, J. A. C. (2011). *Visible learning for teachers.* London: Routledge.

Hattie, J. A. C. (2013). Lernen *sichtbar machen.* Hohengehren: Schneider.

Hattie, J. A. C. & Anderman, E. M. (Eds.). (2013). *International guide to student achievement.* London: Routledge.

Hauser, B. (2013). *Spielen. Frühes Lernen in Familie, Krippe und Kindergarten.* Stuttgart: Kohlhammer.

Havnes, T. & Mogstad, M. (2009). *Money for nothing? Universal child care and maternal employment.* Oslo: Institute for the Study of Labor (IZA).

Heitmeyer, W., Dollase, R. & Backes, O. (Hrsg.). (1998). *Die Krise der Städte.* Frankfurt: Suhrkamp.

Hewstone, M., Stroebe, W. & Stephenson, G. M. (Eds.). (1996). *Introduction to social psychology.* Oxford: Blackwell.

Hofstätter, P. R. (1957). *Gruppendynamik. Kritik der Massenpsychologie.* Reinbek: Rowohlt.

Holodynski, M. (2006). *Emotionen – Entwicklung und Regulation.* Berlin: Springer.

Holodynski, M. & Friedlmeier, W. (Hrsg.). (2012). *Emotionale Entwicklung. Funktion, Regulation und Soziokultureller Kontext von Emotionen.* Berlin: Springer.

Holodynski, M. & Oerter, R. (2012). Emotion. In W. Schneider & U. Lindenberger (Hrsg.), *Entwicklungspsychologie* (7., vollst. überarb. Aufl., S. 497–520). Weinheim: Beltz

Howes, C. (2011). Children's social development within the socialization context of child care and early childhood education. In P. K. Smith (Ed.), *The Wiley-Blackwell handbook of childhood social development* (2nd ed., pp. 246–262). Chichester: Blackwell.

Hundertmarck, G. (1969). *Soziale Erziehung im Kindergarten.* Stuttgart: Klett.

Hurlock, E. B. (1970). *Die Entwicklung des Kindes.* Weinheim: Beltz.

Hutt, C. & Vaizey, M. J. (1966). Differential effects of group density on social behavior. *Nature, 209*, 1371–1372.

Hymel, S., Closson, L. M., Caravita, S. C. S. & Vaillancourt, T. (2011). Social status among peers: From sociometric attraction to peer acceptance to perceived popularity. In P. K. Smith & C. H. Hart (Eds.), *The Wiley-Blackwell handbook of childhood social development* (2nd ed., pp. 375–392). Chichester: Blackwell.

Ingenkamp, K., Petillon, H. & Weiß, M. (Hrsg.).(1985). *Je kleiner, desto besser?* Weinheim: Beltz.

Jackson, P. W. & Wolfson, B. J. (1968). Varieties of constraint in a nursery school. *Young Children, 60*, 22–27.

Jenzer, C. (1991). *Die Schulklasse.* Bern: Lang.

Kagan, J. (1987). *Die Natur des Kindes.* München: Piper.

Keller, H. (Hrsg.). (2013). *Interkulturelle Praxis in der Kita: Wissen – Haltung – Können.* Freiburg: Herder.

Kerschensteiner, G. (1921). *Die Seele des Erziehers und das Problem der Lehrerbildung.* Leipzig: Teubner.

Klink, A., Hamberger, J., Hewstone, M. & Avci, M. (1998). Kontakte zwischen sozialen Gruppen als Mittel zur Reduktion von Aggression und Gewalt: Sozialpsychologische Theorien und ihre Anwendung in der Schule. In H. W. Bierhoff & U. Wagner (Hrsg.), *Aggression und Gewalt. Phänomene, Ursachen und Interventionen* (S. 280–306). Stuttgart: Kohlhammer.

König, H. (1974). Die Erziehung des Kleinkindes in der Sklavenhaltergesellschaft. In E. Barow-Bernstorff, K. H. Günther, M. Krecker & H. Schuffenhauer (Hrsg.), *Beiträge zur Geschichte der Vorschulerziehung* (S. 25–29). Berlin: Volk und Wissen.

Konrad, F. M. (2012). *Der Kindergarten: Seine Geschichte von den Anfängen bis in die Gegenwart.* Münster: Lambertus.

Koskenniemi, M. (1936). *Soziale Gebilde und Prozesse in der Schulklasse.* Helsinki.

Kounin, J. J. (2006). Techniken der Klassenführung. Münster: Waxmann

Kounin, J. S. & Doyle, P. H. (1975). Degree of continuity of a lesson's signal system and the task involvement of children. *Journal of Educational Psychology, 67,* 159–164.

Kounin, J. S. & Gump, P. V. (1974). Signal systems of lesson settings and the task-related behavior of preschool children. *Journal of Educational Psychology, 66,* 554–562.

Krecker, M. (Hrsg.). (1974). *Quellen zur Geschichte der Vorschulerziehung.* Berlin: Volk und Wissen.

Krenz, A. (Hrsg.). (2007). *Psychologie für Erzieherinnen und Erzieher.* Berlin: Cornelsen.

Laewen, H. J., Andres, B. & Hedervari, E. (1990). *Ein Modell für die Gestaltung der Eingewöhnungssituation von Kindern in Krippen.* Weinheim: Juventa.

Lambert, W. E. & Klineberg, O. (1967). *Children's views of foreign people.* New York: Appleton-Century-Crofts.

Lazar, I. & Darlington, R. (1982). *Lasting effects of early education: A report from the consortium for longitudinal studies.* Monographs of the Society of research in child development, 47 (2–3).

Lewis, R. J. & Vossburgh, W. T. (1988). Effectiveness of kindergarten intervention programs: A meta-analysis. *School Psychology International, 9,* 265–275.

Lindzey, G. & Byrne, D. (1968). Measurement of social choice and interpersonal attraction. In E. Aronson (Ed.), *Handbook of social psychology* (Vol. 2, pp. 452–525). Reading, Mass.: Addison-Wesley.

Loehr, J. A. C. (1805). *Erstes Bilder- und Lehrbuch – zur zweckmäßigen Beschäftigung des Verstandes und zur angenehmen Unterhaltung, zunächst für Kinder, welche noch nicht lesen können.* Dortmund: Harenberg (Nachdruck 1979).

Lohaus, A., Vierhaus, M. & Maass, A. (2010). *Entwicklungspsychologie des Kindes- und Jugendalters.* Berlin: Springer.

Lois, B. (1976). Situationsgerechtes Lehrerverhalten – Komplexkapazität und Flexibilität als zentrale Faktoren. In B. Lois (Hrsg.), Lehrer- und Schülerverhalten in wechselseitiger Bezogenheit (S. 51–60). Donauwörth: Auer

McCandless, B. R. & Marshall, H. R. (1957). A picture sociometric technique for preschool children and its relation to teacher judgments of friendship. *Child Development, 28,* 139–147.

McDavid, J. W. & Harari, H. (1968). *Social psychology.* New York: Harper.

McGrew, P. L. (1970). Social and spatial density effects on spacing behavior in preschool children. *Journal of Child Psychology and Child Psychiatry, 11,* 197–205.

Milbach, B. & Dollase, R. (1981). Vor- und außerschulische Erziehung. In E. Kerkhoff (Hrsg.), *Handbuch Praxis der Sozialarbeit und Sozialpädagogik* (Vol. 1, S. 222–229). Düsseldorf: Schwann.

Miller, N. & Harrington, H. J. (1992). Social categorization and intergroup acceptance: Principles for design and development of cooperative learning teams. In R. Hertz-Lazarowitz

& N. Miller (Eds.), *Interaction in cooperative groups. The theoretical anatomy of group learning* (pp. 203–227). Cambridge: University Press.
Miller, P. (1993). *Theorien der Entwicklungspsychologie.* Heidelberg: Spektrum Akademischer Verlag.
Mitchell, D. (2008). *What really works in special and inclusive education. Using evidence based teaching strategies.* Milton Park: Routledge (2. Auflage 2014).
Mitulla, C. (1997). *Die Barriere im Kopf. Stereotype und Vorurteile bei Kindern gegenüber Ausländern.* Opladen: Leske + Budrich.
Moore, S. & Updegraff, R. (1964). Sociometric status of preschool children related to age, sex, nurturance-giving and dependency. *Child Development, 35*, 519–524.
Moreno, J. L. (1934). *Who shall survive?* Washington: Nervous and Mental Disease Publishing Co.
Moreno, J. L. (1953). *Who shall survive?* Beacon: Beacon House.
Moreno, J. L. (1996). *Die Grundlagen der Soziometrie* (1. Aufl. 1954, 2., erw. Auf. 1967, 3. Aufl. 1974). Opladen: Leske + Budrich.
Mosteller, F. (1995). The Tennessee study of class size in the early school grades. *Critical Issues for Children and Youth, 5*, 113–127.
Nash, B. C. (1981). The effects of classroom spatial organisation on four- and five-year-old children's learning. *British Journal of Educational Psychology, 51*, 144–155.
Nelson, G., Westhues, A. & MacLeod, J. (2003). A meta-analysis of longitudinal research on preschool prevention programs for children. *Prevention and Treatment (online), 6*, 1–35.
Nesdale, D. (1999). *Social identity and ethnic prejudice in children.* Paper presented at the Culture, Race and Community: Making it Work in the New Millenium.
NRW, Landtag (2008). *Bericht der Enquetekommission „Chancen für Kinder".* Düsseldorf: Landtag NRW.
Oerter, R. & Montada, L. (Hrsg.). (2002). *Entwicklungspsychologie* (5., vollst. überarb. Aufl.). Weinheim: Beltz.
Oskamp, S. (Ed.). (2000). *Reducing prejudice and discrimination.* Mahwah: Erlbaum.
Otyakmaz, B. Ö. (2007). *Familiale Entwicklungskontexte im Kulturvergleich.* Lengerich: Pabst.
Parke, R. D. & Clarke-Stewart, A. (2011). *Social development.* Hoboken, NJ: Wiley.
Parten, M. B. (1933). Social play among preschool children. *Journal of Abnormal and Social Psychology, 28*, 136–147.
Peterson, P. (2004). Naturalistic language teaching procedures for children at risk for language delays. *The Behavior Analyst Today, 5*, 404–420.
Pettigrew, T. F. & Tropp, L. (2000). Does intergroup contact reduce prejudice? Recent meta-analytic findings. In S. Oskamp (Ed.), *Reducing prejudice and discrimination: Social psychological perspectives* (pp. 93–114). Mahwah, NJ: Erlbaum.
Pfeiffer, D. K. & Püttmann, C. (2011). *Methoden empirischer Forschung in der Erziehungswissenschaft. Ein einführendes Lehrbuch.* Hohengehren: Schneider.
Piaget, J. & Weil, A. M. (1976). Die Entwicklung der kindlichen Heimatvorstellungen und der Urteile über andere Länder. In A. Wacker (Hrsg.), *Die Entwicklung des Gesellschaftsverständnisses bei Kindern* (S. 127–148). Frankfurt: Campus.
Pierrehumbert, B., Ramstein, T., Karmaniola, A., Miljkovitsch, R. & Halfon, O. (2002). Quality of child care in the preschool years: A comparison of the influence of home care and day care characteristics on child outcome. *International Journal of Behavioral Development, 26*, 385–396.
Puhani, P. & Weber, A. (2006). *Does the early bird catch the worm? Instrumental variable estimate of educational effects of age of school entry in Germany.* Darmstadt: TU.
Puma, M., Bell, S., Cook, R. & Heid, C. (2010). *Head Start Impact Study. Final report.* Zugriff am 01.05.2014 unter http://www.acf.hhs.gov/sites/default/files/opre/hs_impact_study_final.pdf

Puma, M., Bell, S., Cook, R. Heid, C., Broene, P. et al. (2012). *Third grade follow-up to the Head Start impact study. Final report.* OPRE Report 2012-4b Zugriff am 01.05.2014 unter http://www.acf.hhs.gov/sites/default/files/opre/head_start_executive_summary.pdf

Rabbie, J. M. & Horwitz, M. (1969). Arousal of ingroup-outgroup bias by a chance win or loss. *Journal of Personality and Social Psychology, 13*, 269–277.

Regel, G. & Santjer, U. (Hrsg.). (2011). *Offener Kindergarten konkret in seiner Weiterentwicklung. Aus der Praxis für die Praxis, 20 Jahre später.* Berlin: Eb-Verlag.

Regel, G. & Wieland, A. J. (Hrsg.). (1993). *Offener Kindergarten konkret.* Hamburg: E.B.-Verlag Rissen.

Reyer, J. (2006). *Einführung in die Geschichte des Kindergartens und der Grundschule.* Bad Heilbrunn: Klinkhardt.

Ridder, A. & Dollase, R. (1999). Interkulturelle Integration bei Hauptschülern im Zeitvergleich 1983–1996. In R. Dollase, T. Kliche & H. Moser (Hrsg.), *Politische Psychologie der Fremdenfeindlichkeit* (S. 219–240). Weinheim: Juventa.

Rigall, A. & Sharp, C. (2008). *The structure of primary education: England and other countries.* Cambridge: Cambridge University Press.

Rogoff, B. (2003). *The cultural nature of human development.* New York: Oxford University Press.

Rubin, K. H., Bukowski, W. & Parker, J. G. (1998). Peer interactions, relationships, and groups. In W. Damon & N. Eisenberg (Eds.), *Handbook of child psychology* (Vol. 5, pp. 619–700). New York: Wiley.

Rubin, K. H., Coplan, R., Chen, X., Buskirk, A. & Wojslawowicz, J. C. (2005). Peer relationships in childhood. In M. H. Bornstein & M. E. Lamb (Eds.), *Developmental psychology: An advanced textbook* (5th ed., pp. 469–512). Hillsdale, NJ: Erlbaum.

Rubin, K. H., Coplan, R. J., Bowker, J. C. & Menzer, M. (2011). Social withdrawal and shyness. In P. H. Smith & C. H. Hart (Eds.), *The Wiley-Blackwell handbook of childhood social development* (2nd ed., pp. 434–452). Chichester: Blackwell.

Russell, A. (2011). Parent-child relationships and influences. In P. K. Smith & C. H. Hart (Eds.), *The Wiley-Blackwell handbook of childhood social development* (2nd ed., pp. 337–355). Chichester: Blackwell.

Salisch, M. v. (1991). *Kinderfreundschaften.* Göttingen: Hogrefe.

Salisch, M. v. (1993). Kind-Kind-Beziehungen: Symmetrie und Asymmetrie unter Peers, Freunden und Geschwistern. In A. E. Auhagen & M. v. Salisch (Hrsg.), *Zwischenmenschliche Beziehungen* (S. 59–78). Göttingen: Hogrefe.

Sanson, A., Hemphill, S. A., Yagmurlu, B. & McClowry, S. (2011). Temperament and social development. In P. K. Smith & C. H. Hart (Eds.), *The Wiley-Blackwell handbook of childhood social development* (2nd ed., pp. 227–245). Chichester: Blackwell.

Sarimski, K. (2012). *Behinderte Kinder in inklusiven Kindertagesstätten.* Stuttgart: Kohlhammer.

Schmalohr, E., Dollase, R., Holländer, A., Schmerkotte, H. & Winkelmann, W. (1974). *Vorklasse und Kindergarten aus der Sicht der Erzieher.* Hannover: Schroedel.

Schmidt-Denter, U. (1977). *Analyse des Konfliktverhaltens von Kindern aus unterschiedlichen vorschulischen Erziehungseinrichtungen, Elterninitiativ-Gruppen und Kindergärten.* Heinrich Heine Universität, Düsseldorf.

Schmidt-Denter, U. (1984). *Die soziale Umwelt des Kindes.* Berlin: Springer.

Schmidt-Denter, U. (1988). *Soziale Entwicklung. Ein Lehrbuch über soziale Beziehungen im Laufe des menschlichen Lebens.* München: Psychologie Verlags Union.

Schmidt-Denter, U. (1995). *Soziale Entwicklung. Ein Lehrbuch über soziale Beziehungen im Laufe des menschlichen Lebens.* Weinheim: Beltz.

Schorb, A.O. & Lewis, B. (1975). *Unterrichtsanalyse – Ein Grundkurs im Medienverbund.* München: Tr. Verlagsunion

Schorb, B., Theunert, H. & Münchner Institut für Medienpädagogik in Forschung und Praxis (Hrsg.). (2010). *Mediengebrauch von Kindern im Alter von 0 bis 6 Jahren.* München: kopaed.
Schütz, C., Todt, E. & Busch, L. (2002). Gewalt in deutschen Schulen 1990–2000. *Polizei und Wissenschaft, 1,* 13–27.
Schultz-Gambard, J. (1978). Umweltpsychologische Aspekte frühkindlicher und vorschulischer Sozialisation. In R. Dollase (Hrsg.), *Handbuch der Früh- und Vorschulpädagogik* (Vol. 2, S. 27–54). Düsseldorf: Schwann.
Schweinhart, L., McNair, S., Barnes, H. & Larner, M. (1993). Observing young children in action to assess their development: the high/scope child observation record study. *Educational and Psychological Measurement, 53,* 445–455.
Schweinhart, J. L. & Weikart, D. P. (1986). *Evidence of problem prevention by early childhood education.* Paper presented at the Social Prevention and Intervention in the Analytical Perspective of Guidance, Control, and Impact, Universität Bielefeld.
Schweinhart, L. J. & Weikart, D. P. (1988). Education for young children living in poverty: Child-initiated learning or teacher-directed instruction? *The Elementary School Journal, 89,* 213–225.
Silbereisen, R. K. (1995). Soziale Kognition: Entwicklung von sozialem Wissen und Verstehen. In R. Oerter & L. Montada (Hrsg.), *Entwicklungspsychologie. Ein Lehrbuch* (3., vollst. überarb. u. erw. Aufl., S. 823–861). Weinheim: Beltz.
Smith, P. K. & Hart, C. H. (Eds.). (2011). *The Wiley Blackwell handbook of childhood social development.* Chichester: Blackwell.
Spangler, G. & Zimmermann, P. (Hrsg.). (1999). *Die Bindungstheorie* (3. Aufl.). Stuttgart: Klett-Cotta.
Spiess, C. K., Büchel, F. & Wagner, G. G. (2003). Children's school placement in Germany: Does kindergarten attendance matter? *Early Childhood Research Quarterly, 11,* 255–270.
Spinath, F. (2000). Temperamentsmerkmale bei Kindern. *Zeitschrift für Differentielle und Diagnostische Psychologie, 21,* 65–75.
Spitzer, M. (2002). *Lernen. Gehirnforschung und die Schule des Lebens.* Heidelberg: Spektrum.
Stadler, C. (Hrsg.). (2013). *Soziometrie. Messen und Intervenieren im Verfahren Psychodrama.* Berlin: Springer.
Starkweather, E. K. (1962). A comparison of two techniques for measuring sociometric status among nursery school children. *Proceedings of the Oklahoma Academy of Science, 42,* 199–205.
Strätz, R. (1992). *Die Kindergartengruppe* (2. Aufl.). Stuttgart: Kohlhammer.
Stroebe, W., Jonas, K. & Hewstone, M. (Hrsg.). (2001). *Sozialpsychologie. Eine Einführung.* Berlin: Springer.
Tajfel, H. (1975). Soziales Kategorisieren. In S. Moscovici (Hrsg.), *Forschungsgebiete der Sozialpsychologie* (S. 345–380). Frankfurt: Athenäum.
Tajfel, H. (1981). *Human groups and social categories.* Cambridge: University Press.
Terhart, E. (2011). Has John Hattie really found the holy grail of research on teaching? An extended review of visible learning. *Journal of Curriculum Studies, 43,* 425–438.
Tietze, W., Becker-Stoll, F., Bensel, J., Eckhardt, A. G., Haug-Schnabel, G., Kalicki, B. et al. (Hrgs.). (2012). *NUBBEK. Nationale Untersuchung zur Bildung, Betreuung und Erziehung in der frühen Kindheit. Fragestellung und Ergebnisse im Überblick.* Berlin u. a.: NUBBEK Arbeitsgruppe.
Turner, J. C. (1987). *Rediscovering the social group. A self-categorization theory.* Oxford: Blackwell.
Ulshoefer, H. (1986). Ein Berufsleben für die Sozialpädagogik – Gisela Hundertmarck. In M. Kaiser & M. Oubaid (Hrsg.), *Deutsche Pädagoginnen der Gegenwart* (S. 113–122). Köln: Böhlan.
Veenman, S. (1995). Cognitive and noncognitive effects of multigrade and multi-age classes: A best evidence synthesis. *Review of Educational Research, 65,* 319–381.

Viernickel, S., Nentwig-Gesemann, I., Nicolai, K., Schwarz, S. & Zenker, L. (2013). *Schlüssel zu guter Bildung, Erziehung und Betreuung. Bildungsaufgaben, zeitkontingente und strukturelle Rahmenbedingungen in Kindertageseinrichtungen.* Berlin: Alice Salomon Hochschule Berlin.

Voelker, G. (1973). Der Einfluß der Gruppengröße auf die Entwicklung von Vorschulkindern. *Süddeutsche Schulzeitung, 37*, 453–455.

von der Oelsnitz, D. & Busch, M. W. (2012). *Team: Toll, ein anderer macht's!: Die Wahrheit über Teamarbeit.* Zürich: Orell Füssli.

Wang, M. C., Haertel, G. D. & Walberg, H. J. (1993). Toward a knowledge base for school learning. *Review of Educational Research, 63*, 249–294.

Weikart, D. P. (1972). Relationship of curriculum, teaching, and learning in preschool education. In J. C. Stanley (Ed.), *Preschool programs for the disadvantaged* (pp. 22–66). Baltimore: John Hopkins University Press.

Wiezik, A. (2004). *Geschlechtsspezifische Aspekte der Fremdenfeindlichkeit.* Universität Bielefeld, Bielefeld.

Wilke, H. & van Knippenberg, A. (1992). Gruppenleistung. In W. Stroebe, M. Hewstone, J. P. Codol & G. Stephenson (Hrsg.), *Sozialpsychologie. Eine Einführung* (S. 333–368). Berlin: Springer.

Wilke, H. & Wit, A. (2001). Gruppenleistung. In W. Stroebe, K. Jonas & M. Hewstone (Hrsg.), *Sozialpsychologie. Eine Einführung* (S. 497–536). Berlin: Springer.

Winkelmann, W., Holländer, A., Schmerkotte, H. & Schmalohr, E. (1977). *Kognitive Entwicklung und Förderung von Kindergarten- und Vorklassenkindern.* Kronberg: Scriptor. (2 Bände)

Winnefeld, F. (1967). *Pädagogischer Kontakt und pädagogisches Feld* (4. Aufl.). München: Reinhardt.

Wortham, S. C. (Ed.). (2012). *Common characteristics and unique qualities in preschool programs.* Berlin: Springer.

Zentner, M. (1993). *Die Wiederentdeckung des Temperaments* (2. Aufl., Fischer Taschenbuch Verlag 1998). Paderborn: Junfermann.

Zentner, M. (2011). *Inventar zur integrativen Erfassung des Kind-Temperaments (IKT).* Bern: Huber.

Zentner, M. & Shiner, R. L. (Eds.). (2012). *Handbook of temperament.* New York: Guilford.